# 建设粮食产业强国
# 创新与经验

国家粮食和物资储备局◎编

中国财富出版社

**图书在版编目（CIP）数据**

建设粮食产业强国创新与经验／国家粮食和物资储备局编．—北京：中国财富出版社，2018.12

ISBN 978-7-5047-6820-9

Ⅰ.①建… Ⅱ.①国… Ⅲ.①粮食行业—产业发展—研究—中国 Ⅳ.①F326.11

中国版本图书馆CIP数据核字（2018）第274398号

**策划编辑** 宋 宇 **责任编辑** 宋宪玲

**责任印制** 梁 凡 **责任校对** 孙会香 卓闪闪 **责任发行** 张红燕

---

**出版发行** 中国财富出版社

**社 址** 北京市丰台区南四环西路188号5区20楼 **邮政编码** 100070

**电 话** 010-52227588转2048/2028（发行部） 010-52227588转321（总编室）

010-68589540（读者服务部） 010-52227588转305（质检部）

**网 址** http://www.cfpress.com.cn

**经 销** 新华书店

**印 刷** 北京圣艺佳彩色印刷有限公司

**书 号** ISBN 978-7-5047-6820-9/F·2973

**开 本** 787mm×1092mm 1/16 **版 次** 2019年1月第1版

**印 张** 25.5 **印 次** 2019年1月第1次印刷

**字 数** 367千字 **定 价** 288.00元

---

# 编委会

# 前　言

2016 年 5 月，习近平总书记在黑龙江考察调研工作时强调，要深度开发“原字号”，以“粮头食尾”“农头工尾”为抓手，推动粮食精深加工，做强绿色食品加工业。此后，习总书记在广西、山西、海南、湖北、山东等地考察时，多次强调保障国家粮食安全的重要性，并对建设高效农业、发展粮食精深加工作出重要指示。2018 年 9 月 25 日，首个“中国农民丰收节”刚过，习总书记就深入三江平原腹地黑龙江农垦建三江管理局实地考察，再次深刻指出“中国人的饭碗任何时候都要牢牢端在自己的手上”；他双手捧起一碗大米，意味深长地说道：“中国粮食！中国饭碗！”2017 年 9 月，李克强总理作出重要批示，强调粮食产业经济发展是一篇大文章，要加快建设粮食产业强国。这为我们做好粮食工作指明了正确方向，提供了根本遵循。

为深入贯彻习近平总书记重要指示精神和李克强总理重要批示要求，认真落实国家粮食安全战略和乡村振兴战略、健康中国战略，加快推动粮食产业高质量发展，在 2017 年 9 月山东滨州全国加快推进粮食产业经济发展现场第一次经验交流会后，国家粮食和物资储备局统筹谋划，打出了推动粮食产业高质量发展的“组合拳”；2018 年 8 月在黑龙江开展了系列活动，助推粮食产业高质量发展，加快建设粮食产业强国。一是成功举办首届中国粮食交易大会。黑龙江省委书记张庆伟、省长王文涛，国家发展和改革委员会党组成员，国家粮食和物资储备局党组书记、局长张务锋等领导同志出席开幕式，31个省区市粮食部门和逾千家企业参加，现场成交粮油360亿斤，其中线上成交116亿斤、金额283亿元。二是召开全国加快推进粮食产业经济发展第二次现场经验交流会。紧紧围绕粮食产业高质量发展，交流经验，创新举措，加快实施“五优联动”，着力构建现代化粮食产业体系。会上，授予黑龙江省五常市“中国好粮油行动示范市”称号。三是国家粮食安全政策专家咨询委员会召开会议。对国家粮食和物资储备局与黑龙江省政府前期深入开展调研后形成的《加快推动黑龙江省粮食产业高质量发展的调研报告》进行了专题论证。调研报告上报后，李克强总理和韩正副总理、胡春华副总理作出重要批示。四是国家局与黑龙江省人民政府签署了战略合作协议。搭建国家局支持黑龙江粮食产业发展的新载体、新平台。五是举办了“粮食产业强国建设学术报告会”。陈锡文、张晓强、许正斌三位专家应邀作专题报告。通过这组系列活动的开展，全系统进一步凝聚了思想共识，激发了干事创业热情。

为深入贯彻落实党中央、国务院关于大力发展粮食产业的决策部署，加快推动粮食产业创新发展、转型升级、提质增效，我们系统梳理了一年来相关省区市政府、各级粮食部门和粮食企业在具体实践中的鲜活经验和创新举措，以期为推动粮食产业高质量发展，加快构建更高质量、更有效率、更可持续的粮食安全保障体系提供参考借鉴。

# 目录

## 高层指引



## 部署推动

## 政策措施



## 调查研究



## 地方经验

## 企业创新

## 媒体宣传

# 高层指引

# 习近平总书记关于发展粮食产业的重要讲话、指示摘编

黑龙江转方式调结构任务艰巨，要着力优化产业结构，改造升级“老字号”，深度开发“原字号”，培育壮大“新字号”，毫不动摇坚持公有制经济主体地位、国有经济主导作用，同时毫不动摇鼓励、支持、引导非公有制经济发展。要加强创新能力建设，强化创新链和产业链、创新链和服务链、创新链和资金链对接，把振兴发展的基点放在创新上。要加大人才培养和智力引进力度，完善人才激励机制，吸引更多人才为振兴发展服务。

黑龙江是农业大省和粮食主产区，要统筹抓好现代农业产业体系、生产体系、经营体系建设，因地制宜推进多种形式规模经营，用规模经营提升农业竞争力、增加农民收入。要深化国有农垦体制改革，建设现代农业大基地、大企业、大产业。要采取工程、农艺、生物等多种措施，调动农民积极性，共同把黑土地保护好、利用好。

——习近平同志在黑龙江考察调研时的讲话（新华网 2016 年 5 月 25 日）

深度开发“原字号”，就是要推动传统优势产业链向下游延伸。

要依托优势资源，延伸产业链条，提高资源精深加工比重，增强市场竞争力。要以“粮头食尾”“农头工尾”为抓手，推动粮食精深加工，做强绿色食品加工业。

——习近平同志在黑龙江考察工作结束时的讲话（人民网 2016 年 5 月 25 日）

解决好十几亿人口的吃饭问题，始终是我们党治国理政的头等大事。要以构建现代农业产业体系、生产体系、经营体系为抓手，加强农田水利等农业基础设施建设，严格落实耕地保护制度，加强农业科技创新和推广，夯实粮食安全基础，延伸农业产业链，着力发展高附加值、高品质农产品，提高农业综合素质、效益、竞争力。要扶持新型农业经营主体，培养造就新型农民队伍，把现代特色农业这篇文章做好。

——习近平同志在广西考察调研时的讲话（新华社 2017 年 4 月 21 日）

要坚持把解决好农业、农村、农民问题作为全党工作重中之重。要以构建现代农业产业体系、生产体系、经营体系为抓手，加快推进农业现代化。要通过发展现代农业、提升农村经济、增强农民工务工技能、强化农业支持政策、拓展基本公共服务、提高农民进入市场的组织化程度，多途径增加农民收入。要深入推进社会主义新农村建设，推动公共服务向农村延伸，全面改善农村生产生活条件。要完善农村工作领导体制机制，建设一支懂农业、爱农村、爱农民的干部队伍，坚持工业农业一起抓、城市农村一起抓。

——习近平同志在山西考察调研时的讲话（人民日报 2017 年 6 月 24 日）

十几亿人口要吃饭，这是我国最大的国情。良种在促进粮食增产方面具有十分关键的作用。要下决心把我国种业搞上去，抓紧培育具有自主知识产权的优良品种，从源头上保障国家粮食安全。海南热带农业资源十分丰富、十分宝贵。国家南繁科研育种基地是国家宝贵的农业科研平台，一定要建成集科研、生产、销售、科技交流、成果转化为一体的服务全国的“南繁硅谷”。

——习近平同志在海南考察调研时的讲话（新华社 2018 年 4 月 13 日）

推动高质量发展是做好经济工作的根本要求。高质量发展就是体现新发展理念的发展，是经济发展从“有没有”转向“好不好”。要推动供给侧结构性改革，在“破”和“立”上同时发力，加快传统产业改造升级，加快发展新兴产业，增强经济发展新动能。要提高供给体系质量，增强供给体系对需求的适应性，使中国质量同中国速度一样享誉世界。要注重创新驱动发展，紧紧扭住创新这个牛鼻子，强化创新体系和创新能力建设，推动科技创新和经济社会发展深度融合，塑造更多依靠创新驱动、更多发挥先发优势的引领型发展。

实施乡村振兴战略是新时代做好“三农”工作的总抓手。要聚焦产业兴旺、生态宜居、乡风文明、治理有效、生活富裕，着力推进乡村产业振兴、人才振兴、文化振兴、生态振兴、组织振兴，加快构建现代农业产业体系、生产体系、经营体系，把政府主导和农民主体有机统一起来，充分尊重农民意愿，激发农民内在活力，教育引导广大农民用自己的辛勤劳动实现乡村振兴。

——习近平同志在湖北考察调研时的讲话（新华社 2018 年 4 月 28 日）

推动高质量发展，关键是要按照新发展理念的要求，以供给侧结构性改革为主线，推动经济发展质量变革、效率变革、动力变革。要坚持腾笼换鸟、凤凰涅槃的思路，推动产业优化升级，推动创新驱动发展，推动基础设施提升，推动海洋强省建设，推动深化改革开放，推动高质量发展取得有效进展。

农业大省的责任首先是维护国家粮食安全。要把粮食生产抓紧抓好，把农业结构调活调优，把农民增收夯实夯牢，把脱贫攻坚战打好打赢，扎实实施乡村振兴战略，打造乡村振兴的齐鲁样板。

——习近平同志在山东考察调研时的讲话（新华网 2018 年 6 月 14 日）

实施乡村振兴战略，是党的十九大作出的重大决策部署，是决胜全面建成小康社会、全面建设社会主义现代化国家的重大历史任务，是新时代做好“三农”工作的总抓手。农业强不强、农村美不美、农民富不富，决定着全面小康社会的成色和社会主义现代化的质量。要深刻认识实施乡村振兴战略的重要性和必要性，扎扎实实把乡村振兴战略实施好。

实施乡村振兴战略是一篇大文章，要统筹谋划，科学推进。要推动乡村产业振兴，紧紧围绕发展现代农业，围绕农村一二三产业融合发展，构建乡村产业体系，实现产业兴旺，把产业发展落到促进农民增收上来，全力以赴消除农村贫困，推动乡村生活富裕。要发展现代农业，确保国家粮食安全，调整优化农业结构，加快构建现代农业产业体系、生产体系、经营体系，推进农业由增产导向转向提质导向，提高农业创新力、竞争力、全要素生产率，提高农业质量、效益、整体素质。

——两会期间习近平同志参加山东代表团审议时的讲话（央广网 2018 年 3 月 8 日）

人无远虑必有近忧，北大荒的土质要不断优化，不能退化；绿色发展要有可持续性，农业生产不能竭泽而渔。农垦改革要坚持国有农场的发展方向，要通过改革进一步调动农场工人的积极性、维护好他们的权益、提高他们的素质，要不断提高农业生产的组织化、机械化水平。

中国粮食，中国饭碗。

农业是基础性产业，中国现代化就离不开农业现代化。我们这么大的国家，农业是不可或缺的。农业要振兴，就要插上科技的翅膀，就要靠优秀的人才、先进的设备、与产业发展相适应的园区。

——习近平同志在黑龙江考察调研时讲话（党建网 2018 年 9 月 28 日）

# 李克强总理关于发展粮食产业的重要讲话、指示摘编

推进农业供给侧结构性改革。促进农林牧渔业和种业创新发展，加快建设现代农业产业园和特色农产品优势区。坚持提质导向，稳定和优化粮食生产。加快消化粮食库存。发展农产品加工业。新增高标准农田8000万亩以上、高效节水灌溉面积2000万亩。培育新型经营主体，提高农业科技水平，推进农业机械化全程全面发展，加强面向小农户的社会化服务……深入推进“互联网+农业”，多渠道增加农民收入，促进农村一二三产业融合发展。

——李克强总理在十三届全国人大一次会议上作的政府工作报告（中国共产党新闻网2018年3月22日）

深入实施乡村振兴战略，更大发挥市场作用，依托“互联网+”发展各种专业化社会服务，促进农业生产管理更加精准高效，使亿万小农户与瞬息万变的大市场更好对接，对推动农业提质增效、拓宽农民新型就业和增收渠道意义重大。一要加快信息技术在农业生产中的广泛应用。围绕良种繁育、田间管理、病虫害防治、收储等环节，利用大数据、物联网等提高农业生产管理效能。扩大农业物联网区域试验范围、规模和内容，推进重要农产品全产业链大数据

建设。二要实施“互联网+”农产品出村工程，强化电商企业与小农户、家庭农场、农民合作社等产销对接，加强农村网络宽带、冷链物流等设施建设，推动解决农产品“卖难”问题，实现优质优价带动农民增收。强化网上销售农产品质量安全监管。三要鼓励社会力量运用互联网发展各种亲农惠农新业态、新模式，满足“三农”发展多样化需求，推动大众创业、万众创新在农村向深度发展，带动更多农民就近就业。探索政府购买服务等机制，建设涉农公益服务平台，加大对农户信息技术应用培训，使手机成为广大农民的“新农具”，使互联网成为助力农村一二三产业融合发展的重要设施。

——李克强总理主持召开国务院常务会议，听取对深入推进“互联网+农业”促进农村一二三产业融合发展情况汇报等（中国政府网 2018 年 6 月 27 日）

今年是全面贯彻党的十九大精神的开局之年。各地区、各部门要以习近平新时代中国特色社会主义思想为指导，认真落实中央农村工作会议和政府工作报告部署，大力实施乡村振兴战略，坚持农业农村优先发展和质量兴农、绿色兴农，深入推进农业供给侧结构性改革，抓住当前春季农业生产关键时节，扎实开展春耕备耕，强化政策扶持，促进优化农业种植结构，统筹做好农资供应保障、动植物疫病防控等工作，推进农村一二三产业融合发展，依托“互联网+”和“双创”推动转变农业生产经营模式，提高农业综合竞争力，拓宽农民增收渠道，打好精准脱贫攻坚战，为促进农业农村现代化作出新的贡献。

——李克强总理对全国春季农业生产工作会议做出重要批示（中国共产党新闻网 2018 年 3 月 29 日）

# 部署推动

# 建设粮食产业强国与国家粮食安全

陈锡文

粮食产业强国建设学术报告会在我国粮食生产第一大省黑龙江召开，具有非常重要的意义。最近这几年全球和我国的粮食供求形势都发生了深刻的变化，从我国实际情况看，我们确实处于必须对粮食生产和粮食产业进行提档升级的一个很关键的时刻，所以国家粮食和物资储备局在对黑龙江粮食产业问题做了深入调查研究之后，在这里召开这个会议更加具有现实意义。今天，我想围绕“建设粮食产业强国与国家粮食安全”

粮食产业强国建设学术报告会

谈两点意见，供大家参考。

## 一、要准确把握我国粮食供求格局变化的大趋势

改革开放40年来，我国粮食生产取得了飞速发展，城乡居民的膳食结构发生了深刻的变化。从这个角度看，粮食安全是有保障的，但是也要看到粮食安全的保障还不够稳固。

**第一，要清楚当前我国面临的粮食安全总体形势**。2018年是我国改革开放40周年，前39年我国的粮食产量翻了一番还多，1978年我国粮食总产量为6095亿斤，2017年粮食总产量达12358亿斤，比1978年增长了103%，而且最近这五年，粮食总产量连续五年保持在6亿吨以上，其中谷物连续五年保持在5.5亿吨以上，按人均算，1978年人均粮食产量约是630斤，2017年约是900斤，比1978年增长了约43%。从这个角度看，我国的粮食安全确实是基本有保障，而且应该看到这个保障水平和40年前是大不一样的，以前是一个总量的保障，而现在不仅要保证人民吃饱，而且要保证人民吃得好、吃得营养、吃得健康、吃得安全，所以说它是在人民生活水平不断提高背景下的一种有力保障，这是一个基本事实，但是大家也都感觉得到，这个保障还不够稳固。

为什么这么讲？因为随着经济社会的发展和人民生活水平的提高，人民对粮食的需求出现了深刻的变化，而我们的粮食供给还不能适应这种需求的变化，其中最为突出的问题有三个：**一是总量有缺口**。尽管我国粮食产量有了大幅增长，特别是最近十几年来一直稳定地保持增产和丰收，但是总量还是有缺口，年年还得进口，这是一个基本状态。**二是品种有余缺**。从主要粮食品种供给和需求方面对比来看，部分粮食品种是有一点供过于求，而有一些品种是长期供不应求。**三是品质不适应**。随着人民生活水平的不断提高，人民对粮食的品质提出了越来越高的要求，现在粮食供给方面还是很不适应。从这个角度看，当前我国面临的基本形势是：一方面，我国的粮食安全是基本有保障；另一方面，这种保障是不够稳固的。我国粮食总量的不断增长能够满足人民的基本生活

需要，人均粮食 900 斤的拥有量高于世界平均水平，从这个角度讲，我国粮食总量是够的；但是每年又必须进口粮食，大家都在分析和研究出现的这种情况和后面复杂的情况。正是面对这样的局面，提出建设粮食产业强国是非常有针对性，也是非常必要的，而且恰逢其时。

**第二，要准确抓住我国当前粮食供求中的突出矛盾**。当前我国粮食供求中的突出矛盾是什么呢？从总量来看，好像还有缺口，因此有一段时间，我们确实把追求总量的提高当作解决突出矛盾的主要途径。但现在看，总量是必须追求的，但是我们最突出的矛盾还不在总量上，习近平总书记在论述农业供给侧结构性改革时，特别强调我国的农业问题不在农产品的总量上，而在结构上。从总量角度来看，连续五年国内粮食的总供给量在 6.1 亿 ~ 6.2 亿吨，但是与总需求相比还存在一定的缺口。需求到底有多大，各方面的判断是不同的，但是总体来看在6.5亿吨左右，那就是说还有 3000 万 ~ 4000 万吨的缺口，600 亿 ~ 800 亿斤的缺口，这是一个基本的现实。

正是由于这个基本的现实决定了我国每年不得不进口一定数量的粮食，不仅仅是品种调剂，还是为了弥补总量的缺口。但是现实问题是粮食总量缺口是 3000 万 ~ 4000 万吨，却进口了 1 亿多吨，进口的粮食数量差不多等于国内粮食缺口的 3 倍，为什么会出现这个矛盾？从国内情况来看，主要有两大原因：**一是**我国的粮食价格在国际市场上没有竞争力。国外的粮食更便宜，他们想尽一切办法要进来，国内的企业也想同等质量条件下用更低的价格去进口国外粮食。**二是**国内粮食供求之间的品种结构非常不平衡。我国进口的粮食中大豆是大头，2017 年我国进口大豆 9553 万吨，仅大豆的进口量就是国内粮食总缺口的 2 倍以上，大豆进口满足了需求之后，就意味着我们在其他粮食品种上已经出现了供过于求的局面，因为缺口就是三四千万吨，光一个大豆就进口了 9500 多万吨。从数量和品种结合起来看，我国的粮食问题主要不在谷物上，更不在口粮上，主要是在油脂和饲料上。因为进口的大豆主要是转化为油脂和饲料，而这部分国内的供给明显不足，才造成这样的局面。

众所周知，我国是大豆的故乡，在很长一段时间内，我国的大豆产量位居世界第一，出口量也居世界第一。现在我国大豆产量明显下降，比不过巴西，比不过美国，大豆进口量反而成了世界第一。这一方面说明国内的消费需求在不断升级，对食用植物油、对动物类的食品需求越来越大，国内的供给满足不了需求，所以不得不去进口；另一方面也说明我国资源不足、生产效率不高、价格比较效益低、成本较高。我国大豆平均亩产不到 250 斤，只有 2002 年是 252 斤，其他的年份都没有达到 250 斤。而全球平均亩产是 370~380 斤的水平，我国比全球平均亩产低了 1/3。从这个角度看，我们在国际市场上就很难打得赢人家。所以，这个局面一定要看清楚，我国的粮食不仅存在着供不应求的情况，也存在着供过于求的情况。在这样的背景下要看到调整我国粮食生产结构，做强粮食产业，主要应该抓什么矛盾，当然所有产品和生产都有一个提高综合效益、提高国际竞争力的问题，但是突出的矛盾是我们将长期面对国内的食用植物油供给不足，国内饲料中植物蛋白供给不足，这是我们面临的突出矛盾。当然并不是说谷物就没有问题，谷物也有谷物的问题，但是从大的结构来看，这是我们当前面临的突出问题。

**第三，要认真贯彻党的十八大以来提出的“关于确保国家粮食安全的新方针和新战略”**。对于确保国家粮食安全，如果说到量化指标，大家都比较熟悉的是 1996 年时任国务院总理的李鹏同志在罗马“世界粮食首脑会议”上提出的粮食自给率要保持在 95% 以上。这个量化指标一直沿用至今。我们也一直在努力追求这个目标，因为当时我们的粮食总量都不够。

但是，2013 年年底中央财经工作领导小组召开专门会议听取国家粮食安全问题汇报时，财经领导小组对这个问题进行了认真的研判，提出了新的国家粮食安全的方针和战略，这体现在 2014 年的中共中央一号文件中。新的国家粮食安全的方针和战略着重讲了三个方面的内容：第一，新的粮食安全方针和战略的基本要求是什么。针对当时面临的突出矛盾，结合实际情况提出了新的粮食安全的方针政策，即“以我为主、立足国内、确保产能、适度进口、科技支撑”的国家粮食安全战略，而且明确提出“要确保谷物基本自给、口粮绝对安全”，这是一个基本的方针和要求。在满足和实现这个基本方针和要求背景下提出了第二个重大的带有战略性调整的方针，就是要更加积极地利用国际农产品市场和农业资源，有效地调剂和补充国内的粮食供给。第三，在重视粮食数量的同时更加注重粮食的品质和质量安全，在保障当期供给的同时更加注重农业的可持续发展。这三层意思是一个整体，我们还需要进一步去深入理解中央提出的新的粮食安全的方针、政策以及战略目标。

结合最近这几年的粮食形势分析，我们应该得出这么一个结论，当前我国粮食的突出矛盾在于油脂和饲料，重点突出的表现就是大豆，大豆的供求缺口太大，主要的问题不是在谷物和口粮上，当然谷物和口粮也是有问题的。那么很现实的问题就是，能不能努力增加我国的大豆生产来弥补国内大豆方面的供求缺口？这个事还是需要实事求是地去分析。比如，2017 年我国进口大豆 9553 万吨，如果我们自己来种，替代进口，按照我国现在的生产水平，即亩产 250 斤，8 亩地才可以生产 1 吨大豆，9500 多万吨大豆就需要拿出 7 亿 6 千多万亩地种大豆，显然是不存在这种可能性的。从这个角度讲，推进种植结构调整，引导农民努力再增加一些国产大豆的生产，这是很必要的，当然想完全替代也是做不到的，至少在相当长的时间内做不到，所以这就需要认真考虑我们的粮食安全政策里，就像 2014 年一号文件中讲到的，怎么去更有效地利用国际农产品市场和农业资源来调剂和补充国内的粮食供给，这个问题也很重要。如果把这种供给看作是与国际市场连在一起的，就有必要认真地去研究国内的农业资源到底怎么利用，到底怎么确保我国最重要的产品。所以，大豆缺口问题是解决我国当前和今后相当长一段时期内，整个粮食、各个品种都可以保持供求平衡的一个非常大的问题。至于谷物，由于产能在不断提高，再加上前一段时期的支持和保护政策有利于农民通过生产谷物来增加收入，所以现在的粮食保障水平相对还是比较高的。

从最近几年的情况来看，我国的粮食库存即使不包括中央储备粮，也不包括一次性储备粮在内，三大谷物的库存水平都是相当高的。夏粮上市以前，从2018年6月底的数字来看，我国的粮食库存（不包括中央储备和一次性储备），主要是政策性库存，就是最低价收购和临储价收购的这部分库存还有多少呢？现有的政策性粮食库存中，稻谷大概是占到现有2017年粮食总产量的61%，玉米大概占69%，小麦占57%。从这个角度看，我国粮食储备还是很充裕的。而粮食进口从2018年上半年的情况看，虽然谷物还在增加，但总体讲，尤其是像玉米等进口量都是逐步趋缓的，再加上中美贸易冲突引起了这样一些问题之后，确实还存在着很大的不确定性，所以除了大豆进口之外，谷物的进口不可避免，其中一部分是由于品种调剂，但是还有更多的问题，如我国的生产成本高，价格比国际市场贵，同时我国是WTO（世界贸易组织）成员，又承担着对国际粮食市场开放的义务，当然开放的义务是有限的，我们有关税配额。从2017年的情况看，大米进口了399万吨，我们承诺的关税配额是532万吨，还没有达到；玉米进口了200多万吨，我们承诺的玉米关税配额是720万吨；小麦进口了430万吨，而我们承诺的关税配额是963.6万吨，所以从关税配额使用情况来看，我们都没有用完，大概是用了一半，而且其中还有很多是出于政治上、外交上的考虑。从国内的情况看，要抓住当前这个有利的局面，从谷物和口粮的供给量来看，并不短缺，而且还有比较充裕的储备。要抓住这个机会，解决粮食供给侧方面的结构性矛盾，这是一个非常重要的事情。

在目前这种局面下，怎么看待我国当前的粮食形势，就这三句话：**第一，**粮食安全是基本有保障的，但是它并不稳固。**第二，**突出的矛盾在大豆上，而大豆上的主要问题就是植物油脂和饲料的植物蛋白供给不足。**第三，**认真贯彻落实中央提出的新时期粮食安全战略方针和政策。下一步把我国建设成粮食产业强国，实际要从国内、国际两个视角去看，要打好国内、国际这两张牌。这是我想谈的第一点。

## 二、构建现代农业三大体系，加快建设粮食产业强国

关于怎么建设粮食产业强国，习近平总书记已经讲过很多次，就是

要加快推进我国粮食供给侧结构性改革，加快建设现代农业的三个体系。但问题是怎么把它具体化，怎么把它有针对性地贯彻落实到实际工作中去。前面讲到总书记曾经指出农业问题主要不在总量，而在于结构性矛盾。这个结构性矛盾，突出表现在三个方面：**第一，**总量虽有缺口但不大，主要问题是品种结构不对路，生产提供的品种并不是市场需求的，市场需求的供给上不来，而市场饱和的品种产量却在不断增加，这是一个大的矛盾，所以必须根据市场需求调整生产结构；**第二，**整体上来讲，我国的粮食生产效益，尤其是在农业生产方面效益不高；**第三，**我国的粮食产品在国际上的竞争力不强。所以，推进我国粮食供给侧结构性改革，主要应该抓好三个方面：**一是**不仅总量上追求平衡，主要品种也要追求平衡；**二是**要着力提高农业生产效益，提高粮食生产方面的效益，让农民有利可图；**三是**在全球化背景下，只有切实提高我国粮食的国际竞争力，才能真正建设好粮食产业强国。

从目前的情况来看，总书记已经提出了，他在吉林讲过，2016 年到黑龙江视察时也讲过，“加快建设现代农业的三个体系”，一个是产业体

全国人大农业与农村委员会主任委员陈锡文谈粮食产业强国建设

系，一个是生产体系，还有一个是经营体系。

**第一，要建设现代农业的产业体系。**产业体系是一个国家或地区依据自身的资源状况，发挥资源优势，同时考虑所处的区位特点，延长产品生产的产业链和价值链。概括起来三个方面：一是依托资源优势来发展自身有竞争力的产品；二是资源优势中也要考虑区位特点，有资源优势的未必都具有区位特点；三是通过延长产业链和价值链的方式，把资源优势和区域之间所处的区位劣势协调起来，处理好。例如，从黑龙江耕地面积、光、温、水、热、气等实际情况来看，大家公认黑龙江是生产粮食的一个宝地，从这个角度讲，黑龙江的资源条件的确是非常适合粮食生产的，所以国家要求在黑龙江发展现代化的大农业，建设国家大粮仓，把黑龙江作为确保国家粮食安全的“压舱石”，针对黑龙江的资源情况做出这个判断是非常正确的。但是黑龙江也有劣势，它处在祖国的东北边陲，从区位上来讲不具有优势，离中心市场比较远，运费比较高。

马克思做农业分析的时候曾经讲过一个非常重要的原理，农产品的价格是由劣等地的生产决定的，为什么呢？因为当农产品供求平衡时，劣等地的生产成本就会显得高了。马克思所讲的劣等地主要包含两个方面，一是土壤肥力，二是区位和运距。当农产品供求平衡的时候，价格处在一个稳定的点上，一些肥力不够的土地，一些运距很远的土地就得退出生产；而当需求上来了，仅仅靠优质土地的供给不够了，劣等地才会投入生产，才有利可图。从这个角度讲，在黑龙江发挥它的资源优势，发展现代化大农业，建设现代化的大粮仓，这是它独特的优势。但是从运距角度来讲，由于黑龙江远离中心市场，经常处在一种被动的状态。当整个粮食需求上来、粮价高涨的时候，黑龙江粮食往关内运很顺畅，买的人很多；当总供给达到平衡时，粮价开始稳定或者开始下跌的时候，黑龙江的粮食往往就没有人光顾了。这是一个很现实的问题，几十年来都摆脱不了这种局面，怎么解决呢？就是按照总书记讲的，推进现代农业的产业体系建设。产业体系不仅仅是怎么种出来、怎么收起来、怎么存起来的问题，更重要的是要让生产出来的粮食能够进入产业链条，延长产业链，提升价值链，这个趋势正在出现，并由多方面原因决定。比如，过去北方的粮食很多都是从南方运过来的，后来在改革开放的过程中出现了变化，过去的南粮北运变成了北粮南运，这是一个大的变化。

最近这几年，我国养殖业出现了一个新的变化趋势，养殖业正在由南方向北方转移，什么原因呢？因为养殖业对南方来讲，远离饲料产地，而且南方人口密集，水网密集，搞养殖业环境污染很厉害，所以要转移。这几年，黑龙江、内蒙古、吉林都已经感受到养殖业向北方转移了。那么养殖业往北方转移，对当地来讲，比如现在黑龙江强调的“两牛一猪”，即奶牛、肉牛和生猪生产，如果转到黑龙江，饲料原来要北粮南运，现在在当地消化饲料，那么过去的区位劣势就变成区位优势了。如果说养殖业往北方、往黑龙江转移，转移过来之后，除了在籽粒饲料运输上把劣势变成优势，更重要的是在整个国家的养殖业中青贮饲料的比重非常大，只有把养殖业挪到饲料的生产地，才可能大规模地发展青贮饲料，这样就把过去远离市场的区位劣势，通过过腹转化变成优势了。如果把生产的大量粮食、谷物运到外面去加工，一个是量大，一个是价值低，所以往往就运不出去，越到运输紧张的时候就越排不上队。那么能不能更多地让它就地加工，就地加工最重要的就是在某种程度上能实现减量提价值，运出去的数量减少了，但是运出去的价值大大提高了，而且很多副产品通过延长产业链之后，可以生产出很多过去很难生产的产品。

所以从发展农业产业链、粮食产业链来看，要处理好这三件事：一**是资源优势；二是地理区位处在什么样的条件；三是通过转化加工，延长产业链和价值链，促进整个产业提升**。这是第一点关于产业体系建设要讲的，也就是“结构问题”，农业的生产结构依据什么去调，依据资源、区位、市场需求的新产品去调，这样才能使我们的整个农业生产和市场更紧密地连接在一起。

**第二，要建立现代农业的生产体系**。从生产体系角度讲，重头是大田生产，粮食生产。我国农业总体上可以概括为“大国小农”，国家很大，农民数量也很大，每个农户经营的面积非常有限。在大国小农的背景下，推进现代农业的生产体系建设就特别重要，突出表现在：**一要促进农业科技进步**。尽管是小农，但要想办法让他用最好的品种、最好的技术，因此推进农业技术进步是非常重要的方面。**二要提高农民的组织化程度**。分散的小农不懂市场，而市场也很难去顾及数量庞大的小农。所以，推进农业科技进步和提高农民的组织化程度，是下一步建设现代农业生产体系中非常重要的问题。

但是，如果我们把农业的产业链延长，往畜牧业方面延长，往加工业方面延长，那么生产体系的建设就不仅仅停留在农业生产环节的技术进步和组织化建设上了。比如，农民为了适应市场的变化、适应市场价格的变化主动地调结构。在调结构过程中面临最突出的问题就是：生产什么产品好？生产什么产品才能在市场上获得更加优势的地位？同一个产品中哪一个品种是最好的，一般农民是不大掌握的。而引进一个新的优良品种，它的栽培技术一般农民也是很难掌握的。如果引进的优良品种生产出来了，它又是鲜活产品，就需要尽快把它销售出去，这是一个大的制约。而选择优良品种、掌握先进技术、快速营销，这三个环节都是一般农户缺乏的，是农业生产中的稀缺资源，这就需要想办法向农业输入这些稀缺资源。这主要有两个路径：一是让农民中的能人掌握这些东西，通过发展农民合作的办法，发展农民联合的办法让农民去掌握这些技术。二是产业化经营，让龙头企业介入去帮助农民掌握这些稀缺的东西，那么效益就会更大。因为龙头企业更能了解市场，更能把握科技的进步，通过向农民提供优良品种、先进技术、快速高效的营销手段来把农民联合起来，这是最重要的。

从黑龙江的农业生产情况来看，应该讲中央提出的建设现代化大农业，黑龙江是没有辜负希望的。我年轻的时候在黑龙江种了十年地，是在黑河地区的兵团，已经过去 50 年了，但是现在来看，确实能感觉到当年我所在的农场在技术方面的进步也是令人叹为观止的。当年，一个连队负责一万多亩地，配套的机械水平当时就很高了，洛阳生产的东方红54马力链轨拖拉机，后面跟着全部农具，犁、耙、播种机、镇压器，一直到中耕机、联合收割机，一个台套可以种3000~3500亩，一个连队配4~5个台套，一个台套五六个人，二三十个人就可以种一万多亩地，在那时候来说生产力水平和技术水平是很高的；但是现在再来看，550马力那要拉多少东西？所以现在黑龙江农业的装备水平和技术水平是相当高的。据有关材料显示，黑龙江省的农业机械化是96%，农垦的大概是99%以上，这个水平是很高的。

当然黑龙江是有它的特殊性，正是在这种具备先进的大规模、高效率的农业机械装备的条件下，才能够吸引农民。吸引农民的路径有两个：**一是农民愿意流转土地**。通过股份合作也好，通过流转也好，通过企业带动也好，给小规模分散的土地提供现代化的机械装备服务，让其发展壮大。**二是购买服务**。通过这两种办法使农业的生产效率大大提高，但是要抓住一条，提高效率生产出来的产品品类、品质要求跟下游的加工企业、饲料企业、养殖场能够完全吻合。现在很大的问题是生产出来的东西，产量上去了，但是生产出来的东西的品质要求可能跟下游的加工企业、饲料企业需求有差距，这需要想办法将生产和需求结合起来，这是非常重要的。

在推进现代化农业过程中，各地都有很多探索，其中有一个问题非常值得研究，我们历来比较注重耕地经营权的流转，发展规模经营，这句话对不对呢？当然是对的。黑龙江的规模经营水平比较高，相关材料显示，按照承包地的合同面积，流转面积达到了46%~47%，在全国都是比较高的，这跟机械化生产是结合在一起的。土地流转，规模经营，一户人家要把十户人家的地流转过来也是不容易的，十户人家的地都流转过来就是一二百亩地，种一二百亩地和种一二十亩地在装备上有多大的区别？如果说过去黑龙江都是用小四轮，一家一户种一二十亩地是小事，要是一家种一二百亩地小四轮也可以了，这样的规模经营跟国外的规模经营是没有办法比的，虽然我们的种植面积扩大了，但是最先进的装备用不了，效率就上不去。黑龙江是真正用了最先进的设备，主要通过两种方式：**一是通过土地股份合作的方式**。黑龙江发展了一批以农机带头的土地股份合作社，比如黑龙江齐齐哈尔市克山县李凤玉的仁发现代农机专业合作社，他的规模是五六万亩地，与国外相比，规模也不比国外的农场小，因此可以用最先进的设备。**二是用最先进的设备为小规模经营农户提供服务**。农户自主经营，但是耕种收都由先进的机械设备提供服务，这样就可以大大地降低成本，降低劳动强度，也能解放出劳动力。

但是这里面很重要的一点是，产业链下游的加工企业、饲料企业、养殖场能不能在生产过程中就介入前端的粮食生产过程，向粮食生产者提出生产需求，按需生产，能不能有这么一个过程是非常重要的。尽管世界 ABCD 四大粮商掌握了国际粮油市场很大的份额，但是没有一家粮商是租地、买地、种地的，都是在世界大的粮食产区建立物流中心和服务中心，不仅向农民收购粮食，更重要的是提供服务，如金融服务、生产资料的服务、农业机械的服务等，这样就能把农民的生产提前纳入企业经营体系，引导农民生产什么、生产多少、怎么生产。我们要深入研究如何将农民的生产纳入产业链下游的企业经营体系，现在的企业还是各管一半，没有介入粮食生产过程中。所以说发展现代农业的生产体系，不仅仅是一个技术问题、装备问题，技术装备怎么用、怎么发挥效力要和当前的市场需求结合，也就是要和加工企业、转化企业结合好，这样才能让生产体系更加吻合市场的需求。

**第三，要加快建设现代农业的经营体系**。经营体系实际上是把农业生产中的各种要素通过现代化的方式实现优化、重组，从而提高效益。比如，发展各种各样的合作与联合，发展龙头企业带动基地、带动农户，以及发展农业社会化服务，这是一种资源要素的组合。更重要的是，怎么让处在整个产业链中越是下游、越是末端、越是靠近市场的企业，在引导农业生产中越能够真正地发挥作用，这是非常重要的。举个例子，我们一天到晚讲提高粮食品质，生产哪个品种？质量又怎么去提高？现在看来，黑龙江省好一点，大机械化作业；但是其他地方无论是小麦、稻谷，还是玉米，往往一个县种七八个、十来个，甚至二三十个品种，这么多品种收的时候怎么办？怎么区分？最后进了仓库都堆在一起，尤其是国家定价无法区别好坏，符合基本要求国家就收了，根本没有办法区别。粮库收的粮，早籼稻就是早籼稻，中晚籼稻就是中晚籼稻，粳稻就是粳稻，就是这么一点区别，但是一个县、一个地区范围内种了多少品种，每一个品种之间有多大的差别，这些是分不开的。从这个意义上讲，主要是由于产业链的后端对前端没有提出适合的要求，只有产业链的后端对前端提出适合的要求，那么生产出来的东西才更接近市场需求。农民生产出来的产品先是进仓库，再进加工转化企业，因此加工转化企业就有责任向农业生产者提出要求。所以，经营体系的建设，还不是简单的农业上采取什么经营方式更好，或者说龙头企业采取什么经营方式更好，而是怎么样才能够将生产端和需求端有机地结合起来，这是非常重要的。

那么如果我们做到每一个地区在一个品种上，比如玉米、小麦或稻谷，一个省、一个地区、一个县，能够有自身特色的主打产品，这一两个产品是当地质量最好的，慢慢就把品种往这方面归拢，当然也要考虑怎么避免自然灾害、怎么避免洪涝、怎么避免早霜等，这些问题都要综合考虑，但是总的来说像我们国家现在这样，种子公司这么多，每一个产品品种这么多，要想真正做到让农民生产符合市场需求的优质产品，这是很难做到的。正是从这个角度看，我们国家粮食和物资储备局，除了管理物资之外，非常重要的就是要了解市场、监管市场、引导市场，市场需求什么，就向生产者提供信息生产什么样的产品。举个例子，我曾经到云南省玉溪市通海县调查过，玉溪市在滇中，处在云南腹地，云南腹地周围都是山，玉溪市有个县起个名叫通海，其实连湖都看不见，为什么叫通海？因为当地老百姓说一辈子的夙愿就是“通海达江”。但是这个地方蔬菜种得非常好，好到什么程度呢？泰国曼谷菜市场的价格是由通海定的。通海生产的大量蔬菜都销往东南亚国家，怎么做到这一点的？农民怎么了解这些国家市场需要什么品种呢？每个品种怎么种的呢？就是通过一批走出去的外贸公司，把前方的需求信息反馈回来，接到信息之后，通海设立的各种各样的种苗公司引导农民种，种出来的产品直接运输出去。从这个角度看，我们一定要想尽一切办法，将市场的信息尽快地传到农民那里，而这个工作单靠种地的农民是做不到的，最直接获得市场信息的当然是销售企业，比如从当地加工厂、屠宰场进口过去的产品，他们为什么进口这些产品，这些都反映了市场信息。从这个角度讲，加工企业、转化企业对市场的了解要比农民敏感得多，怎么把这些信息反馈到农民那里去，这是我们当前面临的突出问题。

总体来看，我国经济社会的发展已经进入了新时代，对我国来讲，因为人多地少，就算是20亿亩耕地，全球耕地大概是220亿亩，我国只占全球耕地的9%，但是我国2017年总人口达13.9亿人，占全球73亿人口的19%多，而人均耕地只相当于世界平均水平的40%左右，从这个角度来看，不可能要求什么农产品都做到自给。因为我们资源状况就是这样，我们又想过得比人家好，吃得比人家好，就这么点资源，所以要把握住我国当前粮食供求格局变化中的这种趋势。在我看来，全保是不可能的，因此我们要审时度势，分析国内市场和国际市场的变化，研究确定我国有限的宝贵农业资源应当用在什么地方，什么产品是必保的，中央提出谷物基本自给、口粮绝对安全，这条必须要做到，其他一些通过国际市场和资源去调剂和补充，这是我们当前面临的一个大的局面。第二个大的局面就是，人民生活水平不断提高之后，要求也越来越高，如果供给总是停留在这个水平上，是适应不了的。饭不够吃的时候，那总量就是最重要的，且那个总量不管大米、面粉、玉米都是好的，甚至薯类、瓜菜类也可以，只要吃饱就可以，没有人讲品种。但是主粮吃饱以后就要讲品种了，各种各样的品种只能靠市场，靠政府是调节不了的。品种满足后一定会有营养的问题、健康的问题、安全的问题，实际上就是要想办法让供给逐步地满足市场不断提出的新需求，也就是人民对幸福生活向往提出的新要求，那么怎么去实现这个新要求呢？就是按照习总书记讲的，在农业的方方面面，包括粮食生产，要加快建立现代粮食生产的产业体系、生产体系和经营体系，这样才能满足不断升级和不断变化的新的市场需求，为人民生活的改善做出应有的贡献。

（摘自全国人大农业与农村委员会主任委员陈锡文同志2018年8月18日在粮食产业强国建设学术报告会上的讲话）

# 在首届中国粮食交易大会上的致辞

王文涛

在这金风送爽、硕果累累的初秋时节，来自全国各地的嘉宾相约哈尔滨，隆重出席首届中国粮食交易大会，这既是推进我国粮食产业向高

黑龙江省委书记张庆伟、省长王文涛，国家粮食和物资储备局局长张务锋共同启动首届中国粮食交易大会

质量发展的重要举措，也是黑龙江农业发展进程中的一件大事。在此，我谨代表黑龙江省委、省政府对大会的召开表示热烈的祝贺！对莅临会议的各位领导、企业家、专家学者表示诚挚的欢迎！对国家粮食和物资储备局多年来给予的大力支持表示衷心的感谢！

本届大会以“新时代、新理念、新平台、新业态——推动产销合作新平台建设，助力粮食产业高质量发展”为主题，开展一系列活动，这必将对推进农业供给侧结构性改革，提高粮食购销市场化程度，增强粮食产业竞争力，实现粮食产业高质量发展产生重大促进作用。我们将竭诚做好服务保障工作，真诚希望大家通过交流新信息、展示新产品、推广新技术、开展新合作等，在收获的季节获得丰硕的成果。

当前，黑龙江认真贯彻党的十九大和习近平总书记对我省重要讲话精神，把保障国家粮食安全作为重大政治责任，以发展现代农业为统领，不断提升粮食综合生产能力，粮食总产量、商品量、调出量保持全国第一，粮食生产和流通在全国占有重要战略地位，成为维护国家粮食安全的一块“压舱石”。近年来，我们深入推进粮食收储制度改革，推动农业由注重数量增长向优质高效转变，由注重传统农业向绿色有机品牌农业转变，为全面推动市场化粮食购销、促进农民顺畅卖粮持续增收探索积累了经验。与此同时，注重提升粮食价值链延长产业链，抓好“粮头食尾”“农头工尾”，努力将食品和农副产品加工业打造成第一支柱产业，由此形成了巨大的粮食加工、储运、销售等市场机会，希望企业家关注黑龙江粮食产业转型发展带来的商机。

最后，预祝本届大会取得圆满成功！祝各位嘉宾和朋友们身体健康、工作顺利、万事如意！

（摘自黑龙江省省长王文涛同志2018年8月18日在首届中国粮食交易大会上的致辞）

# 构建现代化粮食流通体系

张晓强

现代粮食流通体系建设是农业供给侧结构性改革的重要组成部分，是乡村振兴战略的重要抓手，是实现高质量发展的保障。构建现代化粮食流通体系，对保护粮食生产者积极性，维护粮食经营者、消费者合法权益，保障国家粮食安全，具有重要战略意义。

国家粮食安全专家咨询委员会主任张晓强做粮食产业强国建设学术报告

## 一、建设现代化粮食流通体系的基本要求

粮食流通体系是粮食从生产者转移到消费者过程中所体现的全部关系总和，包括粮食收购、储存、运输、加工、销售，以及政府调控、监管和服务等方面。现代化粮食流通体系就是指这些关系总和由传统、落后向先进转变的过程以及转变后的先进状态。当前，我国经济已由高速增长阶段转向高质量发展阶段，正处在转变发展方式、优化经济结构、转换增长动力的攻关期。构建现代化粮食流通体系需要不断发展以适应新时代要求，既考虑当前条件，又体现高质量发展的要求。具体来说，应满足如下六个方面的基本要求。

### （一）粮食流通制度环境现代化

根本标志是市场机制在粮食流通领域资源配置中发挥决定性作用。通过其内在的供求机制、价格机制、竞争机制作用，让粮食流通中收购、储存、运输、加工、销售等多个环节活力迸发，实现粮食市场诸要素在公开、公平、公正的条件下高效、自由地流通。2014 年，国家取消了棉花、大豆的临时收储制度，开始实施“价补分离”的目标价格补贴试点。随后，玉米、油菜籽等品种取消临时收储政策，转而实施更为市场化的粮食流通政策，取得了较好效果，这标志着我国粮食流通体制向市场化又迈进了一步。

### （二）粮食流通市场体系现代化

粮食流通市场体系现代化是指市场结构完善、运行规范，各市场衔接高效、互为补充，其具体表现为市场类型齐全、交易方式完备和市场功能有效发挥。**从市场类型看，**包括现货市场和期货市场，现货市场又分为即期市场和中远期市场。这些市场类型作用各有不同，但相互补充。**从交易方式看，**粮食交易方式现代化主要是通过拍卖交易、电子商务交易、农超对接和连锁经营等多种现代化交易方式替代传统交易，提高流通效率。**从市场功能发挥看，**随着粮食产业国际合作深度和广度不断扩大，体现在主要粮食价格是否能够成为一国或一个地区的价格形成中心。

国内外粮食市场加速融合，掌握大宗粮食的主动权非常重要。

### （三）粮食流通主体现代化

对不同的粮食流通主体应有不同的现代化要求。**第一类是个体农户**。有些农户兼有生产者和经营者双重身份，有些农户已经从生产中脱离出来成为个体收购者、个体运输户等，专门从事粮食的收购或运输。这些农户都属于生产服务兼业型或者农业服务专业型的新型职业农民，对这些主体的现代化要求应该是有文化、懂技术、善经营。**第二类是合作社、家庭农场等新型经营主体**，现代化的标志是经营规模化、集约化以及具有比较强的市场竞争力。**第三类就是粮食流通企业**。分为两个层次实现现代化，第一个层次是“大型”，包括大型农业龙头企业、批发商、运销商、终端大型零售商等，应对标 ABCD 等国际大型农业企业，不断做强做大，提升自身影响力和辐射带动能力，打造核心竞争力；第二个层次是“中小型”，对标国内特色化、专业化经营的优势中小流通企业，使一大批中小粮食企业健康发展，繁荣粮食流通，完善市场主体结构。不管“大型”还是“中小型”，国有粮食企业转型升级都是重要内容，新时期必须加快改革，发挥资源、技术等优势，发挥主渠道作用。

为了满足日益增长的消费需求，现代化粮食流通主体应相互结合、取长补短。企业可与种粮大户等新型粮食生产经营主体对接，开展订单收购、预约收购、代收代储、代加工等服务，并为他们提供资金、技术、咨询等服务；也可与贸易商、批发商、零售商等形成产业链联合体。农户可与批发商、超市等直接对接等。这些模式已经有了一定的实践，但在利益分配、连接机制等方面还需要继续探索。

### （四）粮食流通设施现代化

粮食收购、中转、仓储、运输、装卸、信息和检测等流通基础设施的转型升级是实现粮食流通现代化的物质基础。现代化粮食流通设施要与粮食收储规模和供应保障要求相匹配，要科学合理地确定粮食储备规模，以此确定储备设施的能力和数量。粮食储备的布局、品种结构等要动态调整。粮食流通设施现代化应与交通运输设施（公路、铁路、水运）

等高效协调。要充分考虑不同地区的粮食资源优势、地缘优势、经济优势，把粮食仓储、运输、装卸、信息和检测等基础设施建设与提高粮食流通能力相结合。

### （五）粮食流通技术现代化

**一方面**是分拣、包装、仓储、配送等环节的机械化、自动化，以及减少粮食流通环节损耗的相关技术。例如，粮食运输“四散化”（即散装、散卸、散运、散存）是国际粮食物流现代化的发展方向，实现了由麻袋包装、人工搬运向现代储存运输方式的转变。**另一方面**是粮食流通的信息化。基于物联网的粮食流通系统，高效运转的粮食交易电子结算系统和粮食品种、产量、品质、原产地、价格的信息查询与处理的信息系统等。当前，新一轮科技革命和产业变革蓄势待发，云计算、大数据、移动互联网等新一代信息技术广泛应用，为粮食流通技术现代化创造了有利条件。

### （六）粮食流通监管现代化

现代化粮食流通体系必须有高效的监管做保障。应坚决把那些政府不该管、管不好、管不了的事项，还权于市场和社会，做到政府“不越位、不缺位”，弥补市场失灵，既不过度调控，也要有所作为。粮食行政管理部门应将工作重心转到建章立制、应急调节、监管和行业指导服务上，形成规则健全、统一开放、监管有力、协调高效的监管体系；密切关注粮食重点产区、骨干粮食仓储企业、粮食批发市场、粮食加工龙头企业、主要粮食零售网络、粮食进出口贸易等方面，必要时及时干预调控；应发挥粮食批发市场和期货市场对储备粮吞吐轮换的积极作用，完善粮食流通业风险预警机制，规范外资粮食企业进入及经营行为。

## 二、当前粮食流通体系存在的问题

### （一）粮食收储制度改革尚未到位

2004 年，我国全面放开粮食收购市场，推动粮食购销市场化和市场主体多元化。为稳定市场、保护农民利益和促进粮食生产，国家出台了粮食最低收购价政策。2008 年，国际粮价剧烈波动，国内粮价低于国际市场粮价，为保障农民收益，国家又出台了“临时收储”政策。后来，收储品种涵盖了稻谷、小麦、大豆、玉米、油菜籽等大宗农产品，其中玉米是重点。十几年间最低收购价政策和临时收储政策主导了我国粮食市场的走势。2012 年后，国内粮价高于国际市场粮价，粮食及其替代品大规模进口冲击国内市场，库存不断积累，财政负担不断加重，加工流通企业经营困难。2014 年在东北三省一区实施大豆目标价格改革，2017 年将大豆收储政策调整为“市场化收购 + 生产者补贴”。2016 年玉米实施“市场定价、价补分离”。小麦和稻谷最低收购价政策也在逐步调整之中。

### （二）市场体系运行效率不高，市场之间联动效应较弱

**第一，**我国现有的粮食市场多为初级交易市场，规模较小，有些仅是稍具规模的集贸市场，主体发育不充分，抗风险能力弱，且绝大多数以现货交易为主。粮食批发市场的分布密度和发展水平偏低，缺乏一批大规模、综合竞争力强的粮食批发市场。**第二，**我国期货市场起步晚，小麦和稻谷期货因政策影响交易不活跃，国有企业和金融机构等的参与度不高，投资以个体投资者为主，投机气氛较重。**第三，**各层次粮食市场之间定位不明确，相互间缺乏联系和互动。

### （三）产业发展大而不强，加工企业竞争力弱，收储企业转型不到位

2017 年，全国粮食加工业总产值达到 2.9 万亿元，比 2012 年增长 27.3%；粮食加工处理能力达 11.9 亿吨，实际加工粮食 5.3 亿吨，加工转化率达 86.3%。但是，粮食加工企业多而不强。粮食流通经营链条短，产品质量不稳定，精细化程度低，一些附加值高的优质粮食产品市场供给有限。2017 年黑龙江全省开工的粮食加工企业 1745 家，年加工能力 30 万吨以上仅 100 家，占企业数量的 6.1%。大豆的深加工率只有 15%，深度不够。一些粮食加工企业品牌小、杂、乱，存在无序竞争。国有粮食企业经营市场化转型不到位，目标市场定位不清，“收原粮、卖原粮、靠政策、吃补贴”的经营方式和依赖思想仍较为突出。

### （四）流通设施硬件水平不高，地区分布不平衡，流通效率较低

我国粮食生产重心进一步从南向北转移，粮食消费重心向东南沿海

地区和京津沪等大城市集中，主销区粮食产量占全国比例持续下降。能够净调出粮食的只有黑龙江、吉林、内蒙古、河南和安徽等，黑龙江最多，占全国净调出粮食总量的35%。粮食产销区仓容设施分布不平衡，一些主产区政策性粮食露天或罩棚暂时存放。在粮食调运过程中，原粮“四散化”运输比例仅为1/3左右，而且不能实现“一站式”流通，存在散粮火车和沿海港口衔接不畅，公路、铁路、水路联运搬倒、集并粮食损失大等问题。

### （五）科技创新不强，成果转化和信息化水平低

2017年粮食企业研发投入158亿元，获取专利3128项，取得明显进步。但整体看，研发投入不足，产品创新力不强，安全绿色储粮技术、质量安全、节粮减损、加工转化、现代物流、“智慧粮食”等领域研究成果对粮食流通支撑作用不足，粮食科技贡献率低。“信息孤岛”仍存在，数据通道不统一，资源整合、互联互通成效不显著。粮食安全量化分析和辅助决策的功能仍显不足，相关预警预测功能较少。粮食质量监管的核心信息技术还有待突破，质量检验、清仓查库等核心业务缺乏新型信息技术手段，相关数据时效性、准确性还有很大提升空间。云计算、大数据、移动互联网等新一代信息技术在粮食流通行业中的应用水平低。

### （六）粮食产业国际化水平不高，国际竞争力有待提高

2007年，我国正式提出农业“走出去”战略。目前，我国开展对外粮油类投资的企业多为中小型企业，难以形成规模经济。而且，一提到农业“走出去”，一些企业就想到去欧洲买葡萄酒庄，去新西兰买牧场，缺乏布局全产业链的意识或能力。根据农业农村部数据，截至2016年年底，在“走出去”的115家农业龙头企业中，全产业链企业仅有16家，多数企业处于产业链的种植、初加工等环节。部分粮食企业缺乏风险意识，对投资国的全面调查不充分，一些项目上马后因盈利能力差或资金链断裂而处于暂停经营状态；农业投资面临着自然灾害、国际政治变化等多方面风险，一些企业因缺乏应对手段而遭受严重损失。

### （七）粮食监管手段不足，质量标准体系建设有待加强，法律法规体系不健全

相关法律法规不健全，管理政出多门、职责不清。市场运行不规范，管理制度不健全、交易规则不完善、交易过程中有违法、违约等问题。一些市场的粮油质量、卫生安全检测检验制度不完善，在食品安全过程控制中发挥的作用不够。粮食安全法律法规和标准亟待完善。

## 三、推进粮食流通体系现代化建设的思路

以提升流通质量和效率为中心，以市场化、高质量发展和创新驱动为原则，推动粮食流通的市场体系、市场主体、粮食产业、技术应用、流通设施以及监管体系等软环境和硬条件全面升级。即实施在“三大原则”指导下的“六大现代化升级战略”，提升粮食流通体系在国家发展和国家粮食安全中的保障作用，为全面建成小康社会和实现社会主义现代化做出重要贡献。

### （一）三大原则

**一是市场化原则**。充分发挥市场在资源配置中的决定性作用，注重发挥政府作用，处理好市场价格、支持价格、目标价格之间的关系，引导粮食价格回归市场均衡水平。比如，完善稻谷、小麦最低收购价，以及玉米、大豆的“市场定价、价补分离”政策等。增强粮食补贴的精准性和指向性，推动完善保险市场体系，利用农产品期货期权丰富支持政策工具。

**二是高质量发展原则**。推动经营方式、管理手段的现代化，促进粮食流通经营方式从粗放型向集约型转变，减少流通环节，除低流通成本，提高流通效率和调控效率，将单纯以促增产为目标的产业政策体系转变为促增产、促增收、促流通产业现代化。

**三是创新驱动原则**。坚持制度创新、管理创新、科技创新，构建产学研相结合，以企业为主体、市场为导向、体制创新为动力、科技创新为引领的现代化粮食流通体系，重点推进粮食流通的科技创新和渠道创新。

## （二）六大现代化升级战略

### 1. 市场体系现代化升级战略

**（1）进一步健全粮食市场体系，全面提升各类市场功能**。加强现有资源整合，优化粮食批发市场规模和布局。结合推动骨干粮食企业转型发展，支持建设一批设施完备、功能齐全、具有一定规模的公益性全国和区域性粮食批发市场，提升省级粮食交易中心和区域性、专业性批发市场的粮食集散功能。构建多种经营业态统筹推进、融合发展的粮食零售市场网络体系，确保粮食供应数量足、质量好。推进集贸市场、超市、便民连锁店、主食厨房等多种形式粮食零售市场加快发展，扩大覆盖范围，提高诚信经营服务水平。

**（2）加快粮食电子交易市场和交易平台建设**。发展电子商务，实现政策性粮食拍卖、商品粮网上交易、信息服务、精品粮油展销四大功能；着力打造设施完善、功能齐全、特色鲜明的粮食电子商务基地。推动粮食市场线上线下融合发展，有条件的地区发展“网上粮店”，推广“网订店取”“网订店送”等新型粮食零售业态；构建粮食交易中心和现货粮食批发零售市场电子商务信息一体化平台。依托粮食竞价交易平台引入粮食仓储、物流配送和互联网金融等服务业态，为买卖双方提供一站式、多方位的服务。

**（3）积极引导粮食市场主体利用期货市场**。总结“公司＋合作社＋农户、订单＋期货”“延期点价”等期货订单模式试点经验，探索种粮大户、农业专业化合作组织、家庭农场等利用期货市场的业务模式，提升期货市场对现代粮食市场体系的服务功能，完善相关制度，增强现货市场与期货市场的价格信息联动性，健全粮食市场形成价格机制，充分发挥期货市场发现价格、引导生产、规避风险的积极作用。

**（4）完善各级储备粮吞吐调节机制，充分发挥储备粮在市场调控中的重要作用**。积极稳妥推动储备粮管理体制改革，逐步实现政策性职能和经营性职能分离，政府行政管理和企业经营管理分开；明确界定中央和地方粮食储备功能定位，完善储备粮管理制度，规范管理行为，提高管理水平，完善价差等利费补贴政策，确保储备粮数量真实、质量良好、储存安全；探索建立政府储备和社会储备相结合的梯级粮食储备新机制，鼓励符合条件的多元市场主体参与地方粮食储备相关工作。

**2. 市场主体现代化升级战略**

**（1）大力培育“两个新型”**。新型职业农民和新型农业经营主体是粮食流通市场体系的重要组成部分。应引导优秀企业家、经营主体群体成长壮大，支持涉农龙头企业、农业高校和科研单位共同培育新型职业农民，制定一系列相配套的保障政策，鼓励农业类大中专院校毕业生返乡创业等。

**（2）深化国有收储企业改革，加大龙头企业培育**。推动国有粮食流通企业改革，有序发展混合所有制经济，实现股权多元化，完善企业治理结构，建立现代企业制度。鼓励优势企业通过兼并、重组、收购、控股、参股等方式，跨地区、跨行业整合资源，培育一批有竞争力的大型流通企业集团。积极建设产能集聚、技术领先、功能合理、协同发展、产业关联度高的粮食产业集群和产业园区。引导粮食企业加强与种粮大户、家庭农场、农民合作社等新型粮食生产经营主体合作，提高粮食市场主体组织化程度。

**（3）鼓励和支持粮食企业“走出去”**。**一是**鼓励有条件的粮食流通企业建设境外营销、售后服务和仓储物流网络，推动国内流通渠道向境外延伸，构建全球布局的流通网络。解决企业国际化环节在装备技术、人员和产品等方面便捷顺畅流动的主要瓶颈问题。鼓励和引导粮食企业组建产业联盟，“抱团出海”；加大对粮食企业“走出去”的金融支持力度。**二是**加大国际化人才培养力度。**三是**支持流通企业以参股、换股、并购等形式与国际品牌企业合作，提升品牌国际化运营能力。**四是**加强粮食流通领域的国际合作，进一步发挥我国在联合国粮农组织（FAO）、亚太经济合作组织（APEC）等国际组织和机构中的作用，积极参与国际贸易规则制定，加强双边政府间合作，共同应对全球粮食安全新挑战。

**3. 粮食产业现代化升级战略**

**（1）推动粮食产业强国建设**。**一是**组织推动粮食加工业规模化、集团化发展。完善销售网络，拓宽销售空间和渠道。**二是**产业产品创新。积极推进米、面、玉米、杂粮等主食制品的工业化生产、社会化供应；保护并挖掘传统主食产品，增加花色品种，大力发展方便食品、速冻食品、早餐食品；加强主食产品与其他食品的融合创新，鼓励和支持开发个性化功能性主食产品。开展主食产业化示范工程建设，推广“生产基地 + 中央厨房 + 餐饮门店”“生产基地 + 加工企业 + 商超销售”等新发展模式。**三是**紧紧围绕“粮头食尾”“农头工尾”，着力开发粮食精深加工产品，延长产业链。增加专用米、专用粉、专用油、功能性淀粉糖、功能性蛋白等食品以及保健、化工、医药等方面产品的有效供给。

**（2）坚持绿色发展**。鼓励生态友好型、资源节约型粮食流通。综合利用粮食原料，大力开发米糠、碎米、谷壳、麦麸、麦胚、玉米芯、饼粕等副产物，增加产品附加值。加大粮食加工过程中废弃物的循环利用力度，努力实现节能减排、提质增效。发展绿色优质粮油新产品，引导绿色生产、绿色消费的健康发展。

**4. 流通设施现代化升级战略**

**（1）构建全国现代粮食仓储物流骨干网络**。加强东北、黄淮海、长江中下游、华东沿海、华南沿海、西南和西北等粮食物流通道建设，发展一批多功能粮食物流园区，构建现代物流网络。支持产地集配中心、综合性加工配送中心等跨区域粮食流通基础设施建设，完善预选分级、加工配送、包装仓储、追溯服务等粮食供应链。推动形成布局合理、流转顺畅、安全高效的全国流通骨干网络。

**（2）完善粮食储备设施**。在用好政府投资的同时，充分调动社会力量，鼓励家庭农场、专业合作社等新型经营主体自建储粮设施，依托大型粮食批发市场、龙头加工企业、粮食储备库等，科学规划建设一批成品粮储备设施，减轻国储的压力和提高储备的灵活性。

**5. 流通技术现代化升级战略**

**（1）提升粮食物流装备技术**。重点开展库区搬运技术装备的研发、区域内粮食物流装卸技术研发、跨省粮食物流运输装卸技术研发、成品粮物流技术体系开发与集成研发等，加快粮食流通产业技术创新平台建设。

（2）**推动粮食流通信息化建设**。支持粮食流通企业加强信息化改造，推动移动互联、云计算、大数据、物联网、人工智能和区块链等技术在流通领域的创新和应用；创建智慧化仓储管理系统，发展自动化物流仓储中心，建立智慧化物流分拨调配系统；加强人员、货源、车源和物流服务信息有效匹配，促进智慧物流发展。推进线下粮店数字化改造，增强功能，构建线上线下融合发展的智慧商圈。

**6. 监管体系现代化升级战略**

（1）**加强立法，简政放权**。加快推进《粮食安全保障法》立法进程，修订《粮食流通管理条例》《中央储备粮管理条例》。进一步完善粮食质量安全法规和标准体系，形成与国情、粮情相适应的粮食法律法规和制度规范体系。转变政府职能，推进简政放权，放管结合，优化服务，加强事中、事后监管，完善退出机制。

（2）**建立覆盖全产业链的监测预警体系**。打破农业、粮食、食药和卫生部门监测体系各自为战的壁垒，建立国家级粮油质量安全监测预警中心，开展原粮收储流通动态监测、成品粮监测摸底，确保监测预警工作的全面性、时效性、准确性，为政府决策提供支撑，为消费者、企业等提供信息推送和预警等服务。通过构建基于全产业链的一体化监测预警体系，增强相关监管部门的信息共享、业务联动。

（摘自国家粮食安全专家咨询委员会主任张晓强同志 2018 年 8 月 18 日在粮食产业强国建设学术报告会上的讲话）

# 深入贯彻落实总体国家安全观 加快构建更高质量国家粮食安全保障体系

张务锋

党的十八大以来，习近平总书记创造性地提出了总体国家安全观的系统思想，实现了我们党在国家安全理论上的历史性飞跃，回答了保持国家长治久安的时代命题，顺应了广大人民群众对于国泰民安的普遍愿望。近期，《习近平关于总体国家安全观论述摘编》出版发行，《习近平新时代中国特色社会主义思想三十讲》单列“坚持总体国家安全观”一讲，为深入学习贯彻总体国家安全观提供了重要教材。“民为国基，谷为民命。”粮食安全与能源安全、金融安全并称三大经济安全，是国家安全的重要基础。我们要以总体国家安全观为科学指引，牢记“确保国家粮食安全，把中国人的饭碗牢牢端在自己手中”的神圣使命，紧密结合粮食流通改革发展实际，准确把握事关国家粮食安全大局的六个关系，加快构建更高质量的粮食安全保障体系。

## 一、准确把握“多”和“少”的关系

习近平总书记指出，解决好十几亿人口的吃饭问题，始终是我们党治国理政的头等大事。在连续多年粮食产量和库存保持高位的情况下，要坚持稳中求进工作总基调，清醒认识国家粮食安全形势，辩证看待“多”与“少”的关系，把保障国家粮食安全作为一个永恒课题，坚定不移地落实好国家粮食安全战略。

运用历史思维看待“多”与“少”。我国农耕文明源远流长，然而受各种因素制约，历史上曾经长期缺粮。新中国成立后特别是改革开放以来，我国粮食安全保障水平大幅提高。二十世纪八十年代，在“三步走”战略的第一步解决了人民的温饱问题；九十年代，粮食供给实现了由长期短缺转变为总量平衡、丰年有余的历史性跨越；近年来，保持了连年丰收、供应充足、市场稳定的局面。成绩来之不易，形势向好尤需清醒。中国人民解决温饱问题也就几十年的时间，其间供求状况出现过数次波动。在粮食安全问题上，什么时候都不能轻言过关，不能“好了伤疤忘了疼”。要以改革开放四十周年为契机，认真总结粮食流通改革发展的经验，顺应历史规律，保持历史耐心，毫不放松地抓好国家粮食安全。

运用战略思维看待“多”与“少”。粮食安天下安，粮价稳百价稳。手中有粮，心中不慌。保障国家粮食安全是实现经济发展、社会稳定、国家安全的重要基础。粮食多了是问题，少了也是问题，但这是两种不同性质的问题。多了是库存压力，少了是整个大局的压力。在粮食问题上，要从战略上看，看得深一点、远一点；不能算小账，要算好大账；不能只算经济账，更要算好政治账和社会稳定账；不能只算区域账，更要算好全局账。

运用底线思维看待“多”与“少”。早在 2013 年 12 月，习近平总书记就主持召开中央财经工作领导小组会议，研究确立了“确保谷物基本自给、口粮绝对安全”的新粮食安全观。从过去粮食安全“保全部”到强调“保口粮”，清晰界定了粮食安全的战略底线和优先次序。我们应当按照这一要求，完善粮食储备体系，区分粮食、谷物、口粮等不同层次及主要品种，合理划定调控基线和预警区间，提高粮食宏观调控的精准性。

## 二、准确把握“质”和“量”的关系

质量安全是国家粮食安全的重要内容。过去粮食长期短缺，抓安全主要是盯着产量，着重解决人民群众“吃得饱”的问题。随着新时代社会主要矛盾的变化，人们更加关注粮食质量安全，消费需求转向“吃得好”和“吃得安全”“吃得健康”“吃得便利”。对于产品种类，更加注重多样化、个性化；对于品质要求，更加注重绿色有机、安全营养；对于供给服务，更加注重便捷化、精细化。为适应新时代新变化新要求，一方面我们要坚持以市场消费需求为导向，以现代营养理念为引领，积极推进农业供给侧结构性改革，增加优质粮油产品供给，满足不同群体的消费需求；另一方面我们要坚持源头治理、标本兼治，健全粮食产品质量标准、检验监测、执法监管体系，确保广大人民群众“舌尖上的安全”。

质量兴粮是建设粮食产业强国的必由之路。我国粮食产业经济初步具备一定规模，但是精深加工不足与过度加工并存，产业链条向前后两端延伸不够，优质特色高端产品少，低端加工产能过剩，粮油产品质量水平有待提高。“质量就是效益，质量就是竞争力”。要坚持质量第一、效益优先，紧抓产业链、创新链、价值链“三链”融合，加快推动粮食产业创新发展、转型升级、提质增效。在发展目标方面，要由增产导向转向提质导向；在发展动能方面，要由以政策支持和要素支撑为主转向创新驱动主导；在发展路径方面，要由各环节分散经营转向全产业链紧密结合。总之，要实现粮食产业增加值持续增长，粮食加工转化和优质品率不断提高，加快建成适应我国国情和粮情的现代粮食产业体系。

## 三、准确把握生产和流通的关系

国家粮食安全是项系统工程。既需要规模数量，也需要合理布局；既需要足够的粮食产量和库存，也需要相应的加工流通和产业链掌控能力。近年来，粮食生产呈现向主产区集中趋势。这有利于发挥各地比较优势，同时粮食生产和调度风险压力也在集中。要用全面系统的观点看待和推动粮食流通改革发展，增强“产购储加销”各环节协同联动和整体保障能力。

随着粮食市场化改革的不断深化，流通对生产的激励引导作用愈加明显。粮食结构调整的方向准不准、节奏快不快，与有没有完善的粮食流通机制密切相关。价格信号是不是灵敏，经营主体是不是充满活力，产业链条是不是完整，粮食流通是不是顺畅，都会对生产环节产生直接影响。目前，这方面仍存有许多薄弱点和阻滞点。像一些地方粮食卖不掉，是多种因素共同作用的结果，并非全是数量问题，也有品质不优、营销不活、品牌不响、物流不畅等问题。

要聚焦关键环节，精准施策发力，加快提高粮食流通现代化水平。调整优化仓储设施和物流节点布局，因地制宜推广低温绿色储粮技术；加强粮食行业信息化建设，完善国家粮食电子交易平台体系；坚持政府引导、企业主体、市场运作、多方共赢，加强新型产销合作；健全利益联结机制，让种粮农民更多分享流通环节增值收益。

## 四、准确把握当前和长远的关系

从当前看，我国粮食安全保障能力显著增强，粮食安全形势稳中向好，但粮食供求的结构性矛盾突出。有些品种供需错位，玉米和稻谷阶段性过剩、仓储压力较大，小麦优质、专用品种供给不足，大豆产需缺口大；有些品种价格倒挂，下游产业效益偏低、经营困难，产业良性发展受到制约。要正视矛盾、破解难题，在确保市场总体稳定的前提下，宜早则早、宜快则快，加大力度、多措并举，从速消化稻谷、玉米等不合理库存，使之尽快回归到合理水平。

从中长期看，粮食供求将保持紧平衡态势，保障国家粮食安全依然任重道远。我国人口持续增加，粮食消费刚性增长，而资源环境约束趋紧。面临成本“地板”和价格“天花板”的双重挤压，要素投入边际效益递减。“人无远虑，必有近忧”。历史经验证明，在粮食问题上大落容易、起来很难，一旦出了问题，多少年都会被动，不能侥幸、不能折腾。要居安思危、警钟长鸣，增强忧患意识，保持战略定力，始终绷紧粮食安全这根弦。要大力实施“科技兴粮”和“人才兴粮”，着力抓重点、补短板、强弱项，为粮食流通改革发展不断注入新动能。

## 五、准确把握国内和国外的关系

立足国内基本解决全国人民吃饭问题，是由我们的基本国情决定的，也是为了更好地适应国际粮食安全的新形势。这些年来，中国用全球10%的耕地、6%的淡水资源生产的粮食，养活了近20%的人口。这本身是一个很大的成就，对世界也是很大的贡献。当今世界，有37个国家需要外部粮食援助，超过1亿人受到粮食严重不安全的威胁；联合国粮农组织提出，2030年前消灭饥饿的发展目标。从粮食贸易形势看，虽然全球谷物市场供给较宽松的趋势有望延续，但贸易量不到我国粮食消费量的一半。粮食安全是买不来的。作为十三亿多人口的大国，依靠进口保吃饭，既不现实也不可能，饭碗里必须主要装我们自己生产的粮食。

坚持以我为主、立足国内和适度进口，牢牢地把饭碗端在自己手上，始终把握维护国家粮食安全的主动权。积极开展粮食安全国际合作，合理利用国外资源来调剂国内供求，引导有实力的粮食企业有序走出去，培植中国自己的国际大粮商，统筹用好国内和国外“两种资源、两个市场”。

## 六、准确把握政府和市场的关系

粮食作为关系国计民生的特殊商品，仍然具备商品的基本属性。因此，要转变政府职能，遵循市场规律，实现“有形之手”与“无形之手”的有机结合。一方面，保障国家粮食安全是各级政府的重要责任。只有建立健全粮食安全政策扶持体系，创新完善粮食市场宏观调控，才能有效弥补市场失灵。另一方面，要充分发挥市场在粮食资源配置中的决定性作用。只有这样，才能激励支持技术进步、结构优化和降本增效，更好地调动农民和各类市场主体的积极性。

要坚持市场化改革方向，切实厘清政府和市场的边界，找准工作的着力点与突破口。一是以更加完善的机制，认真落实粮食安全省长责任制。按照党中央、国务院的部署要求，坚持目标导向和问题导向相统一，突出重点、客观评价、深化整改，通过严格考核敦促各级政府不断提高维护国家粮食安全、保障区域粮食安全的能力和水平。二是以更加扎实的工作，深化粮食收储制度改革。巩固放大玉米收储制度改革成效，认真执行稻谷和小麦最低收购价等政策；积极推动由政策性收储为主向政府引导下市场化收购为主转变，促进优粮优价、优粮优储、优粮优销。三是以更加积极的作为，加快建设粮食产业强国。深入实施优质粮食工程，完善粮食产后服务体系，健全粮食质量安全检验监测体系，开展“中国好粮油”行动，着力增品种、提品质、创品牌，推动粮食供求平衡向更高水平跃升。四是以更加有效的监管，坚决守住管好“天下粮仓”。加快推动粮食安全保障立法修规，着力构建监管长效体制机制；扎实开展专项督查和异地交叉执法检查，依托 12325 粮食流通监管热线拓宽社会监督渠道，依法严惩违法违规行为，切实堵住储备环节漏洞；完善中央储备粮动态监管系统，坚守数量真实、质量良好、储存安全的底线。

（摘自国家发展和改革委员会党组成员，国家粮食和物资储备局党组书记、局长张务锋同志 2018 年 7 月 7 日发表于《经济日报》的署名文章）

# 深化粮食产销合作 推动高质量发展

张务锋

今天，我们齐聚美丽的哈尔滨，隆重举行首届中国粮食交易大会。这是在认真落实习近平新时代中国特色社会主义思想和党的十九大精神，加快推进农业供给侧结构性改革的关键时期，拓展产销合作平台、促进粮食供需平衡、服务乡村振兴战略的重大举措。首先，我代表国家粮食和物资储备局，向各位领导、各位嘉宾表示热烈的欢迎，向多年来关心

张务锋局长在首届中国粮食交易大会开幕式上致辞

支持粮食流通改革发展的各界朋友表示真诚的感谢和崇高的敬意！

这次交易大会，以“新时代、新理念、新平台、新业态”为主题，汇聚粮食商贸精英，推介优质粮油产品，共享信息、对接需求，着力构建产销合作新格局，助力粮食产业高质量发展，既顺应了时代要求，又回应了社会期盼，意义十分重大。

**举办中国粮食交易大会，有利于适应新时代新形势新任务、增强国家粮食安全保障能力**。习近平总书记多次强调，解决好十多亿人的吃饭问题，始终是治国理政的头等大事。党的十九大报告明确指出，要“确保国家粮食安全，把中国人的饭碗牢牢端在自己手中”。这就要求必须坚持高质量发展的根本要求，拓宽交易渠道，优化购销方式，增强市场活力，推动构建更高质量、更可持续、更有效率的粮食安全保障体系。

**举办中国粮食交易大会，有利于深化粮食收储制度改革、加强粮食产销合作**。随着粮食供需形势的深刻变化和粮食流通市场化程度的不断提高，进一步加强产销合作，既是创新完善宏观调控的客观要求，也是粮食产区和销区的迫切愿望。在继续搞好区域产销合作的同时，组织开展全国性、高规格、大规模的粮食交易活动，能够丰富调控载体、提高调控效能，在更高层次上实现供需平衡。今年适逢改革开放四十周年，这也是我们改革创新、转型发展的具体实践和积极探索。

**举办中国粮食交易大会，有利于推动形成“五优联动”、满足广大人民群众不断升级的消费需求**。搭建“中国好粮油”展示平台，促进优粮优产、优粮优购、优粮优储、优粮优加、优粮优销，着力增加优质、绿色、安全的粮油产品供给，能够更好践行以人民为中心的发展理念，不断满足日益增长的多元化、个性化、定制化消费需求。

黑龙江是我国名副其实的“大粮仓”，地位举足轻重、贡献十分突出。特别是近年来扎实推进玉米收储制度改革，精心举办粮食交易合作洽谈会，在市场化购销方面积累了丰富经验，为促进粮食供求平衡发挥了重要作用。在黑龙江举办首届中国粮食交易大会，恰逢其时、恰逢其地。此次大会安排了粮食产销衔接、投资项目洽谈、电子商务交流、供求形势研讨等一系列配套活动，内容丰富、形式多样。希望大家借此机会，深入沟通交流，搞好供需对接，达成协作意向，实现互利共赢，努力开创产销合作新局面。

各位领导、同志们，黑龙江省委、省政府对首届中国粮食交易大会高度重视，张庆伟书记、王文涛省长等领导同志多次作出重要指示，亲自安排部署，亲临会议指导；省直相关部门和哈尔滨市委、市政府做了大量周到细致的工作。这次大会，还得到了联合国粮农组织、联合国世界粮食计划署的关心帮助，得到了中国国际贸易促进委员会的大力支持。在此，我代表国家粮食和物资储备局向各位领导、同志们表示诚挚的感谢！

最后，预祝大会圆满成功，取得丰硕成果！祝各位领导、各位嘉宾身体健康、如意吉祥！

（摘自张务锋同志2018年8月18日在首届中国粮食交易大会上的致辞）

# 加快实施“五优联动”，推进粮食产业高质量发展

张务锋

初秋的龙江大地，稻谷飘香，粮贸繁盛。国家粮食和物资储备局召开全国加快推进粮食产业经济发展第二次现场经验交流会，主要是深入贯彻习近平总书记关于“粮头食尾”和“农头工尾”的重要指示精神，紧紧围绕粮食产业高质量发展，交流经验，创新举措，着力构建现代化粮食产业体系，加快建设粮食产业强国。

全国加快推进粮食产业经济发展第二次现场经验交流会

这几天，与会同志进行了实地参观，哈尔滨市、五常市粮食产业规模化、标准化、品牌化发展的经验，给大家留下了深刻印象、得到了有益启示。同时，国家粮食和物资储备局与黑龙江省政府签署了战略合作协议，共同举办了黑龙江省粮食产业高质量发展调研成果专家论证会；举办了首届中国粮食交易大会和建设粮食产业强国报告会。张庆伟书记、王文涛省长、陈海波副书记、张雨浦秘书长、刘忻副省长和陈锡文主任、张晓强主任等领导专家出席。特别是首届中国粮食交易大会，逾千家企业参展，万余客商参会，盛况空前，交易繁荣，达成一批产销对接、投资合作协议。这组系列活动，凝聚了共识行动，搭建了合作平台，形成一套环环相扣、精准高效的“组合拳”，取得了预期良好的效果。这必将有力推动粮食产业创新发展、转型升级、提质增效。

## 一、深刻领会抓好“粮头食尾”和“农头工尾”的重大意义，增强建设粮食产业强国的信心决心

2016年5月，习近平总书记在黑龙江省考察时指出：要以“粮头食尾”和“农头工尾”为抓手，推动粮食精深加工，做强绿色食品加工业；此后，在广西、山西、四川、海南、湖北、山东等地考察时，又多次强调保障国家粮食安全的极端重要性，并对发展优质高效农业和粮食精深加工作出重要指示。2017 年 9 月，李克强总理作出重要批示，强调粮食产业经济发展是一篇大文章，要加快建设粮食产业强国。党中央、国务院领导同志的重要指示和批示，为发展粮食产业经济指明了正确方向、提供了根本遵循。为全面抓好落实，国务院办公厅印发国办发〔2017〕78 号文件，明确了推进农业供给侧结构性改革、发展粮食产业经济的政策措施；国家局随后在山东滨州召开全国加快推进粮食产业经济发展第一次现场经验交流会，认真传达贯彻，作出全面部署。各地坚持创新链、产业链、价值链“三链协同”，统筹建好示范市县、特色园区、骨干企业、优质粮食工程“四大载体”，扎实推动粮食产业经济发展，取得了明显的进展和成效。

下一步，要将深入学习领会习近平总书记关于“粮头食尾”和“农头工尾”的重要指示精神，作为深入贯彻习近平新时代中国特色社会主义思想的重要内容，与学懂弄通做实党的十九大精神融会贯通起来，与认真落实党中央、国务院关于国家粮食安全的决策部署融会贯通起来，与推进粮食产业经济发展的生动实践融会贯通起来，切实增强抓好“两头两尾”、建设粮食产业强国的思想和行动自觉。

**第一，要围绕落实国家粮食安全战略，深刻认识抓好“粮头食尾”和“农头工尾”、建设粮食产业强国的战略地位**。党的十九大报告强调：“确保国家粮食安全，把中国人的饭碗牢牢端在自己手中。”习近平总书记深刻指出：“悠悠万事，吃饭为大。只要粮食不出大问题，中国的事就稳得住”；“保障粮食安全是一个永恒的课题，任何时候都不能放松”；“在吃饭问题上不能得健忘症，不能好了伤疤忘了疼”。保障国家粮食安全是实现经济发展、社会稳定、国家安全的重要基础。世界上真正强大的国家、没有软肋的国家，都是粮食产业发达的国家，都有能力解决自己的吃饭问题。改革开放四十年来，我国粮食综合生产能力显著提高，粮食供求已由总量不足转变为结构性矛盾。这既为大力发展粮食产业经济提供了良好条件，也对实现高质量发展提出了迫切要求。一般来讲，国际大粮商通过全球布局，掌握全产业链，能够形成强有力的话语权和竞争力。相比而言，我国粮食产业仍然存在“小、散、弱”等问题。立足国情粮情，抓好“两头两尾”，延伸优化粮食产业链条，提高产业发展的整体性和系统性，有利于应对包括中美贸易摩擦在内的各类风险挑战、增强保障国家粮食安全的能力。当前粮食安全各方高度关注，建设粮食产业强国，构建现代化粮食产业体系，对于维护国家安全显得尤为重要。

**第二，要着眼乡村振兴大局，深刻认识抓好“粮头食尾”和“农头工尾”、建设粮食产业强国的综合效应**。今年中央一号文件明确指出：“乡村振兴，产业兴旺是重点。”粮食产业连接乡村和城市，覆盖一二三产业，在实施乡村振兴战略中发挥着重要作用。五常市素以优质大米而闻名，近年来依托龙头企业和专业合作社开展规模经营，依托溯源体系维护品牌信誉，依托稻作文化发展生态旅游，有力促进了农业强、农村美、农民富。去年全市水稻价格平均每斤提高0.5元，带动稻农增收10亿元以上；农村居民人均可支配收入达到1.6万元，高出全国平均水平20%。山东省将加快粮食产业发展作为落实习近平总书记重要指示、打造乡村振兴“齐鲁样板”的重要举措，纳入乡村振兴战略规划，列入省委工作要点，出台指导意见，集中扶持一批粮食产业新旧动能转换示范园区和项目，为建设农业强省增添了新动力。广西壮族自治区实施粮食行业助力脱贫攻坚三年行动计划，投入9000万元扶持深度贫困县农户科学储粮，在粮食直补订单收购、仓储设施建设等方面加大扶持，有力推动了精准扶贫和精准脱贫。应当充分认识到，大力发展粮食产业，有利于提高农民组织化程度，促进小农户和现代农业发展有机衔接；有利于更好服务新型经营主体，带动规模化、专业化生产；有利于产业深度融合，培育农业发展新动能，形成农村经济新的增长点，加快脱贫致富奔小康。

**第三，要结合推动高质量发展，深刻认识抓好“粮头食尾”和“农头工尾”、建设粮食产业强国的现实作用**。截至2017年年底，全国纳入粮食产业经济统计的企业2.2万户，全年实现工业总产值2.9万亿元；有8个省份过千亿元，其中山东省近4000亿元，安徽、江苏、湖北、广东4省超过2000亿元。粮食产业基础性强，覆盖面广。既在稳增长、保就业中发挥重要作用，也是转方式、调结构的重点领域。黑龙江省把粮食和农副产品精深加工作为第一支柱产业，省委、省政府主要领导同志亲自研究部署，建立省长牵头的联席会议制度，上下联动、整体推进。坚持质量兴农调优“头”、接二连三壮大“尾”、勇闯市场做强“销”、千方百计促农“富”，加快建设绿色优质安全粮食产业基地。上半年，全省粮食加工业销售收入增幅超过30%，产值占全省工业的11.3%，贡献率同比提高4.5个百分点；三大主粮加工业全面盈利，粮食资源优势正加速转化为经济优势。2017年以来，各地对大力发展粮食产业经济高度重视，30个省级政府印发实施意见，集中推出了一批含金量较高的政策举措。比如，江苏省规定产粮大县奖励资金用于支持粮食产业的不低于50%；河南省安排财政资金 1.2 亿元，对主食产业化企业和好粮油加工企业给予贴息扶持；安徽省统筹财政资金 8000 万元，支持粮食产业发展；吉林、福建等省对粮食产业重点项目实行地价优惠，出让底价可按不低于所对应最低价标准的 70% 执行；浙江省落实大米加工企业享受农业用电价格政策，用电成本下降三分之一。可以说，粮食产业备受重视，政策利好持续释放。要抢抓机遇、因势利导，加快粮食产业转型升级、提质增效，在繁荣地方经济、促进高质量发展中发挥更大作用。

**第四，要立足新时代社会主要矛盾变化，深刻认识抓好“粮头食尾”和“农头工尾”、建设粮食产业强国的深远影响**。进入新时代，我国社会主要矛盾已经转化为人民日益增长的美好生活需要和不平衡不充分的发展之间的矛盾。作为世界第二大经济体，我国人均 GDP 已超过 8000 美元，进入消费升级加速期。过去粮食长期短缺，抓安全主要是盯着产量，着重解决人民群众“吃得饱”的问题；如今人们更加关注粮食质量安全，消费需求转向“吃得好”和“吃得安全”“吃得健康”“吃得便利”。对于品质要求，更加注重绿色有机、安全营养；对于产品种类，更加注重多样化、个性化；对于供给服务，更加注重便捷化、精细化。但是，当前粮食产业发展水平与消费升级需要还不相适应，新产品开发和结构调整相对滞后，优质特色和精深加工产品偏少，有效供给不足，难以满足高品质消费需求。抓好“粮头食尾”和“农头工尾”，指明了深化农业供给侧结构性改革和粮食收储制度改革、实现粮食产业高质量发展的有效途径。因此，我们要坚持从市场需求出发，优化粮油产品供给，做到首尾一体、互促共进，全程优质、全链提升，实现更高层次上的粮食产品供需动态平衡。

总之，抓好“粮头食尾”和“农头工尾”、建设粮食产业强国，是当前和今后一个时期粮食和物资储备部门的重要任务，是粮食行业服务发展大局的责任担当。要进一步增强“四个意识”，坚定“四个自信”，坚持深化改革、转型发展，大力推动粮食产业经济发展的质量变革、效率变革、动力变革，全力以赴“为耕者谋利、为食者造福、为业者护航”。

要按照国家局党组关于“讲政治、顾大局，抓重点、出亮点，高标准、严要求，争主动、真落实，多添彩、不添乱”的总体要求，连抓三年、紧抓三年，对表看齐明方向，对标赶超争一流，奋力开创粮食产业经济发展新局面。

## 二、坚持高质量发展，加快实施“五优联动”，着力构建现代化粮食产业体系

党的十九大报告指出，我国经济已由高速增长阶段转向高质量发展阶段，正处在转变发展方式、优化经济结构、转换增长动力的攻关期。从粮食产业来看，实现高质量发展，意味着产业体系完备，产品创新力、品牌影响力和市场竞争力强，绿色优质产品明显增加；意味着资源配置更趋优化，劳动力、资本、土地等使用效率提高，全要素生产率和产值利税率明显提升；意味着“产购储加销”顺畅有序衔接，各类主体充满活力，产能结构合理，运行保持稳中向好。要看到，实现高质量发展是根本目的，构建现代化粮食产业体系是现实路径；发展质量高不高，是检验粮食产业现代化水平的“试金石”。因此，要坚持质量第一、效益优先，以供给侧结构性改革为主线，加快实施“五优联动”，蹄疾步稳地建设粮食产业强国。

**第一，大力推动由增产向提质导向转变，加快实施“优粮优产”**。好粮食首先是种出来的，优质粮源是粮食产业高质量发展的基础。要充分发挥流通反馈激励作用，引导支持粮食产区调整优化种植结构，深入推进农业绿色化、优质化、特色化、品牌化。

“优粮优产”，立足优势突出特色是前提。山西省认真落实习近平总书记关于“山西是著名的‘小杂粮王国’，要立足优势，扬长避短，突出‘特’字，发展现代特色农业”的重要指示，以“山西小米”区域公共品牌为引领，突出打好“优质”“特色”两张牌，引领全省特色粮食产业发展。广西壮族自治区发挥“一带一路”重要门户的区位优势，着力培育香米产业，平均收购价比普通晚籼稻高 45%。五常乔府大院、湖北福娃集团、

辽宁鼎翔米业等企业发展“虾稻”“蟹稻”“鸭稻”，效益远高于普通产品。各地要根据市场供求变化和区域比较优势，向市场紧缺产品调，向优质特色产品调，不搞“大而全”，力求“专而精”。

“优粮优产”，推行适度规模经营是基础。黑龙江省许多市县推行优良品种规模种植，展现出国产优质大豆高产稳产的前景。垦区优质大豆亩产达到160多公斤，高于全国平均水平40公斤，缩小了与国外大豆产量差距，体现出大规模、标准化、分区域种植的优势。河南推行优质小麦连片种植，专用小麦面积达到840万亩，解决了品种杂乱、品质不纯的问题，受到下游企业的高度认可。要准确把握规模化、集约化种植趋势，在流通设施和服务体系建设、项目资金扶持等方面，更多向优质品种集中布局的区域倾斜。

“优粮优产”，建立利益联结机制是关键。四川省引导粮油企业参与组建专业合作社，订单、流转及托管粮食种植面积达1000余万亩；广汉市黍鑫粮食合作社联合社对加工销售环节利润实行“二次返利”，带动了社员增收。安徽省80%以上粮油加工企业与农户、家庭农场、专业合作社开展股份合作，实现了风险共担、利益共享。要引导支持龙头企业、合作组织与种粮农户形成紧密联结的利益共同体，让农民合理分享全产业链增值收益。要鼓励龙头企业到贫困地区发展订单粮食，开展产业扶贫，助推精准扶贫、精准脱贫。

**第二，坚持政府与市场两手协同发力，加快实施“优粮优购”**。实现质量兴粮，既要产得出、产得优，也要卖得出、卖得好，让种粮农民有更多获得感和积极性。

“优粮优购”，首先要“优粮优价”，市场化收购应更多“唱主角”。东北地区实行玉米“市场化收购加补贴”后，市场配置粮食资源的决定性作用得到有效发挥，改革效果好于预期。以黑龙江省为例，开展玉米市场化收购的企业达到1800多家，2017年新产玉米上市后收购价格同比增幅超过20%，专用品种价格明显好于普通品种。今年在全国夏粮收购中，市场化购销更为活跃，九成以上小麦直接进入市场流通，优质小麦价格走高，释放了优质优价的市场信号。今后，要稳步推进粮食收储制度改革，巩固玉米“价补分离”市场化改革成果，进一步完善小麦、稻谷最低收购价政策，健全粮食价格市场形成机制。

“优粮优购”，要将质量导向体现到政策性收购和市场化收购中。我们要适应新的形势，积极转变部门职能，搞好信息发布、产销对接、信贷协调等服务。认真落实小麦和稻谷最低收购价执行预案，严格把好新粮入库质量关。鼓励多元主体入市收购，支持粮食储备、加工、贸易企业发展订单收购，大力培育一批实力强、信誉好的粮食购销企业和经纪人。强化监督检查，维护粮食收购秩序，切实保护售粮农民利益。黑龙江省建立粮食收购贷款信用保证基金，用好国家支农再贷款政策，加大省内金融机构协调力度，2017 收购期投放市场化粮食收购贷款 400 多亿元。

“优粮优购”，要发展我国的国际大粮商，开展粮食贸易合作，统筹用好“两个市场”和“两种资源”。中粮集团加大在美洲、黑海、中亚、远东等地区的布局，成功收购跨国粮企，建成一批粮油加工、仓储、物流设施，2017 年全球粮食贸易经营量超过 1 亿吨。陕西爱菊集团在哈萨克斯坦建设粮油种植加工基地，掌握了一批优质粮源。要以“一带一路”沿线国家和地区为重点，深化互利合作，构建多边多元、稳健可靠的粮食进口格局。

**第三，着力强化技术创新与管理创新，加快实施“优粮优储”**。科学储粮是“广积粮、积好粮、好积粮”的重要方面，是守住管好“天下粮仓”的关键环节。要抓住粮食收储制度改革和不合理库存消化的有利时机，整合资源、分类施策、合理配置，不断改善粮食存储条件。

“优粮优储”，要大力推广绿色储粮技术。四川省将低温绿色储粮工程列为“省长工程”，落实省级财政资金 11 亿元，在 127 个县规划建设低温库 173 个，保证了高质量、高营养、高效益和低损耗、低污染、低成本。浙江省开展仓房光电一体化改造，江苏省推广气调储粮，广东、山西、甘肃、云南、天津等省市也进行了积极探索。要认真总结各地经验，研究制定规范化指导意见，并给予重点扶持，提高绿色储粮技术应用比例，实现粮食保质保鲜、“常储常新”。

“优粮优储”，要建好用好智能粮库。安徽省投入3亿多元实施“智慧皖粮”，实现全省国有粮食企业信息化应用全覆盖。各地要持续推进粮库智能化升级改造，引入物联网技术，加强库存粮情、粮食质量、安全防护等动态监测，进一步提高预警和处置效率。

“优粮优储”，要更加注重精细管理。积极创造条件，在收储、加工企业中推行分品种、分类、分仓储存。认真执行“一规定两守则”，完善操作规程，整治粗放作业行为。借鉴辽宁、广东等地仓储企业开展ISO管理体系认证的做法，推动质量管理制度化、规范化、精细化。

**第四，立足结构优化动能转换，加快实施“优粮优加”**。粮食加工是实现转化增值的关键所在，在整个产业链条中具有枢纽和引擎作用。加工环节补短板、强弱项的任务较重，增加有效供给的潜力很大。

“优粮优加”，要推动“三品提升”。多措并举“增品种”。改造提升“老字号”，深度开发“原字号”，培育壮大“新字号”，大力发展绿色优质、营养健康的粮油产品，增加多层次、多样化、个性化产品供给。高点定位“提品质”。落实标准领跑者激励制度，鼓励企业推行更高质量标准，走标准引领、以质取胜之路。山东西王集团以通过GMP认证的药品生产标准来生产食品，研发的玉米果糖可替代进口蔗糖，广泛应用于高端食品和医药领域。聚焦发力“创品牌”。因地制宜塑造区域公用品牌，根据产区规模、品种结构、文化传承等因素，宜单则单、宜多则多。单一品牌要做优打响，多个品牌要建立合理的层次梯队。支持企业创建特色鲜明的知名品牌，提升品牌美誉度和市场竞争力。“五常大米”成为中国驰名商标，品牌价值达到670亿元；“吉林大米”和“山西小米”带动了好米向名米转变，联袂推介，深受好评；湖北省打响“荆楚大地”品牌，促进了稻谷、小麦等加工业转型升级。

需要特别强调的是，“优粮优加”不是过度加工，不能片面追求精细。粮食过度加工不仅使营养成分大量流失，而且造成了粮食资源的浪费。因此，要坚持适度加工，合理控制精度，提高出品率，最大限度保存营养成分，引领科学消费、合理消费、健康消费。

“优粮优加”，要优化产能结构。坚持“加减乘除”并用，调整存量、做优增量，强化质量、环保、能耗、安全等约束，尽快淘汰落后产能，分类化解过剩产能。鼓励发展粮食循环经济，建立“企业小循环、园区大循环”，实现粮油副产物的循环、全值和梯次利用。江西金佳谷物公司利用稻谷加工的副产品，生产米糠油、炭黑等下游产品，稻米“吃干榨尽”后附加值提高了3~5倍。

“优粮优加”，要加速粮机装备升级。先进装备是支撑粮食加工技术进步和产品更新的“利器”。江苏、安徽、湖北等省份突出发展光电色选、清理烘干、检验检测和稻谷加工、植物油精炼等粮机产业集群，形成了较高的技术水平和配套能力。要着力推进粮油机械制造自主创新，开发具有自主知识产权和核心技术的粮食加工成套设备，着力向自动化、精准化、智能化、光电一体化方向发展。支持企业实施技术改造，加快设备升级换代，提高全行业整体装备水平。

**第五，建立顺畅高效的粮食流通机制，加快实施“优粮优销”**。服务质量的改善与产品品质的提高，相辅相成、相得益彰。要搭建平台和渠道，优化环境，创新营销，畅通优质粮油消费服务的“最后一公里”。

“优粮优销”，要强化产销合作。北京、天津、上海等城市与黑龙江省共建优质粮油直销通道，使东北大米直通市民“米袋子”。国家局将积极支持各地加强政府层面战略协作，提高省际粮食流通的组织化程度。探索建立全国性粮食产销合作平台，总结完善提升并继续办好中国粮食交易大会，支持福建、黑龙江、长三角等地举办区域性交易会和洽谈会，加大优质粮食产品推介，为“中国好粮油”提供更多出彩机会。

“优粮优销”，要完善物流网络。重庆市积极融入长江经济带发展，放大国家进口粮食指定口岸的优势，建成一批粮食物流节点，构建粮食陆路物流通道和长江黄金水道。江苏省集中建设32个粮食物流产业园，省财政对8个省级园区给予重点扶持。要认真落实粮食行业“十三五”发展规划，畅通铁路散粮出关通道，以及东北地区到华东、华南地区的铁水联运通道。优化粮食物流节点布局，支持建设集仓储、加工、贸易、质检等功能于一体的粮食物流园区，大力发展“四散”运输和多式联运。

“优粮优销”，要创新经营业态。完善城乡“放心粮油”供应网络，推进“互联网＋粮食”行动，发展粮食电子商务和新型零售业态。广州粮食集团积极探索“互联网＋门店”运营模式，三年时间电商销售额增长十余倍。甘肃省兰州市推广“放心粮店＋主食厨房”模式，成为深受广大市民欢迎的惠民工程。各地要持续改善营商环境，落实简政放权、减税降费等措施，搭建创业空间、技术研发等公共服务平台，为新产品、新技术、新业态发展创造有利条件。

## 三、深入实施优质粮食工程，为加快粮食产业经济发展提供强力支撑

在粮安工程取得显著成效的基础上，国家局和财政部去年在粮食流通领域适时启动实施了全国优质粮食工程。相关省份高度重视、积极推进，一批兴粮惠农项目已经见效，一批先进典型的示范作用已经显现，一批优质粮油品牌已经叫响。实践证明，这项工程适应了市场化改革的新形势和粮油消费升级的新需求，是推动粮食产业高质量发展最直接和最有效的载体抓手，恰逢其时，反响良好。今年以来，国家局会同有关部门进一步完善了优质粮食工程的顶层设计。经积极汇报争取，写入党中央、国务院印发的国家乡村振兴战略规划，列为质量兴农重大工程之一。财政部给予了大力支持，在去年安排50亿元扶持资金的基础上，今年进一步加大扶持；近期，又对《产粮（油）大县奖励资金管理暂行办法》进行了修订，将优质粮食工程纳入其中，连续支持三年。对此，各地要加大力度、加快进度，确保落到实处、见到实效。

**第一，统筹谋划、突出重点。**各地要按照国家局和财政部通知要求，高标准高起点制定完善三年实施方案，力求突出重点、抓出亮点。在粮食产后服务体系建设方面，要注重科学布局，搞好“五代”功能综合配套，推广应用粮食处理新技术、新设备，为种粮农户和新型经营主体提供专

业化、社会化的服务，促进粮食提质进档，推动节粮减损。在质检体系建设方面，要加快完善粮食质量检测网点，积极稳妥地开展第三方检测试点，满足粮食产品分等评价的需要，提高粮食产业各环节产品质量安全的监管和检测水平。在“中国好粮油”行动方面，要进一步完善评定标准、遴选流程和管理制度，充分发挥示范县市和示范企业的引领带动作用，落实好优质品率、促农增收等关键指标，全力维护“中国好粮油”金字招牌。

**第二，创新举措、强力推动**。要把优质粮食工程建设作为重点任务，聚全局之智，举全局之力，抓紧抓实抓出成效。要强化协调推动，主要领导同志牵头，分管负责同志靠上，专人专班，定期调度，及时研究解决实际问题。要适时召开现场会、观摩会，当场点评、“比学赶超”。对进展迟缓的地方，要由负责同志带队进行调研、督促、指导；不能及时扭转被动局面的，要及时调整退出扶持范围。

**第三，典型带动、示范引领**。要针对三个子项，分别总结一批有代表性的模式，挖掘、培树、宣传先进典型，供各地学习借鉴。比如，从四川、山东等省实践看，粮食产后服务体系建设，主要有粮食专业合作社创办、收储企业领办、加工贸易企业兴建、收储企业与合作社共建、供销社与合作社联建等多种方式。比如，在“中国好粮油”行动中，陕西省依托粮农集团，实行产地、品种、等级、价格、仓位“五分开”收储和品牌、渠道、平台、终端、物流“五位一体”营销，带动了全产业链的提升。对好典型好模式，要通过会议、培训、参观考察、媒体报道，及时推广开来。对示范带动作用突出的，在政策扶持上要予以倾斜。

**第四，好事办实、实事办好**。要坚持高标准、严要求，把优质粮食工程建成质量一流、群众满意的精品工程。按照“看得见、摸得着，基础好、能落地，见效快、利长远，有绩效、能验收”的标准，对项目严格筛选把关。各项工作都要抓得紧而又紧、实而又实，高效率、快节奏，资金拨付要快，项目建设要快，投入运行要快，尽早发挥效用。要严格资金管理，严防廉政风险，认真搞好评价分析，确保财政资金使用绩效。

同志们，抓好“粮头食尾”和“农头工尾”、建设粮食产业强国，势在必行，意义重大。让我们更加紧密地团结在以习近平同志为核心的党中央周围，全面落实新发展理念，乘势而上，积极作为，加快推动粮食产业高质量发展，为增强国家粮食安全保障能力做出新的更大贡献！

（摘自张务锋同志2018年8月20日在全国加快推进粮食产业经济发展第二次现场经验交流会上的讲话）

# 准确把握秋粮收购形势 确保收购工作平稳有序

卢景波

粮食收购事关种粮农民切身利益，事关粮食市场稳定，党中央、国务院高度重视。秋粮收购数量大、时间长、涉及地域广，是全年粮食收购工作的重中之重。国家粮食和物资储备局党组书记、局长张务锋同志多次开会专题研究部署，强调要准确把握形势，统一思想认识，加强组织领导，抓好政策实施，确保秋粮收购工作平稳有序。

近日，国家局会同有关部门单位下发了通知，对做好秋粮收购工作

2018 年全国秋粮收购工作会议

提出明确要求。这次秋粮收购工作会议，主要是进一步领会政策、分析形势、交流情况，对收购工作进行动员和部署。一天来，我们认真学习了 2018 年国家秋粮收购政策，分析讨论了收购工作面临的新形势、新情况、新问题，各地也提出了许多建设性的意见建议，为做好下一步工作提供了借鉴。国家有关部门单位介绍了相关情况，给予了大力支持，进一步增强了我们做好秋粮收购工作的信心和决心。下面，根据国家粮食和物资储备局党组安排，我就抓好秋粮收购工作，讲三点意见。

## 一、准确把握粮食市场形势，切实增强做好秋粮收购工作的责任感、紧迫感

正确分析和把握市场形势，是做好秋粮收购工作的基础和前提。近年来，粮食收储制度改革深入推进，粮食品种结构不断优化，库存消化进度加快，粮食市场形势也在不断发展变化。会前，各地对秋粮购销形势进行了调度，掌握了许多活情况，国家局也组织对 23 个秋粮主产省（区）各市县开展了问卷调查。综合前期调度调查和今天大家讨论的情况来看，2018 年秋粮生产属于正常年景，玉米产量基本持平，稻谷略减，大豆有所增加，预计三个品种产量总计 9100 亿斤左右，收购量 5200 亿斤左右，仍处于较高水平，收购压力依然不小。特别需要引起重视的是，玉米、稻谷、大豆三大秋粮品种市场形势的分化趋势比较明显，呈现出各自不同的鲜明特点。

### （一）玉米产需形势发生重大变化，阶段性过剩局面或将提前结束

**从生产看，**各地特别是东北三省一区认真落实玉米收储制度改革各项措施，加大种植结构调整力度，积极调减非优势产区玉米面积，三年来全国累计调减 4700 多万亩，玉米产量从高位回落。2018 年，吉林、辽宁等省遭遇旱情，其他地区气象条件总体较好，预计玉米产量 5100 亿斤，收购量 3100 亿斤。**从消费看，**市场化改革增强了国产玉米竞争力，近两年加工产能快速扩张，新增产能达到 1800 万吨。造纸、食品加工、燃料乙醇等领域对玉米下游产品需求增长，加上居民肉蛋奶消费增加和质量

升级，直接拉动玉米工业和饲料消费量大幅增加。**从价格看，**临储政策取消当年玉米价格下跌幅度较大，随后出现恢复性上涨。目前重点产区价格 0.75~0.90 元 / 斤，预计新玉米开秤价格 0.78~0.95 元 / 斤，同比上涨 0.05~0.10 元 / 斤。据了解，许多加工企业通过竞拍备足了粮源，上市初期购销双方可能出现短暂的观望博弈。但由于市场需求旺盛，后期价格继续上行的可能性很大。**从库存消化看，**由于市场预期发生变化，加上近期适度布局粮食燃料乙醇生产政策引导，用粮企业普遍看好后市，积极参与临储玉米拍卖。2018 年以来，已累计销售成交玉米 1400 多亿斤，超过了 2017 年消化总量。按当前情况测算，全年成交量有望达到 1600 亿斤。据有关专家分析，2017 年以来我国玉米当年产需又开始出现缺口，2018 年缺口进一步扩大，库存消化进度会进一步加快，预计 2019 年和 2020 年玉米供求形势可能出现逆转，需要早做准备，妥善应对。从目前情况看，专家的分析是很有道理的，玉米市场正处在一个由量变到质变的累积过程之中，其变化之快甚至超出了很多人的预期。因此，我们研究谋划 2018 年的玉米收购工作，必须放在这样的大背景下来考量，坚持问题导向，增强忧患意识，把问题看远一点，想深一点，出主意、定措施要增强预见性、前瞻性和针对性，切实把 2018 年的玉米收购工作组织好、落实好，努力维护玉米市场的平稳运行。

### （二）稻谷供过于求矛盾有所缓解，政策性收购数量可能会进一步减少

当前我国稻谷阶段性过剩，稻强米弱现象依然存在。虽然 2018 年进口数量有所减少，但国内外价差每吨仍达 500 元左右，稻谷市场总体延续低迷走势，库存消化缓慢。为激发市场活力，国家已连续三年下调稻谷最低收购价格，持续释放改革信号。从目前情况看，改革初现成效，种植结构逐步调整优化，低质低效稻谷面积减少，优质品种面积增加，供求关系有所改善，不同品质的稻谷价格分化明显，优质稻米价格比普通品种高出 10% 以上，市场化购销十分活跃。预计中晚稻产量 3600 亿斤左右，收购量约 1900 亿斤；中晚籼稻开秤价格 1.20~1.28 元 / 斤，粳稻 1.30~1.45 元 / 斤。部分地区启动政策性收购的可能性较大，但市场化收

购比例预计会进一步提高。初步分析，黑龙江等地稻谷商品率高，收购量大且上市集中，政策性收购的任务重、压力大。对此，要有充分的思想准备和切实可行的应对措施。

（三）大豆受国际贸易影响较大，收购市场存在一定的不确定性

我国大豆产不足需，2017 年进口 9554 万吨，对外依存度很高，因此大豆的市场走势和收购形势受国际贸易的影响很大。从 2018 年的情况看，有这么几个因素要考虑。**一是国内产量增加**。在生产者补贴和轮作休耕补贴等政策鼓励下，黑龙江等重点产区扩增大豆面积 1000 万亩。预计产量 330 亿斤，收购量 170 亿斤。**二是质量可能下降**。2018 年 9 月上旬，内蒙古、黑龙江等重点产区气温偏低、降水偏多，特别是初霜冻较常年提前 4~12 天，对东北地区新季大豆品质造成一定影响。**三是消费略有减少**。我国对美国大豆加征 25% 的进口关税后，大豆进口成本有所上升。为降低生产成本，有的企业取消了部分进口合同，主动调整饲料配方，增加使用杂粕、DDGS（干酒糟及其可溶物）等豆粕替代品，在一定程度上抑制了大豆消费需求。2018 年 1—8 月，进口大豆 6200 万吨，同比减少 134 万吨。其中，美国大豆减幅超过 30%。**四是国际供给宽松**。据美国农业部预测，2018—2019 年度全球大豆产量 3.67 亿吨，较上年增加 3040 万吨。在产量增加和中美贸易摩擦等因素影响下，芝加哥大豆期货价格持续走低，2018 年 5 月以来，跌幅已达 20%。以上这些因素综合叠加，错综复杂，都会影响国产大豆收购。特别需要注意的是，四季度南美大豆还未上市，美国大豆进口价格较高，可能带动国产大豆价格上行。但考虑到国产大豆与进口大豆用途不同，目前消费需求相对低迷，如何开拓市场、拓宽渠道，需要深入研究，认真谋划。

在准确把握粮食市场形势的同时，还要密切关注秋粮收购中面临的新情况、新问题。当前粮食收购正加速由政策市向市场市转型，在转型过程中有关部门积极完善相关配套措施，粮食收购资金、跨区域运力、粮食烘干设施等得到了较好解决，但个别地方反映还存在一定困难。同时，超标粮食由地方政府收购处置，不少地方反映处置费用高，压力较

大。此外，2018 年国家取消了粮食收购外资准入限制，可能会对收购市场格局产生一定影响。这些困难和问题要引起我们高度重视，增强责任感和紧迫感，采取针对性措施妥善解决，切不可掉以轻心。

## 二、精心组织安排，不折不扣落实秋粮收购各项政策措施

目前，南方中晚稻已零星上市，秋粮收购工作即将陆续展开。各地和有关企业要高度重视，迅速行动、多措并举、务求实效，全力以赴做好秋粮收购工作，坚决守住不发生大面积“卖粮难”的底线。

### （一）扎实做好各项准备工作

前期，各地和有关单位围绕秋粮收购做了大量工作，大多数地方已准备就绪；但也有个别地方进展较慢，需要加大力度，迎头赶上。要在前期工作基础上，把问题估计得更充分一些，把措施考虑得更周全一些，把准备工作做得更细致一些。**一是做好人力、物力准备**。要查漏补缺，尽快组织开展业务人员培训，准备好收购场地、计量器具、检验和化验仪器、仓容等，确保及时开秤收粮。**二是做好资金准备**。要积极争取当地政府和有关部门的支持，加强与中国农业发展银行等金融机构的沟通协调，多渠道筹集资金，保障企业需求。要建立并完善粮食收购贷款信用保证基金政策，调整优化操作流程，扩大放贷主体和承贷企业范围，尽可能缓解中小企业融资矛盾。**三是做好运力保障预案**。要加强与当地铁路、交通运输、港口等部门单位的沟通衔接，建立完善粮食铁路运输需求与运力供给对接机制，协调开通公路粮食运输专用通道，加强港口调度，充分利用公铁、铁水联运等形式，合理安排运力，确保粮食物流顺畅。**四是协调落实烘干能力**。要提前摸清当地烘干设施情况，对不符合环保要求的要抓紧协调落实资金，尽快完成烘干设施改造升级，满足秋粮烘干需要。有特殊困难的地区，要加强与环保部门沟通协调，共同研究制定解决烘干能力的操作方案，避免出现大面积霉粮、坏粮。同时，要积极配合财政部门认真做好生产者补贴发放工作。

## （二）多措并举抓好市场化收购

市场化收购将是今后粮食收购工作的主流和常态。各地要进一步增强市场意识，主动组织开展好粮食市场化收购，充分发挥市场在配置粮食资源中的决定性作用。**一是鼓励多元主体积极入市**。要支持主产区加工企业率先入市，充分发挥引擎带动作用，扩大就地加工转化。要引导粮食购销企业、储运企业、物流企业积极入市，充分发挥中转服务作用，促进粮食顺畅流通。要指导中央企业和地方骨干粮食企业合理把握收购时机和节奏，充分发挥引领示范作用，确保市场平稳运行。有储备粮轮换任务的企业，要抓紧组织收购轮入，确保按期完成轮换任务。**二是继续强化产销合作**。要认真贯彻国家有关部门关于深化粮食产销合作的指导意见，拓展粮食购销渠道，创新产销合作模式，巩固产销合作关系。前不久，国家局成功举办了首届中国粮食交易大会，多数省份也举办了各种形式的产销衔接活动。产区和销区要进一步加强配合，采取强有力举措，督促企业认真履行已签订的协议和合同，把产销合作的成果做实做牢。**三是探索创新营销方式**。要结合当地实际，积极发展“互联网＋粮食交易”购销模式，整合线上线下资源，加强企业和农户对接，进一步拓宽营销渠道，创新营销方式。江苏、安徽等地积极利用手机 App（手机软件）农企对接平台抓好收购工作，取得了良好效果，各地可以学习借鉴。

## （三）切实抓好政策性粮食收购

稻谷最低收购价政策，主要是发挥兜底作用，稳定市场预期。2018 年的收购预案是有关部门单位共同研究拟定并报国务院批准同意的，主要是对责任分工、操作机制等进行了细化完善。要严格执行，不打折扣、不搞变通，确保政策落实到位。**一是合理布设收储网点**。要根据粮源和仓容分布，合理设置收购网点，提前向社会公布，方便农民就近售粮。**二是严格执行预案启动和停止的规定**。要密切关注市场行情变化，严格执行预案启动和停止的规定，符合启动条件的要及时按程序报批启动实施；在市场价格高于最低收购价的地区，要及时停止实施预案。没有最低收购价粮食收储需要的地区，有关库点要充分认识市场化改革大趋势，转变观念、转型发展，积极开展市场化购销。**三是准确把握质价政策**。要按照收购质量标准和质价政策有关规定，把好入库粮食质量关，对水分、杂质超标的要整理达标后再入库，确保储粮安全。同时，各地要认真落实粮食安全省长责任制，抓好超标粮食的收购处置，必要时采取加工奖补、地方临时收储等措施，并及时总结经验，巩固形成长效机制。

### （四）着力提高为农服务水平

要牢固树立为农服务意识，改进服务方式，提高服务质量。要组织专业人员进村入户开展农户庭院储粮技术指导，积极引导企业开展代清理、代干燥、代储存、代加工、代销售等业务，切实解决粮食晾晒难、储存难、保质难、销售难等实际问题，最大限度帮助农民减损增收。各收储库点要做到价格上榜、标准上墙、样品上柜，并根据农民售粮需要，早开门晚收秤，主动提供风选、筛选、色选等整理服务，必要时采取预约收购、上门收购等措施，减少农民排队时间。要认真做好粮食收购进度统计和市场监测工作，及时发布粮食生产、质量、价格、收购进度、运输情况等信息，主动引导农民有序售粮、企业自主经营，确保粮食顺畅流通。要结合粮食市场购销情况，加强对优质畅销的粮食品种的宣传推介，发挥粮食流通对生产的引导作用，不断增加市场优质粮食供给。

## 三、切实加强组织保障，确保秋粮收购工作平稳有序开展

### （一）进一步强化组织领导，充分调动各方面积极性

各地和有关单位要抓紧细化实化措施，明确责任分工，确保责任到岗到人，主要领导要亲自部署亲自抓，分管领导要具体负责具体抓。要建立健全政府牵头、相关部门参加的工作协调机制，强化统筹协调和协作配合，推动各项政策更好落实。要提前研究制定应急预案，加强形势预判和监测预警，负责同志要深入一线调研督导，随时了解掌握新情况，对潜在性、苗头性、倾向性问题和各类突发事件，做到早发现、早报告、早处置，重大问题要及时报请省级人民政府协调解决。

### （二）进一步强化市场监管，维护好市场秩序

要依法依规加大对粮食收购环节的监督检查，加强粮食收购市场监管，严厉打击各类违法违规行为，切实保护粮食生产者、经营者和消费者的合法权益，维护正常的粮食流通市场秩序。要督促企业严格执行粮食收购政策，严厉查处拖欠农民售粮款、“克扣斤两”“以陈顶新”“转圈粮”等各类坑农害农和破坏市场秩序的行为，对工作落实不力、失职渎职、造成不良社会影响的单位和个人要严肃问责追责。要加强粮食质量安全监管，严防不符合食品安全标准的粮食流入口粮市场。秋冬季天干物燥，要压实企业安全生产和安全储粮的主体责任，严格执行“一规定两守则”，加大安全隐患排查力度，杜绝重特大事故的发生，确保人安、粮安、库安。同时，要充分发挥行业协会的桥梁纽带作用，引导各类粮食企业认真执行国家粮食政策，加强行业自律，切实维护正常的粮食流通秩序。

### （三）进一步加强宣传引导，稳定市场预期

要加强政策宣传解读，在主流媒体发布权威信息，引导舆论准确报道粮食收购形势和实际情况，客观评价政策实施取得的效果。要充分利用报刊、广播、电视、网络等媒体，通过组织记者深度报道、专家解读、收购政策“一张图”等多种形式，多渠道、多形式、多角度开展新闻宣传，确保宣传工作取得明显效果。特别要注意的是，近期粮食问题关注度高、敏感性强，要加强舆情监测，妥善处置应对，及时主动回应社会关切，为秋粮收购工作营造良好的舆论氛围。

最后，再强调一下保障粮油市场的供应问题。粮食是百价之基，刚刚公布的 2018 年 8 月 CPI（居民消费价格指数）同比上涨了 2.3%，涨幅比 7 月扩大 0.2 个百分点，我们要高度关注粮食市场走势和价格变化趋势。特别是中秋和国庆双节将至，各地要切实增强大局意识、责任意识，着力把保障“两节”期间粮油市场供应各项工作措施落到实处。要切实加强粮油资源调度，落实好成品粮油储备和应急加工配送，确保粮油市场供应和价格基本稳定，增加人民群众的获得感和幸福感。

同志们，做好今年秋粮收购工作，责任重大，任务繁重，各地要高度重视，采取强有力举措，切实抓好各项工作，确保秋粮收购顺利开展，让党中央放心，让人民群众满意。

（摘自国家粮食和物资储备局副局长卢景波同志2018年9月18日在全国秋粮收购工作会议上的讲话）

# 政策措施

# 国家粮食局　财政部关于印发“优质粮食工程”实施方案的通知

国粮财〔2017〕180 号

各省、自治区、直辖市粮食局、财政厅（局）：

根据《财政部　国家粮食局关于在流通领域实施“优质粮食工程”的通知》（财建〔2017〕290 号）精神，为指导地方做好“优质粮食工程”相关工作，更好发挥中央财政资金的带动作用和使用效益，进一步推动“优质粮食工程”顺利实施，确保取得实效，我们制定了“优质粮食工程”3个子项实施方案，现印发给你们，请结合本地实际提出具体实施方案并

2017 年 10 月 16 日“优质粮食工程”正式启动

抓好落实。有关事项通知如下：

## 一、明确目标

“优质粮食工程”是推进粮食行业供给侧结构性改革的重要突破口，是加快粮食产业经济发展的重要抓手。“优质粮食工程”的实施要以“为耕者谋利，为食者造福”、推进精准扶贫、保障国家粮食安全为目标。一方面，要有利于提高绿色优质粮油产品供给，将提升收获粮食的优质品率、优质优价收购量和粮油加工产品的优质品率等作为重要考核指标；另一方面，要有利于提高种粮农民利益，将带动农民增收作为重要考核指标。

## 二、突出重点

请各省份按照本地区实际情况和参加竞争性评审时的申报方案，在加快制定或修改完善本省份具体实施方案的同时，分年度统筹安排好“优质粮食工程”3 个子项的实施规模和实施范围，避免安排畸轻畸重。粮食主产省份要协调推进产后服务体系建设、质检体系建设、“中国好粮油”行动各个方案的实施。粮食主销省份和产销平衡省份要以质检体系建设和“中国好粮油”行动为重点，同时适当安排产后服务体系建设。各地在具体实施过程中，要讲政治、顾大局，认真落实党中央、国务院关于扶贫攻坚决策部署，在安排具体项目时，要向本省份的国家级扶贫开发工作重点县和集中连片特殊困难县倾斜。粮食产后服务体系建设要保证为种粮农民提供市场化、专业化的粮食产后服务，确保在“十三五”期末实现产粮大县全覆盖的目标。质检体系建设要坚持“机构成网络、监测全覆盖、监管无盲区”的原则，向辖区内粮食主产区域、新建粮食检验机构适当倾斜。“中国好粮油”行动要以“增品种、提品质、创品牌”为目标，充分发挥中央、省级以及地区性大型国有骨干粮食企业的引领、带动和示范作用，重点支持有基础、有实力、有品牌、有市场占有率，且能带动农民扩大优质粮食种植、增加绿色优质粮食市场供给的企业，尽快实现规模化、标准化、品牌化，加快推进产业升级，提升绿色优质粮油产品供给水平。

## 三、放大效应

各省份要积极支持各类市场主体共同推进“优质粮食工程”实施，在制定方案、安排项目、分配资金、出台政策时，对包括中央粮食企业在内的各类粮食经营主体要一视同仁，充分调动各类粮食经营主体的积极性。对中央粮食企业申报的项目，要统筹考虑，合理安排。要本着“少花钱、办大事”的原则，充分发挥中央财政投入的引领作用，放大中央财政资金的带动效应；地方各级财政要加大扶持，同时要引导企业加大投入，确保自筹资金及时足额到位，使有限的资金发挥出最大的效益。各省份要积极建立健全“优质粮食工程”实施的长效工作机制和投入机制，鼓励各省份财政、粮食等部门探索创新投融资机制，拓宽筹资渠道，积极推广政府和社会资本合作（PPP）模式，推动“优质粮食工程”持续实施，深入推进，取得实效。

## 四、加强统筹

各级粮食和财政部门要高度重视、密切配合，在省级政府的统一领导下，省级粮食、财政部门成立领导小组，主要负责同志亲自抓、主动推，高标准、严要求，建立工作机制，争取地方各相关部门的大力支持，调动各方面积极性，确保相关工作顺利推进。要将“优质粮食工程”实施与加强粮食宏观调控、推动粮食行业深化改革转型发展、促进粮食产业经济发展等中心工作紧密结合起来，统筹推进、协调联动，抓重点、出亮点，及时总结经验，树立先进典型，充分发挥好典型的带动和示范作用。

## 五、强化监管

各级粮食、财政部门和相关单位要强化廉政风险防控，加强对项目资金使用的监督、指导和监管，做到专款专用，切实保障资金安全。要切实承担起“优质粮食工程”实施的主体责任，实时跟踪了解和报送项目进展情况，协调解决项目出现的困难和问题，争主动、真落实，提高项目的落地速度、实施进度和建设质量，确保好事办出好效果。

为保障中央财政资金的使用效果、激发各级政府和相关管理部门积极性，财政部、国家粮食局将适时开展督导检查。对开展较好的省份，继续予以补助和支持；对开展不好的省份，将暂停、核减、收回中央财政资金；发生违规违纪行为的，按规定严肃追究相关单位和责任人员责任。

请各省份根据此通知精神和 3 个子项实施方案，尽快制定或修改完善本省份的具体实施方案。纳入今年重点支持的省份，请将相关方案于 9 月 15 日前分别报国家粮食局（仓储与科技司、标准质量中心、科学研究院、规划财务司）和财政部（经建司）备案。未纳入今年重点支持的省份，请根据本省份实际情况，积极稳妥开展“优质粮食工程”，并做好参加明年竞争性评审的准备，争取明年纳入重点支持省份。对今年暂未列入重点支持省份但省级财政已安排资金，且与粮食部门共同推进相关工作的，将在以后年度优先予以支持。

国家粮食局　财政部

2017 年 8 月 28 日

# 关于深化粮食产销合作提高安全保障能力的指导意见

国粮发〔2018〕155号

各省、自治区、直辖市发展改革委、经信委（工信委）、粮食局、财政厅（局）、交通运输厅（局），中国人民银行上海总部和各分行、营业管理部、各省会（首府）城市中心支行，国家税务总局各省、自治区、直辖市和计划单列市税务局，各工商行政管理局（市场监督管理部门）、银监局，各铁路局集团公司，中国农业发展银行，各中央粮食企业：

为深入推进农业供给侧结构性改革，主动适应粮食收储制度和价格形成机制改革的新形势，进一步推动粮食产销合作向纵深发展，切实提高粮食安全保障能力，根据《国务院关于建立健全粮食安全省长责任制的若干意见》（国发〔2014〕69号）、《国务院关于建立粮食生产功能区和重要农产品生产保护区的指导意见》（国发〔2017〕24号）、《国务院办公厅关于加快推进农业供给侧结构性改革大力发展粮食产业经济的意见》（国办发〔2017〕78号），以及国务院关于完善粮食收储制度和粮食主产区利益补偿机制等有关文件要求，提出如下意见。

## 一、总体要求

深入贯彻习近平新时代中国特色社会主义思想和党的十九大精神，积极适应我国社会主要矛盾变化和粮食供求状况、加工区域布局调整新形势，紧紧围绕“确保国家粮食安全，把中国人的饭碗牢牢端在自己手中”总要求，坚持稳中求进工作总基调，认真落实国家粮食安全战略、乡村振兴战略和健康中国战略，以推进粮食收储制度和价格形成机制改革为契机，在充分发挥市场在资源配置中决定性作用的同时，通过政府引导和政策支持，鼓励产销区发挥各自优势，建立长期稳定的产销合作长效机制，充分发挥粮食流通对生产的引导作用，促使粮食生产和消费有序衔接、顺畅流通，稳定主产区粮食生产能力，促进种粮农民增收，为主销区提供稳定可靠的粮源供给，提高国家粮食安全综合保障能力。争取通过三至五年的努力，使产销区之间的合作关系更加紧密和稳固，通过政府间产销合作协议解决供需缺口的占比得到较大幅度增加，企业执行产销合作协议的履约率进一步提高，产销合作形式更加多样、内容更加丰富、层次更加深入，粮食流通效率和组织化水平明显提升，使产区粮食有稳定的销路，销区市场供应有稳定的粮源，实现更高质量、更可持续的国家粮食安全。

## 二、基本原则

**（一）政府推动、部门协调**。充分发挥政府部门推进粮食产销合作的指导协调服务作用，制定和完善相关扶持政策，搭建服务平台，发布权威信息，加强组织引导。有关部门相互配合、密切合作，共同推动粮食产销合作持续健康发展。

**（二）市场主导、企业运作**。坚持企业的市场主体地位，以市场需求为导向，以经济利益为纽带，引导企业主动作为，激发企业内生动力，开展多种形式的产销合作。

**（三）优势互补、互惠互利**。产区发挥粮食生产、加工和仓储设施优势，努力为销区提供绿色、优质、安全的粮食。销区发挥市场和资金等优势，支持产区稳定发展粮食生产，增强粮食流通能力，满足本地区粮源供应，实现合作共赢。

**（四）丰歉保证、长期稳定**。粮食供大于求时，销区优先到稳定合作的产区采购，缓解产区粮食收储矛盾；粮食供应偏紧时，产区优先保证稳定合作的销区粮食供给，解决销区粮源不足问题。

**（五）法治保障、开放共享**。坚持依法依规，不断优化政策措施，提高公共服务质量，创造公平、公正、公开的市场环境。坚持开放、包容、共享，形成不同市场主体相互补充、全国统一市场健康发展的粮食产销合作格局。

## 三、重点任务

**（一）鼓励产销区加强政府层面战略合作**。国家粮食行政管理部门牵头组织各省（区、市）粮食部门，做好各品种粮食供需平衡调查，全面梳理各地粮食产销余缺情况，定期发布粮食供求信息，引导粮食生产和购销活动，为产销区政府间开展产销合作提供科学依据。各产销区要加强统筹谋划，根据本地区粮食品种产销余缺状况，合理制定粮食购销中长期规划和年度计划，明确合作对象、合作目标、合作粮源，保障区域粮食供应。在此基础上，按照互惠互利的原则，签订政府间长期稳定的粮食产销合作战略协议，并组织有关粮食企业认真履行协议，签订购销合同，按期保质保量完成购销任务。要不断总结经验、完善措施，逐步扩大政府间产销合作规模，提高省际粮食流通的组织化程度。对于通过其他渠道实现粮食跨省流通的，要加强跟踪监测并合理引导，使之成为政府间产销合作的重要补充。

**（二）建立健全粮食产销合作平台**。各级政府有关部门要充分发挥粮食产销合作平台的桥梁纽带作用，扩大辐射范围，更好地服务粮食产销合作。各地应根据粮食品种、区域布局、合理流向等，整合优化各类粮食交易协作会、洽谈会，充分发挥黑龙江、福建、长三角等区域性粮食产销合作洽谈会、交易会品牌效应。各级粮食行政管理部门应大力发展电子商务，持续推进贸易粮网上交易，探索建立全国性粮食产销合作平台，适时举办中国粮食交易大会，深化粮食产销合作内容，打造一批“中国好粮油”优质品牌。

**（三）培育粮食产销合作重要载体**。积极引导各类市场主体参与粮食产销合作，培育一批活力强、效益好、特色优势明显的全国性和区域性粮食企业集团，作为粮食产销合作的骨干力量和重要依托，逐步形成多元化、规模化、现代化的粮食产销合作新格局。鼓励地方国有粮食企业通过改革改制，不断增强企业综合竞争力，建成粮食宏观调控和产销合作的有效载体。鼓励中央粮食企业利用仓储、加工、资金、营销渠道等优势，在产销区之间组织开展市场化粮食购销，发挥产销合作引领带动作用。

**（四）大力发展粮食订单收购**。深入贯彻乡村振兴战略，结合实施“优质粮食工程”，鼓励和支持各类粮食企业到产区开展绿色优质粮食订单生产、订单收购；以市场需求为导向，提高粮食标准化水平，实现以需定产、以销定购。指导企业与种粮大户、农业合作社等新型经营主体签订规范的订单生产收购合同，明确双方权利义务，巩固和完善利益共享、风险共担的合作机制，推动新型经营主体紧密对接市场。

**（五）积极开展代购代销**。充分发挥产销区企业熟悉本地粮食市场的优势，鼓励产区企业为销区企业开展粮食代购代储代加工等业务，销区企业为产区企业开展代销业务，不断扩大合作规模和范围。鼓励销区粮食企业积极参与产区“优质粮食工程”建设，满足高品质、多元化的粮食消费需求，通过在产区组建专业化的粮食产后服务中心，为新型农业经营主体和种粮农民提供粮食代清理、代干燥、代储存、代加工、代销售等服务。

**（六）规范建立异地储备**。支持销区在确保区域粮食安全的前提下，到产区建立一定数量的异地粮食储备，有效利用产区仓储资源。产区和销区要加强沟通、密切配合，制定异地储备监管办法，建立轮换、费用拨付等机制，签订委托代储合同；必要时，可通过企业担保、引入第三方机构等措施加强监管，共同做好异地储备的轮换、调运、监管等工作，确保异地粮食储备安全，在需要时调得动、用得上。

**（七）推动产销区企业深度融合发展**。鼓励销区企业到产区建立粮食生产基地、仓储物流设施，搞产地加工、收储，并适时将粮食运回销区。鼓励产区企业在销区建设仓储物流设施和营销网络，开展粮食储、加、销一体化经营。鼓励产销区企业以资产为纽带，利用产区资源优势和销区市场优势，通过合资、并购、控股、参股、租赁设施等多种形式深度融合，加强人才、技术、管理等方面合作，跨区域建立商品粮生产和收储基地、加工园区、营销网络，建立更加紧密的利益联结机制，形成利益共同体，促进粮食高效流通和产销合作深入发展。

**（八）创新粮食产销合作形式**。产销区要因地制宜，不断探索创新产销合作形式，夯实合作基础，拓宽合作领域，丰富合作内容，提高合作水平。积极发展“互联网＋粮食”等新模式，通过物联网、电子商务等新途径开展网上粮食交易，推进线上线下互动。通过中国好粮油、主食厨房连锁店等新载体，创新“网上粮店”零售新业态，利用微博、微信、微店等方式，开展精准营销，促进产销合作进入智能交易、智能支付、智能仓储、智能物流、智能配送的新时代。

## 四、保障措施

**（一）加强组织领导**。国家有关部门要加强对各地开展粮食产销合作的指导，将产销合作作为粮食工作部际协调机制的重要内容，加强沟通会商，完善相关政策，支持产销区建立长期稳定的合作关系。各地要建立粮食产销合作部门协调机制，结合本地实际出台扶持措施，积极协调解决企业在产销合作中遇到的难题，为企业经营创造良好的环境。要加强对粮食产销合作企业的监督指导，提高企业诚信意识和履约意识，确保政府间签订的粮食产销合作协议落到实处。

**（二）加大信贷资金支持**。农业发展银行立足职能定位，在符合监管规定和业务范围要求的前提下，加大信贷投放力度；其他银行业金融机构要创新信贷产品，加大信贷投放力度，完善资金结算手段，为企业开展产销合作提供更加便捷高效的信贷金融服务。有关主产区可按市场化方式建立健全粮食收购贷款信用保证基金融资担保机制，支持各类粮食企业开展粮食收购活动。鼓励其他地区因地制宜建立健全粮食收购贷款信用保证基金融资担保机制。

**（三）加强财政政策扶持**。鼓励销区企业到产区建立商品粮生产和收储基地、加工园区，或从产区运回粮食。鼓励地方设立粮食产销合作奖励基金，用于奖励产销合作成效显著的企业。对于稳定建立政府间产销合作机制的，中央财政通过现有政策渠道对产区予以适当奖励。综合考虑各省对国家粮食安全贡献、挂账规模、财力水平等因素，合理确定中央帮助消化比例，加大对主产区的倾斜支持。

**（四）完善粮食运输保障**。要加强粮食流通基础设施和重要物流节点建设，积极推动粮食散装、集装箱运输，鼓励采用铁路、水运方式调运粮食，大力发展粮食“公、铁、水”多式联运，支持发展第三方粮食物流，确保粮食集运顺畅。各地要充分发挥粮食调运协调机制作用，根据本地区粮食供需平衡状况，加强产销区日常运输需求与运力供给衔接。对于纳入省级政府间合作协议的粮食运输，要优先保障运力。落实港口收费目录清单制度和公示制度，落实国家对粮食铁路运输实行的优惠运价。在粮食集中上市、运输需求相对紧张时段，铁路、粮食部门要制定粮食运输方案，着力保障粮食及加工产品外运。交通运输部门要做好公路通行、应急运输保障和港口粮食转运工作。支持沿海城市的粮食批发市场向临港迁移。东北等粮食主产区可结合实际，对粮食公路运输开辟专用通道，保障其便捷通行。

**（五）建立诚信体系并实行联合惩戒**。建立粮食产销合作企业守信激励和失信惩戒机制，健全粮食质量追溯体系，完善失信联合惩戒对象名单制度，依法将相关企业的违法违规等失信信息纳入全国信用信息共享平台，并在“信用中国”网站和国家企业信用信息公示系统公示，对粮食流通领域严重违法失信企业实施联合惩戒。粮食行业协会要充分发挥中介服务作用，倡导建立良性商业规则，加强行业自律，积极引导企业合法经营，诚实守信，提高产销合作履约率。

**（六）强化预测预警和信息服务**。有关部门要加强国内外粮油市场监测和供需调查，强化市场形势分析、研判和评估，及时发布粮食生产、质量、供求和价格等信息，合理引导市场预期。要探索建立全国粮食物流公共信息平台，推动粮食物流运输信息共享，为企业开展产销合作提供信息服务。

**（七）严格考核督导**。国家有关部门将按照粮食安全省长责任制的要求，加大对粮食产销合作工作的考核力度，科学设置考核内容，突出重点、强化导向，督促和引导各地切实做好粮食产销合作各项工作，确保取得实效。

国家发展和改革委员会　国家粮食和物资储备局　财政部
交通运输部　中国人民银行　国家税务总局
国家市场监督管理总局　中国银行保险监督管理委员会
中国铁路总公司
2018 年 7 月 6 日

# 国家发展和改革委员会 国家粮食和物资储备局 教育部 人力资源和社会保障部 关于“人才兴粮”的实施意见

国粮发〔2018〕86 号

各省、自治区、直辖市和新疆生产建设兵团发展改革委员会、粮食局、教育厅（教委、教育局）、人力资源社会保障厅（局），河南工业大学、南京财经大学、武汉轻工大学、江南大学，中国储备粮管理集团有限公司、中粮集团有限公司、中国供销集团公司，各有关单位：

为认真落实党中央、国务院关于实施人才强国战略、深化人才发展体制机制改革的决策部署，在粮食行业造就一支数量充足、结构合理、素质优良的人才队伍，为加快推进农业供给侧结构性改革，大力发展粮食产业经济提供坚实人才支撑，现就实施“人才兴粮”提出如下意见。

## 一、总体要求

近年来，全国粮食行业紧密结合粮食流通改革发展实际，扎实推进人才发展，人才队伍建设取得显著成效。同时也要看到，人才队伍结构不尽合理、人才发展体制机制不够灵活、人才资源开发投入不足等问题依然存在。实施“人才兴粮”，完善体制机制，优化队伍结构，增强综合素质，对于深化粮食流通改革、建设粮食产业强国、保障国家粮食安全具有重要意义。

### （一）指导思想

以习近平新时代中国特色社会主义思想为指导，全面贯彻党的十九大精神，聚焦实施科教兴国、人才强国和创新驱动发展战略，紧紧围绕统筹推进“五位一体”总体布局和协调推进“四个全面”战略布局，坚持党管人才原则，聚天下英才而用之，以保障国家粮食安全为目标，以建设粮食产业强国为重点，深化粮食行业人才发展体制机制改革，健全服务粮食全产业链的人才培养体系，优化人才发展环境，激发人才创新创造活力，为粮食流通改革发展提供人才保障。

### （二）基本原则

——坚持党管人才、集聚人才。充分发挥党组织总揽全局、协调各方的领导核心作用，加强政治引领和政治吸纳，把各方面人才团结集聚到粮食流通事业中来。

——坚持围绕中心、服务大局。把服务粮食流通改革发展、建设粮食产业强国，作为粮食行业人才工作的根本出发点和落脚点，优先保障重大产业、重点项目、重要工作的人才需求，增强人才工作的针对性和实效性，实现人才发展与粮食流通改革发展的深度融合。

——坚持问题导向、分类施策。从粮食行业人才突出问题和发展短板入手，针对不同类型人才，抓住重点和难点，因地制宜、分类施策，以高层次、创新型人才为先导，以技术技能型人才为主体，统筹推进粮食行业人才队伍建设。

——坚持创新机制、统筹资源。加快体制机制改革和制度创新，重点破除束缚人才发展的观念和体制机制障碍，向用人主体放权、为人才松绑，统筹各方力量和各类资源，服务粮食行业人才工作。

### （三）主要目标

到 2022 年，粮食行业人才队伍与事业发展需求基本相适应，各类人才队伍结构进一步优化，人才体制机制和培养体系更加完善，人才在粮食流通改革发展中的作用更加突出。专业技术人才创新能力明显提升，建设 10 个以上由领军人才领衔、具有国际水平的创新团队，遴选并重点培养40名以上青年拔尖人才，培养一批粮食卓越工程师。高技能人才规模进一步扩大，培养4000名技师和高级技师，选拔120名技能拔尖人才，建设60个技能拔尖人才工作室。粮食安全政策智库建设取得突破，集聚一批具有较高政策理论水平和研究能力的专家学者。粮食行业人才培养能力进一步提高，在涉粮院校建立全国粮食行业教育培训基地，建设一批示范性高技能人才培训基地。

## 二、突出重点推进

**（四）着力提升粮食系统党政人才专业素质**。坚持统筹使用各类编制资源，广开视野，多渠道、高标准选拔优秀人才。着眼增强学习本领、政治领导本领、改革创新本领、科学发展本领、依法执政本领、群众工作本领、狠抓落实本领、驾驭风险本领，有针对性地给干部交任务压担子。注重在急难险重任务中锻炼干部，选派干部到地方党政宏观综合部门和艰苦地区挂职锻炼，提高干部综合素质和宏观把握能力。加强干部专业能力培养，聚焦粮食流通改革发展重点和难点开展业务培训，定期举办省级粮食局长培训班。建立执法人员名录库和粮油库存检查专业人才库，加强执法督查业务培训，培养一批具有较高执法水平和丰富执法经验的业务骨干。事业单位要围绕粮食流通中心工作引进人才，想方设法为人才发展搭建平台，各项政策要向重点岗位、特殊人才、业绩突出者倾斜。

**（五）着力培养粮食科技创新领军人才**。面向国家自然科学基金、重点研发计划等国家级科技计划和重大粮食科研（工程）项目主要承担人员，以及省级粮食行业科技创新领军人才，选拔一批全国粮食行业科技创新领军人才，建设国内一流、国际知名的粮食科技创新团队。在科研机构、高校和相关企事业单位建设一批重点实验室、工程中心、技术创新中心和院士（专家）工作室、博士后科研工作（流动）站，为高层次创新人才提供平台。优先从科技创新领军人才和取得突出成绩、做出突出贡献的专业技术人员中，推荐两院院士、享受政府特殊津贴专家。

**（六）着力遴选粮食优秀青年科技人才**。紧紧围绕粮食行业重点科研方向，遴选一批有发展潜力的优秀青年拔尖人才，自主选题开展创新研究。优先从青年拔尖人才中推荐参评国家“万人计划”青年项目、国家杰出青年科学基金、“长江学者奖励计划”。建立依托重大科研（工程）项目培养青年人才的机制，根据实际情况，每个重大项目可以安排1名青年科技人才为项目第二负责人。开展“百名博士服务粮企”活动，组织具有博士学位的青年教师、科研人员和粮食专业在读博士，到企业对接需求、解决难题。探索青年科技人才接续培养机制，对入选“青年人才托举工程”的，优先列入青年拔尖人才培养。鼓励各地各单位实施青年人才扶持计划，对科研工作成绩突出的青年科技工作者，给予一定项目资金支持和个人奖励。

**（七）着力培育粮食领域卓越工程师**。国家和省级粮食部门会同有关高校、科研机构和企业，建立粮食领域卓越工程师教育培养产学研联盟。针对绿色生态储粮、粮油加工、装备制造、现代物流、信息技术运用等不同领域特点，分类制定粮食领域卓越工程师专业标准。通过共同制定培养方案、共同建设课程体系，深入开展“新工科”研究与实践，推进人才培养模式改革，完善培养跟踪管理和质量评价机制，培养一批创新能力强、专业水平高的粮食工程技术后备人才。从产业化龙头企业遴选具有丰富实践经验、工作业绩突出的粮食工程师，定期开展专题研修，提高创新能力。

**（八）着力扩大粮食高技能人才队伍规模**。适应粮食行业技术进步和产业发展需求，以技师和高级技师为重点，开展以新技术、新工艺、新方法为主要内容的职业教育和培训，形成一支具有高超技艺和精湛技能的粮食行业高技能人才队伍。完善国家、省、市分级负责的粮食行业技能拔尖人才选拔培养机制，注重从非国有粮食企业选拔人才。鼓励企业建立“首席技师”制度，发挥高技能人才“传帮带”作用。结合实施“优质粮食工程”，适应专业化社会化粮食产后服务体系、粮食质量安全检验监测体系建设需要，促进粮食仓储、检验等岗位人才转型发展，培养一批粮食产后服务领域复合型高素质技术技能人才和高水平粮油质量检验人才。根据产业分布和发展需要，依托高等学校、职业学校和大型骨干企业，完善技能人才培训基地建设，形成技能人才培训机构网络，广泛开展职业技能培训和鉴定工作。

**（九）着力完善粮食安全政策智库**。面向国家社会科学基金、国家软科学研究计划等项目和粮食行业重大科研（战略性）项目的主要承担人员，组织选拔全国粮食经济研究领军人才。各类粮食经济研究、信息咨询机构，要对当前粮食流通改革发展热点和难点问题，主动开展研究、加强交流。充分发挥粮食安全政策专家咨询委员会作用，经常向专家通报粮食流通改革发展情况，支持专家有针对性地开展重点专题咨询，提供高质量决策咨询报告。定期举办粮食政策理论研究成果交流论坛。各地要结合实际，建立灵活多样的粮食安全政策智库，围绕本地区涉粮重大问题，开展政策理论研究和决策咨询。鼓励支持有关高校加强粮食流通改革发展重大政策理论研究，并以此为方向重点培养一批博士、硕士人才。

**（十）着力建设粮食行业人才培训基地**。进一步明确标准，有计划、有重点地建设一批全国粮食行业教育培训基地和示范性高技能人才培训基地。针对部分地区培训资源较少的情况，统筹考虑设置跨区域的培训基地。鼓励培训基地承担面向粮食行业的业务培训，开展人才课题研究，开发职业标准、培训教材等。引导和支持培训基地加强粮食课程建设，建立专兼职相结合的师资队伍。支持涉粮高校、科研机构申报设立国家级专业技术人员继续教育基地。深化产教融合、校企合作，充分发挥粮食行业职业教育集团作用，推广集团化办学，促进校企共育人才。支持示范（骨干）职业院校牵头组建面向粮食行业发展需要的区域性职业教育集团。

## 三、完善体制机制

**（十一）全面优化人才管理体制**。以“放权松绑”为核心，全面清理当前束缚用人单位自主权和制约人才发展的不合理制度，保障和落实用人单位自主权，减少对人才不必要的限制。支持和鼓励科研机构、高校等单位研究人员和专业技术人员创新创业，允许专业技术人员到业务领域相近单位兼职、参与项目合作，或利用本人科研成果创业。更加注重市场认可和评价，对在市场中得到检验并认可的项目要开绿灯，加大支持力度，让创新人才"名利双收"。用人主体结合工作实际自主确定用人需求，建立完善人才使用、考核、退出等机制。着力提高人才工作服务水平，解决其工作和生活中的实际困难，免除后顾之忧，做到"拴心留人"。

**（十二）实施更具竞争力的引才政策**。坚持"缺什么、引什么"的原则，支持各地各单位实施更加积极、开放、有效的引才政策，践行"引进一个人才、带来一个项目、形成一个产业"的理念，依托国家"千人计划"等积极引进高端人才，以产引才、以才促产。各地各单位要围绕补足人才短板，树立"高精尖缺"导向，借鉴精准引才、靶向引才、团队式引进、成建制对口支持等有效经验，推出引才新举措。坚持以用为本，不求所有、但求所用，不求所在、但求所为，鼓励用人单位采取咨询、兼职、项目合作、学术交流或设置创新型岗位等形式，实行柔性引进、弹性管理、个性服务。各类粮食企业要立足实际，积极吸纳、留住本地人才，同时要充分利用当地户籍、社会保障、子女教育等优惠引才政策，在更大范围内引进急需紧缺人才。

**（十三）创新人才培养方式**。遵循人才成长规律，分类施策培养人才。着眼推进粮库智能化、信息化和提高粮油加工、装备自主创新能力，培养粮食行业紧缺人才。依托粮食行业国家工程实验室、工程技术中心、重点实验室等平台，构建产学研用相结合的协同育人模式。指导有关院校服务国家粮食安全特殊需求，培养粮食行业急需博士人才。加快粮食信息技术人才培养，鼓励青年骨干接受信息技术专业硕士及以上学历教育，与高等院校合作开展信息技术人才培训。引导和鼓励一批普通本科高校设立粮食学院，或围绕粮食产业转型升级需要，增设相关专业，培养应用型本科人才。鼓励粮食企业与职业院校开展深入合作，共同制定专业人才培养方案，构建课程体系，共建实训场所，为学生实习实训和教师实践提供岗位。广泛开展岗位练兵、技术比武等竞赛活动，鼓励技术革新和发明创造，在实践中培养技术技能人才。

**（十四）完善人才评价机制**。实行人才分类评价，根据粮食科研、工程、经济等不同领域人才特点，科学设定评价指标。建立粮食行业高级职称评审专家库，不断改进职称评审工作。对基础研究人才，着重评价其提出和解决重大问题的原创能力、研究成果质量、学术水平及对行业发展的影响等；对应用研究人才，着重评价其技术创新能力、成果转化、对产业发展的实际贡献等；对科技管理人才，重在评价考核工作绩效，引导其提高服务水平和技术支持能力。落实提高技术工人待遇有关政策，实现技高者多得、多劳者多得；在粮食系统劳动模范评选表彰中增加一线工人名额比例。

**（十五）充分发挥科研机构和高校人才高地优势**。鼓励和引导有关科研机构、高校发挥各自优势，与企业建立科技协同创新平台、技术创新联盟，共同攻克重大关键技术难题。涉粮院校要进一步紧贴粮食行业需求，突出粮食特色，推进粮食产业相关专业改革与建设，切实提高办学质量，增强人才培养能力。科研机构、高校等单位要发挥科技创新的引领作用，赋予创新团队更大的人财物支配权、技术路线决策权；科学合理设置评价考核周期，加强考核结果运用，建立专业技术人员能上能下、能进能出机制；探索建立“首席科学家”制度，全面落实以增加知识价值为导向的分配政策，对国家“千人计划”“万人计划”等特殊人才探索实行协议工资制等分配办法；设立人才培养基金和人才奖励基金，充分激发科研人员创新创业的积极性。

## 四、强化保障措施

**（十六）加强统筹协调**。各级粮食行政管理部门、企事业单位党组织要加强对“人才兴粮”工作的组织领导，制定切实可行的落实措施。要将粮食行业人才队伍建设纳入粮食安全省长责任制考核内容，明确考核标准，层层压实责任。各级粮食行政管理部门要高度重视基层人才队伍建设，积极争取人力资源社会保障、财政、教育等部门支持，采取多种措施培养能够留得下来的基层实用人才。有关地区和单位要积极发挥优势，加大人才援疆援藏力度。要结合粮食科技周等活动，积极开展人才供需对接，搭建人才服务平台。

**（十七）完善投入保障**。建立健全政府投入为引导、用人单位投入为主体、社会和个人投入为补充的多元化投入机制。积极争取国家人才工程经费，加大“人才兴粮”专项经费投入，对重点人才工作任务要安排配套经费支持，建立对优秀人才和科研团队的持续支持机制。在粮食重大建设项目中要统筹考虑人才培养和专家咨询经费。强化对人才投入绩效考核，提高经费使用效益。

**（十八）强化激励引领**。充分利用报刊、广播、电视、网站、微信、微博等多种渠道，做好人才宣传工作，要注重宣传粮食流通事业蓬勃发展对各类人才的需求。总结加强人才培养、助推粮食行业转型发展的先进经验，培树一批扎根粮食行业默默奉献、在本领域本专业做出突出贡献的人才典型。大力宣扬先进典型事迹，弘扬劳模精神和工匠精神，以榜样的力量感染人、打动人，增强人才对粮食行业的认同感归属感，鼓励更多人才献身粮食事业。

国家发展和改革委员会　国家粮食和物资储备局

教育部　人力资源和社会保障部

2018 年 5 月 3 日

# 国家发展和改革委员会　国家粮食和物资储备局　科技部关于“科技兴粮”的实施意见

国粮发〔2018〕100号

各省、自治区、直辖市及新疆生产建设兵团发展改革委、粮食局、科技厅，河南工业大学、南京财经大学、武汉轻工大学、江南大学，中国储备粮管理集团有限公司、中粮集团有限公司、中国供销集团有限公司，各有关单位：

“科技兴粮”是贯彻新发展理念，落实国家粮食安全战略、创新驱动发展战略、乡村振兴战略，促进粮食科技与经济融通发展、建设现代化粮食经济体系的系统性工程，对于深化农业供给侧结构性改革，大力发展粮食产业经济，确保国家粮食安全，把中国人的饭碗牢牢端在自己手中，具有十分重要的意义。为全面实施“科技兴粮”，制定本实施意见。

## 一、总体要求

### （一）指导思想

以习近平新时代中国特色社会主义思想为指导，全面贯彻党的十九大精神，紧紧围绕落实国家粮食安全战略目标，突出创新是引领发展的第一动力的重要作用，以供给侧结构性改革为主线，坚持目标导向和问题导向相统一，坚持改革和创新双轮驱动，坚持藏粮于地和藏粮于技相结合，坚持自主创新和开放发展相结合，坚持创新链、产业链和价值链

“三链”协同，深化粮食科技体制改革，激发各类创新主体的积极性，提高粮食科技创新能力，促进科技成果转化，增强粮食产业健康发展新动能，为推动建设粮食产业强国、促进乡村振兴、满足人民日益增长的美好生活需要提供科技支撑。

（二）主要目标

力争到2022年，粮食科技创新体系更加完善，科技水平进一步提高，基础研究、应用研究取得突破性进展，产学研融合更加紧密，解决一批制约发展的关键问题，粮食科技成果加快转化，技术转移成效不断放大，粮食科技人才队伍规模与结构更加合理。科技贡献率力争提高3个百分点；粮油储藏技术继续保持国际领跑地位，粮油科技的“并跑”技术有所增加，深加工和装备制造等技术与国际先进水平差距缩小；取得国家科技奖或省部级一等奖的粮食科技成果30项以上，推广应用经济社会效益显著的重大科技成果20项以上。

## 二、完善创新体系，提高创新能力

**（三）增强粮食企业创新能力，突出企业技术创新主体地位**。引导企业发挥技术创新主体作用，支持大型龙头企业、企业集团和转制院所自主决策、先行投入，开展行业共性关键技术装备的研发攻关和成果推广应用；鼓励企业建立内设技术研发机构，开展创新研发和成果推广；在粮食仓储、加工、物流、营养健康主食及主食工业化等重点和特色产业领域培育一批企业技术创新中心或研发中心；引导企业与高校或科研院所联合开展技术创新和示范，建设产学研相结合的特色实验室或科技园区；发挥科技型企业和工程设计机构在科技成果转化中的桥梁作用，及时将新技术转化为产品或在工程项目中推广使用；支持在粮食产业、物流园区建设研发中心，为园区企业提供共性技术服务。鼓励有条件、有特色的地方、骨干企业与科研院所、高等院校等具有技术优势的单位，实现联合开发、成果共享、风险共担、产学研相结合的粮食产业科技创新联盟，支持其承担重大科研项目攻关任务，解决制约产业升级的重大技术难题，突破关键技术难题，创制新产品，力争5年内组建4~5个粮食产业科技创新联盟，并纳入全国粮食行业创新体系。

**（四）做强做优粮食科研院所，发挥粮食公益科研机构创新优势**。粮食系统内的公益性科研院所应立足行业需求，推进院所体制改革，科学设置内设机构，整合粮食科研、工程技术、设备研发力量，加强粮食应用基础研究，突破粮食公益性、前瞻性和基础性技术难题；支持河南工业大学、南京财经大学、武汉轻工大学等粮食大学建设服务国家粮食安全需求的博士点，充分发挥涉粮大专院校人才培养、基础研究、理论创新和技术服务作用，培育粮食专业优势学科；积极发挥省级科研院所和质检机构依托市场开展粮食技术服务和新技术应用推广的作用。

**（五）完善行业科技创新平台，发挥科技创新和人才培养的作用**。加强国家重点实验室和国家工程研究中心创新能力建设。鼓励企业申请新建一批粮食行业重点实验室、技术创新中心，培育粮食领域国家级重点实验室、工程研究中心、技术创新中心，鼓励各地依托科研机构、科技型企业等建立科技服务平台，构建多领域、多层次粮食科技创新平台体系，促进创新资源高效配置，进一步增强粮食产业创新能力。支持粮食主产区根据需求建设以粮食产后收储运和加工为主的国家农业科技园区。鼓励各地围绕区域主导产业建设各具特色的粮食科技成果集成示范基地和国家农业科技园区，开展研发试验、成果展示和技术培训，发挥促进科技与生产、集成与示范、教育与推广、创新与营销紧密结合的作用。力争5年内建设15个产学研合作的粮食科技创新平台；每年遴选一批科技创新有特点或科技成果转化成效突出的单位，授牌为“科技兴粮”示范单位，力争5年内授牌30个粮食科技创新示范企业。

**（六）创新开放合作机制，吸引各领域优秀科研人员和团队参与粮食科研工作**。鼓励多学科交叉合作，共同承担粮食领域国家科技计划项目，攻克行业共性关键技术难题；探索与中国科学院、中国工程院等国家级科研机构合作新机制。加强国际合作与技术交流，鼓励引进先进技术与装备，提升传统产业技术水平；鼓励具有自主知识产权的粮食科技、产品、标准和设备走出去，积极促进“一带一路”国际合作，增强国际竞争力。鼓励科研机构科技创新平台接入国家科技创新服务平台，建立健全科研院所、高等院校、企业的科研设施和仪器设备等科技资源向社会开放的合理运行机制。加大国家工程研究中心以及国家粮食和物资储备局重点实验室、工程研究中心、技术创新中心、分析测试中心等向社会开放服务的力度，积极引导其对企业开展专项服务。加强区域性科研设备协作，提高对企业技术创新的支撑服务能力。

**（七）探索科研创新组织模式，推动粮食领域大众创业万众创新**。建立粮食产业科技需求调查机制，常年开通在线科技需求征集，科学凝练重点研发任务；支持构建众创空间、创新孵化器，积极探索粮食企业技术难题竞标等“研发众包”、用户参与设计新型研发组织模式，引导科技人员、科研单位承接粮食企业的科技项目委托和难题招标；促进技术共创共用，加强行业创新资源共享合作。

## 三、加快成果转化，提高科技贡献率

**（八）搭建资源共享平台，持续开展科技“三对接”活动**。每年科技活动周举办“全国粮食科技成果转化对接活动”，展示最新实用技术成果；引入中国科协所属学术团体和优势互联网科技企业，推进高新技术成果交叉融通；持续完善粮食行业科技成果、人才、机构“三对接”机制，探索建立政府引导、市场驱动、企业化运作的粮食相关科技成果转移新模式；在国家粮食和物资储备局政府网站建立服务云平台，征集并发布企业创新需求，实时公布粮食科技成果目录和可供企业应用转化的科技成果包；利用大数据、云计算等信息技术手段，筛选和定向推荐粮食相关科研成果和实用技术，支持获奖成果推广应用；利用专家库，开展技术应用、成果转化的指导和咨询服务；探索有效的粮食科技特派员制度和博士服务团工作机制，组织科技人员和高层次专家定期服务基层；通过行业期刊宣传科技兴粮成果和企业示范经验；支持科研院所和大专院校科研人员到企业兼职或留职离岗创业。

**（九）鼓励联合攻关，促进科技成果工程化产品化**。鼓励科研机构、工程设计单位、设备制造单位和企业联合开展攻关，使科技创新、工艺设计、设备制造和产品开发形成良性互动，促进科技成果快速实现工程化和产品化；聚焦粮食去库存和品质提升等行业重大需求，依托重点项目和工程，运用系统工程思想，建立中间试验、工业化试验、工程化开发、集成示范及推广的协调机制；项目建设设备招标采购时，鼓励优先考虑质量好、环保性能佳的装备。鼓励科研单位建设粮食技术转移中心等科技成果转化服务机构，探索和建立科技成果转化的有效模式与机制，优化成果转化流程，探索目标一致、分工明确、权责明晰、利益共享的“一条龙”新型服务模式；引入相关中介机构提供技术转移转化专业服务，提高转移转化效率和收益。

## 四、统筹协同推进，提高科技水平

**（十）推进安全、绿色、智能、精细仓储科技创新，实施“现代粮仓”创新行动**。围绕政府储备粮安全管理需求，专题攻关绿色储粮技术和高标准仓储设施建设标准，实施“现代粮仓”创新行动。加强储粮生态系统相关基础理论研究，加强储粮信息自动感知和自动采集系统、仓储机器人等技术开发与应用。研发物理、生物源储粮药剂等绿色防护技术，推进产业化应用示范。支持粮食分类收购和储藏相关新技术的研发，强化储藏新技术集成与创新。

**（十一）推进粮油适度加工技术和深加工技术与产品创新，促进先进粮油加工技术产业化**。研究制定适度加工工艺、产品标准。开发小麦、稻谷、大豆、杂粮、特色植物油脂等功能性、专用性新产品，开展工业化传统主食生产技术研发，开展稻米、食用油适度加工产业示范。加强副产物循环、全值和梯次利用研发，为循环经济提供技术支撑。开发方便营养的米制品，强化玉米、大豆在营养健康、生物化工、生物医药等领域深加工技术应用。重点开发新型功能性淀粉糖和醇类新产品，开展食用、可降解包装和地膜用、精细化工用特种变性淀粉等产品研发，促进去库存相关技术的产业化。

**（十二）推进先进装备原始创新和集成创新，实现粮食装备制造突破**。推动高效、环保、智能化粮食出入库机械设备和物流设备研究开发，提高粮食流通作业效率。对标先进标准，提高粮食设备（装备）制造核心技术水平。结合“粮食产后服务体系”建设，提高国产粮食烘干设备节能环保技术水平和智能控制技术水平。开发高效节粮节能营养型粮油和特色杂粮等加工装备；开发米制品加工成套设备；推进粮食加工自动化、智能化，促进产业技术升级。

**（十三）推进高效物流科技创新，促进粮食物流现代化**。研发有关移动粮仓的配套设施和技术，应用物联网、北斗等信息技术，支撑智慧物流发展。开发自动化、智能化的粮食物流装备和出入库设备，提升粮食物流设施设备标准衔接水平。优化多式联运衔接和物流管控一体化技术。利用物联网技术、大数据技术，提升粮食流通管理的数据获取能力。

**（十四）推进优质粮食质量和安全科技创新，为健康消费提供科技支撑**。研究完善“中国好粮油”系列标准及粮食质量控制作业系列标准和评价手段。结合“国家粮食质量安全检验监测体系”建设，突破快速检测技术瓶颈，开发粮食收购现场快速自动采集和质量检测设备；研究建立中国主粮品质分类体系，开发专用品质评价仪器。深入研究真菌毒素、重金属污染和农药残留超标粮食安全合理利用技术，开展超标粮食安全利用工业化示范。开展中央主食厨房健康烹饪与营养均衡配餐的研究，编撰出版粮油营养健康消费指南。

## 五、营造良好环境，激发创新活力

**（十五）落实科技创新激励政策，鼓励科研单位优化激励机制**。落实有关股权、期权激励奖励等收益分配政策和事业单位国有资产处置收益政策；落实技术转让或者许可、作价投资等所取得的净收入用于奖励的比例不低于 50%，主要贡献人员奖励份额不低于奖励总额的 50% 的优惠政策；鼓励科研人员带科研项目和成果到企业工作或创办企业；鼓励粮食科研机构设立可供有创新实践经验的企业家和企业科技人才兼职的流动岗位。提升行业科技奖励社会认可程度。探索建立对科研项目实施过程、成果、行业服务等的分类评价机制，以成果转化、技术发明、成果质量及社会经济效益为考核导向，以科研能力、学术水平、成果质量和应用实效等作为评价的重要内容，优化科研人员职称评定、岗位管理、考核评价制度、科技奖励推荐和收入分配激励约束机制，发挥科技成果用户、业务管理部门、地方粮食行政管理部门等单位在科研评价中的作用。

**（十六）加大知识产权保护和科普力度，营造科技兴粮的氛围**。大力扶持自主创新和原始创新，加大粮食科技创新成果、产品的专利权、商标权等知识产权保护力度；组织举办粮食科技活动周等宣传活动，开展粮食科普进机关、进社区、进家庭、进农村、进军营等活动，增强全社会公众的粮食安全、科学消费、爱粮节粮意识；推进粮食科普网站、微信公众号、知识库、手机软件等新媒体平台的建设，创制“粮油消费大典”等科普产品，创新宣传形式，扩大粮食科学知识传播范围；尊重科学研究规律，弘扬创新精神，倡导创新文化，创造宽松学术环境；完善科技资源分配与成果共享机制；对担任领导职务的科技人员的科技成果转化收益分配实行公开公示制度，不得利用职权侵占他人科技成果转化收益；加强科研学术道德和科研诚信体系建设，完善失信惩戒机制，杜绝学术不端和学术腐败。

**（十七）加强粮食科技人才队伍建设，提高行业队伍整体素质**。加强粮食专业人才培养，强化专业技术人才和高技能人才队伍建设，探索建立技术人才定期培训、考察、交流机制，培育“工匠精神”，培养科技领军人才、战略科学家和优秀创新团队，不断提升技术人才的业务素养；吸引院士和高端人才，建设院士专家工作站、博士后工作站，支持企业创新；建立“粮食产业科技专家库”和“粮食行业技能拔尖人才库”，鼓励有条件的企业事业单位设立“首席科学家（专家）”岗位；探索应用型创新人才培养机制，支持优秀青年科技人才牵头承担企业科研任务，扶持培育企业优秀技术创新团队。

**（十八）加强组织领导，健全粮食行政管理部门推进科技创新工作机制**。粮食系统定期召开粮食科技创新大会，部署粮食科技创新工作；建立粮食科技省级协调机制，定期交流创新动态，研究交流技术效果、措施；各级粮食行政管理部门应切实落实粮食安全省长责任制关于科技创新的要求，主动转变观念，深入了解科技需求，掌握粮食科技动向，主动推进科技创新，积极搭建科研人员与企业对接平台，鼓励企业开展技术改造和技术创新，推动科技成果转化，有效保护粮食产业品牌；积极争取地方财政、税务、科技、发展改革等部门创新资源，积极宣传指导研发费用税前加计扣除等激励政策；探索利用风险投资、买（卖）方信贷、知识产权和股权质押、融资租赁等方式，支持科技型企业开展技术创新融资，推进成果转化应用；保护基层创新积极性，营造良好的科技创新环境。

国家发展和改革委员会　国家粮食和物资储备局　科技部

2018 年 5 月 11 日

# 关于印发小麦和稻谷最低收购价执行预案的通知

国粮发〔2018〕99号

各省、自治区、直辖市人民政府，中国农业发展银行，中国储备粮管理集团有限公司、中粮集团有限公司、中国供销集团公司、中化集团公司，各有关商业银行：

经国务院同意，现将《小麦和稻谷最低收购价执行预案》印发你们，请遵照执行。各地和有关单位要按照预案的要求，精心安排，周密部署，认真做好组织实施工作。现有最低收购价粮食库存的管理，仍按当年预案的有关规定执行。同时，各地要统筹采取储备轮换吞吐、鼓励加工企业收购、支持品牌化生产经营等措施，组织好油菜籽市场化收购，确保市场稳定，促进油菜籽产业健康发展。

特此通知。

附件：小麦和稻谷最低收购价执行预案

国家发展和改革委员会　国家粮食和物资储备局　财政部

农业农村部　中国人民银行　中国银行保险监督管理委员会

2018年5月18日

## 附件

# 小麦和稻谷最低收购价执行预案

为认真落实粮食最低收购价政策，切实保护种粮农民利益，确保最低收购价粮食数量真实、质量良好、储存安全，根据《粮食流通管理条例》等有关规定，制定本预案。

本预案所称粮食，指小麦、早籼稻、中晚籼稻、粳稻。

**第一条** 执行区域和时间：①小麦预案执行区域为河北、江苏、安徽、山东、河南、湖北6省，执行时间为当年6月1日至9月30日。②早籼稻预案执行区域为安徽、江西、湖北、湖南、广西5省（区），执行时间为当年8月1日至9月30日。③中晚稻（包括中晚籼稻和粳稻）预案执行区域和时间为：江苏、安徽、江西、河南、湖北、湖南、广西、四川8省（区）当年10月10日至次年1月31日，辽宁、吉林、黑龙江3省当年11月1日至次年2月末。其他省（区）是否实行最低收购价政策，由省级人民政府自主决定。

**第二条** 在第一条规定的执行区域和时间内，当粮食市场收购价格持续3天低于国家公布的最低收购价格时，由中储粮分公司会同省级粮食、价格、农业、农业发展银行等部门和单位提出启动预案的建议，经中储粮集团公司报国家粮食和物资储备局批准，在省（区）内符合条件的相关地区启动预案。

启动预案地区，当市场收购价格回升到最低收购价水平以上时，要及时停止预案实施，充分发挥市场机制作用，支持各类企业积极开展市场化收购。

**第三条** 执行本预案收购的粮食，应为当年生产且符合三等及以上国家标准，四等及以下的粮食由地方政府组织引导实行市场化收购。小麦具体质量标准按国家标准（GB 1351）执行，稻谷具体质量标准按国家标准（GB 1350）执行。因自然灾害或其他原因造成不符合质量标准或食品安全指标的小麦和稻谷，由各地按照粮食安全省长责任制和食品安全地方政府负责制的要求组织收购处置；有关费用从本省粮食风险基金中列支，风险基金不足部分由省级财政负担并列入省级预算解决。

**第四条** 最低收购价是指承担最低收购价收购任务的收储库点向农民直接收购三等标准品粮食的到库价。具体价格水平以国家发展改革委等有关部门公布的当年最低收购价格为准，相邻等级之间的等级差价按0.02元/斤掌握。非标准品粮食最低收购价的具体水平，按照国家有关部门《关于印发〈关于执行粮油质量国家标准有关问题的规定〉的通知》（国粮发〔2010〕178号）有关规定执行。

**第五条** 中储粮集团公司受国家有关部门委托，作为最低收购价政策执行主体。中粮、中国供销、中化、农垦集团受中储粮集团公司委托，有关省份地方储备粮管理公司（或单位）和地方骨干企业，以及其他符合条件的企业，受中储粮直属企业委托，按规定参与收购最低收购价粮食。

作为委托收储库点参与最低收购价收购的各类粮食企业，应当具备以下条件：①在工商部门注册登记，取得粮食收购资格。②在农业发展银行开户。③有一定规模的自有仓容，仓储设施条件符合《粮油仓储管理办法》（国家发展改革委令2009第5号）和《粮油储藏技术规范》（GB/T 29890）要求，具备必要的清理设备、机械通风设备、烘干设备、检化验设备（含必检食品安全指标快检设备）、计量称重器具和人员，对农民交售少量粮食要有可移动式磅秤。④执行粮油仓储单位备案相关规定，企业安全生产责任全面落实，相关设备齐备完善，符合消防安全要求，无重大消防隐患。⑤无不良信用记录，具有较高管理水平，三年内在收储及销售出库等方面无违规违纪行为。企业、企业法定代表人及主要股东无重大不良信用记录，无重大债权债务纠纷。⑥严格执行粮食流通统计制度，建立健全统计台账，准确、及时报送统计报表。具体条件由中储粮有关分公司会同省级粮食主管部门和农业发展银行省级分行根据当地实际细化。

**第六条** 中储粮集团公司组织指导有关分公司与省级粮食主管部门、农业发展银行省级分行会商，按照“有利于保护农民利益、有利于粮食安全储存、有利于监管、有利于销售”的原则，合理确定执行最低收购价政策的委托收储库点，报当地省级人民政府备案，并在收购启动前将当地所有委托收储库点名称（与工商部门注册登记名称一致）、收储点地址和联系电话，通过当地主要新闻媒体和部门网站向社会公布。要充分利用现有仓储资源，每个县内委托收储库点可利用仓容总量或收储能力，应与当地最低收购价粮食预计收购量相衔接。确定收储库点的单位，对其确定的收储库点收储最低收购价粮食的监管、验收、库存管理、销售出库以及出现的风险等负责。

执行最低收购价收储库点名单确定后，由确定收储库点的单位会同有关方面组织对委托收储库点储存的粮食进行逐仓清点登记，核实查验空仓，锁定拟收储货位。中储粮有关分公司要组织中储粮直属企业与委托收储库点签订委托收购合同，明确双方权利、义务等。委托收购合同的内容，不得违反国家法律和本预案有关规定。为防范履约风险，委托收储合同中可作出如下约定：地方国有粮食委托收储库点，按照20元/吨标准向有关中储粮直属企业交纳履约保证金，不能足额交纳的也可从收购费用中抵交；中粮、中国供销、中化集团等中央企业、省级大型国有粮食企业及其直属企业可免交履约保证金，但企业总部要提供担保并承担连带责任；非国有粮食企业向有关中储粮直属企业提供相应的抵押或担保。中储粮直属企业要将收取的保证金存入农业发展银行专户，待贷款本息结清后退还保证金本息。委托收储库点要严格按照本预案有关规定和委托收购合同开展收购活动。委托收购合同和空仓验收情况，报当地粮食主管部门、农业发展银行分支机构备查。

**第七条** 政策执行过程中，符合资格条件的委托收储库点全部启动后，出现仓容及收储能力不足或委托收储库点布局不能满足农民售粮需要的，应及时通过安排县内集并等方式解决。仓容仍不能满足收储需要时，按照国家有关部门关于租赁社会粮食仓储设施收储国家政策性粮食的有关规定，可租仓收储最低收购价粮食。按照租赁方式确定的库点，在粮食收购、储存、销售等环节，均不得改变租赁性质。租赁双方要签订仓储设施租赁合同，明确双方责任、权利、义务。租赁社会仓储设施收储视同承租企业本库收储最低收购价粮食，须由承租企业开具收购发票、兑付粮款，并安排足够人员负责收购、保管，对收储的粮食和租赁设施进行封闭管理，承租企业对粮食数量、质量、粮款兑付、库存管理、销售出库、储粮安全等承担全部直接责任。企业租赁仓容的资格审核、确认流程、管理规定、责任划分等具体要求，按照国家有关部门关于租赁社会粮食仓储设施收储国家政策性粮食的规定执行。

采取上述措施后，仓容仍然不足，需搭建简易储粮设施的，由中储粮分公司会同省级粮食主管部门、农业发展银行省级分行研究测算本省（区）预计搭建总量，经中储粮集团公司审核并报国家粮食和物资储备局、财政部、中国农业发展银行批准后实施。搭建的简易储粮设施应符合《粮油仓储管理办法》《简易仓囤储粮技术规程》及国家有关消防规定。为保证收储粮食储存安全，降低损耗，保证品质，一般情况下南方稻谷不采用简易设施储存。

**第八条** 中储粮集团公司组织指导有关分公司按照本预案规定，在预案启动区域组织中储粮直属企业和委托收储库点及时挂牌收购，并做好库存管理等工作。中储粮集团公司要组织指导有关分公司建立定期巡查制度，逐级落实责任。按本预案规定确定的收储库点，在具体开展收购工作时，须在收购场所显著位置张榜公布实行最低收购价政策的粮食品种、收购价格、质量标准、水杂增扣量方式、结算方式和执行时间等政策信息，让农民交“放心粮”；不得压级压价、抬级抬价收购，不得拒收农民交售的符合本预案第三条规定要求的粮食；及时结算农民交售粮食的价款，不得给农民“打白条”；不得将农业发展银行贷款挪作他用；要依据农民交粮的实际情况，按照中储粮集团公司统一提供的规范收购凭证样式，当场如实填写统一规范的收购凭证，凭证所列重量、等级、水分、杂质、单价等内容必须填写齐全并妥善保存备查，不得篡改、伪造收购凭证；要积极创造条件，对最低收购价收购的粮食做到分品种、分等级专仓储存。

**第九条** 委托收储库点收购最低收购价粮食所需贷款（收购资金和收购费用），由所在地中储粮直属企业统一向当地农业发展银行分支机构承贷，并根据收购情况和入库进度及时将资金直接支付给售粮者。农业发展银行分支机构要按照国家规定及时足额发放贷款，保证收购资金供应。对于没有中储粮直属企业的市（地）区域，为保证收购需要，可暂由中储粮分公司会同省级粮食主管部门、农业发展银行省级分行指定该区域内具有农业发展银行贷款资格、资质较好的收储企业接受委托并承贷；收购结束并经验收合格后，贷款要及时划转到中储粮直属企业统一管理。

**第十条** 最低收购价粮食收购费用、保管费用、贷款利息补贴及销售盈亏负担等事项，按照《财政部关于印发最低收购价、临时收储粮食财政财务管理暂行办法的通知》（财建〔2013〕203 号）、《财政部关于批复最低收购价等中央政策性粮食库存保管费用补贴拨付方案的通知》（财建〔2011〕996 号）和《财政部关于调整中央临时收储和最低收购价粮食保管费补贴标准的通知》（财建〔2017〕1 号）执行。中储粮公司要自粮食入库当月起，按季足额将补贴拨付到委托收储库点。

**第十一条** 中储粮集团公司组织指导有关分公司牵头及时对收购入库的最低收购价粮食品种、数量、质量和食品安全情况进行验收，并由确定收储库点的单位和负责检验的质检机构对验收结果负责。对最低收购价粮食食品安全指标，由确定收储库点的单位牵头委托有资质的第三方专业粮油质检机构进行检验。中储粮有关分公司将最低收购价粮食验收结果，按品种于本预案执行时间结束后 2 个月内汇总报中储粮集团公司，并抄送省级粮食主管部门和农业发展银行省级分行备查；同时，由省级相关部门和单位分解到所在地的市（地）或县级粮食主管部门和农业发展银行分支机构备查。

对验收合格的，要归纳整理并建立账务凭证资料和质量档案，具体到货位。中储粮直属企业要与委托收储库点签订代储保管合同，明确品种、数量、质量、价格和保管、出库责任等，作为以后安排销售的依据。代储保管合同要报当地粮食主管部门、农业发展银行分支机构备查。中储粮分公司、直属企业及其委托收储库点要严格规范储粮行为，确保储粮安全。

对验收发现入库粮食重金属、真菌毒素等食品安全指标超标的，由中储粮集团公司按品种在本预案结束后 3 个月内汇总审核报国家粮食和物资储备局、财政部、中国农业发展银行等有关部门和单位；国家有关部门和单位按照粮食安全省长责任制和食品安全地方政府负责制要求，划转给有关省级人民政府处置；有关费用从本省粮食风险基金中列支，风险基金不足部分由省级财政负担并列入省级预算解决。对经验收合格入库的粮食，在库存检查、其他质量检验中或出库时发现重金属、真菌毒素超标的，由收储企业承担质量安全主体责任和相关经济损失，由当地政府按照国家有关要求组织处置和监管，不得流入口粮市场。

**第十二条** 最低收购价粮食的粮权属国务院。未经国家批准不得动用，不得用最低收购价粮食为任何单位和个人提供担保。最低收购价粮食通过国家粮食电子交易平台公开竞价销售。

**第十三条** 地方各级人民政府和有关部门要加强对收购工作的指导，采取有效措施，统筹组织引导辖区内中央企业分支机构、地方骨干粮食企业和其他多元市场主体积极入市，开展市场化收购和销售。要鼓励粮食企业与种粮大户、家庭农场、农民合作社等新型农业经营主体，通过订单收购、预约收购等方式，建立长期稳定的市场化购销合作关系。支持大型骨干企业充分利用自身渠道和资金优势，发挥市场化收购引领带动作用。协调组织辖区内中央和地方储备粮承储企业按照市场收购价格收购轮换粮源。建立健全粮食收购贷款信用保证基金融资担保机制。农业发展银行和其他金融机构，要积极为各类主体开展市场化收购提供信贷支持。

**第十四条** 预案执行期间，中储粮集团公司对分公司上报的收购进度和库存数据及时汇总并进行审核；每 5 日将最低收购价粮食的品种、数量汇总后报国家粮食和物资储备局，抄送中国农业发展银行。具体报送时间为每月逢5日、10日期后第1个工作日15时之前。同时，中储粮有关分公司应将最低收购价粮食每月收购进度情况，抄送当地省级粮食主管部门、省级农业主管部门、省级价格主管部门、农业发展银行省级分行；每5日的收购进度，要及时通报省级有关部门。有关中储粮直属企业和各委托收储库点每5日要将实际收购进度数据同时抄报所在地的市（地）或县级粮食主管部门。各品种粮食最低收购价政策执行结束后2个月内，中储粮集团公司要将执行情况报告国家发展改革委、国家粮食和物资储备局、财政部、农业农村部、中国农业发展银行。

农业发展银行省级分行在每月月初5个工作日内将上月最低收购价收购资金的发放情况，报中国农业发展银行，并抄送当地中储粮分公司和省级粮食主管部门。中国农业发展银行汇总审核后抄送财政部、中国人民银行、国家粮食和物资储备局、中储粮集团公司。

**第十五条** 国家发展改革委、国家粮食和物资储备局负责协调落实粮食最低收购价政策，监测收购价格变化情况，会同有关部门解决最低收购价政策执行中的重大问题。国家粮食和物资储备局指导中储粮集团公司执行粮食最低收购价政策，指导地方各级粮食主管部门监督检查最低收购价政策执行和最低收购价粮食安全储存管理等，督促国有和国有控股粮食企业积极开展市场化收购，发挥示范带动作用。财政部及时安排、拨付中储粮集团公司按最低收购价收购粮食所需的费用和利息补贴，加强对中储粮集团公司的指导。农业农村部指导地方农业部门做好粮食收获工作，及时反映农民的意见和要求。中国人民银行、中国银行保险监督管理委员会指导有关金融机构做好粮食收购资金保障工作。中国农业发展银行及时足额安排、拨付执行粮食最低收购价收储任务所需的贷款，组织指导农业发展银行分支机构按照封闭管理要求，实施信贷资金监管。中储粮集团公司作为最低收购价政策执行主体，负责组织指导有关分公司按照本预案规定进行收购，做好政策执行和粮食库存管理等工作。具体从事最低收购价收储业务的各类企业，承担企业收储和管理主体责任，对其收购最低收购价粮食数量、质量、库存管理、销售出库以及出现风险造成的损失等负全部责任。

省级人民政府负责组织地方有关部门和中储粮分公司开展最低收购价粮食收储工作，协调解决政策执行过程中出现的矛盾和问题。地方各级人民政府对辖区内中央和地方企业收储国家最低收购价粮食的数量、质量、储存安全依法履行属地行政监管职责，对食品安全和安全生产依法履行属地管理职责，做好收购期间收购秩序维护和宣传工作。要建立各级人民政府牵头、相关部门分工负责的常态化工作协调机制，协调解决最低收购价粮食管理和销售出库等问题，对各种违规违法行为依法进行严肃查处。有关落实情况将纳入粮食安全省长责任制考核范围。

**第十六条** 各有关方面要把落实最低收购价政策作为保护种粮农民利益、促进农业供给侧结构性改革、保障国家粮食安全的重要举措抓实抓好。地方各级粮食主管部门和农业发展银行分支机构要认真履职尽责，加强与中储粮分公司及直属企业的协同配合，形成合力，共同执行好最低收购价政策。省级人民政府组织中储粮有关分公司、省级粮食主管部门、农业发展银行省级分行，按照“谁定点、谁监管、谁验收、谁负责”责权对等的原则，对定点、收购、验收、库存管理、销售出库等环节的有关工作分工可进行细化，并对由此带来的风险负责。要充分调动各方面积极性，结合当地实际创造性开展工作，推动最低收购价政策更好地落实。

**第十七条** 要建立健全最低收购价政策执行责任分解、落实和追究机制，对违反法律法规和政策的单位和个人，要依法依纪依规严肃处理问责。

对确定的委托收储库点不具备本预案规定条件的，应追究负责确定委托收储库点的单位和有关责任人责任。未按本预案要求及时如实向有关部门和单位报送或抄送有关收购工作进展和总结情况，或达到预案启动条件未及时上报启动预案请示的，在市场收购价格回升到最低收购价水平之上时未及时停止预案执行的，以及未及时按标准拨补有关费用补贴的，应追究相关单位和有关责任人责任。

对不严格执行最低收购质价标准、压级压价、抬级抬价、拒收农民交售符合标准的粮食、拖欠农民售粮款、“克扣斤两”“以陈顶新”“转圈粮”、先收后转、虚购增库等各类坑农害农、损害国家利益和破坏市场秩序的行为，要依法严厉查处；对工作落实不力、造成不良社会影响的单位和个人要严肃追究责任；涉嫌犯罪的，移送司法机关处理。

对查实有套取费用补贴、损害农民利益等违法违规行为的委托收储库点，由确定收储库点的单位会同有关方面负责，追回粮款归还农业发展银行贷款，扣回全部费用利息补贴，将因收储粮食或套取费用补贴获取的收入上交中央财政，记为不良信用记录，纳入全国信用信息共享平台，三年内不得承担最低收购价收购任务；将其当年收购最低收购价粮食全部退出收购进度和库存统计；同时将其收储的全部最低收购价粮食实行移库或按有关程序及时安排拍卖，所发生的费用由违规企业承担，并追究其主要负责人和相关人员的责任；如发生损失，由委托收储库点承担；涉嫌犯罪的，移送司法机关处理。同时，对查实国有粮食企业存在违规行为的，按照干部管理权限，由履行出资人职责的有关部门对企业相关责任人给予相应处分。

对验收工作中弄虚作假的，以各种名义、形式变相降低委托收储库点费用补贴标准的，违规收取履约保证金的，要追究其主要负责人和有关人员的责任；涉嫌犯罪的，移送司法机关处理。对验收中发现入库的粮食不符合本预案第三条规定的质量要求的，包括陈粮入库或混掺陈粮入库的，要及时核减有关收储库点最低收购价粮食收购进度和库存统计，扣回全部费用利息补贴，归还农业发展银行贷款，建立健全联合惩戒机制。未按期如实上报验收结果的，视为无不合格粮食，造成的后果由负责验收上报的责任单位承担。

违反《粮油储存安全责任暂行规定》《粮油安全储存守则》或《粮库安全生产守则》造成安全事故或“坏粮”事件的，按照安全生产和安全储粮有关规定严肃处理。

**第十八条** 本预案由国家粮食和物资储备局、国家发展改革委、财政部负责解释；自发布之日起实施。

# 关于切实做好2018年秋粮收购工作的通知

国粮发〔2018〕210号

各省、自治区、直辖市、计划单列市及新疆生产建设兵团发展改革委、粮食局、财政厅（局）、环保厅（局）、交通运输厅（局、委）、农业厅（局、委），人民银行上海总部和各分行、营业管理部、各省会（首府）城市中心支行、各副省级城市中心支行，各银监局、保监局，各铁路局集团公司，各有关商业银行，中国农业发展银行，中国储备粮管理集团有限公司、中粮集团有限公司、中国供销集团有限公司、中国中化集团有限公司，各有关行业协会：

为认真落实《中共中央 国务院关于实施乡村振兴战略的意见》（中发〔2018〕1号）精神，深化粮食等重要农产品收储制度和价格形成机制改革，2018年国家继续在部分主产区实施稻谷最低收购价政策，在东北地区实施玉米、大豆市场化收购加补贴的机制，其他粮食产区和粮食品种由地方政府结合当地实际统筹组织开展收购工作。为切实做好2018年秋粮收购工作，现就有关事项通知如下：

## 一、切实加强组织领导

秋粮收购是全年粮食收购大头，事关农民切身利益，事关社会稳定大局，事关国家粮食安全。各地区要提高政治站位，自觉服从大局，认真落实粮食安全省长责任制，在当地党委政府的统一领导下，科学分析研判形势，根据粮食种植结构调整和粮源分布情况，及早安排部署做好收购工作，分工合作履职尽责抓好落实，确保各项政策措施落地见效。粮食产区要建立健全粮食收购部门协调工作机制，紧紧围绕“有人收粮、有钱收粮、有仓收粮、有车运粮”等重点环节，加强协同配合，提前研究制定具体工作方案，有针对性解决实际问题，避免发生大范围农民“卖粮难”。自然灾害频发地区，要加强形势预判和监测预警，提前做好粮食收获烘干、超标粮食收购、农业保险兑付等预案，妥善应对可能出现的风险和问题。实施补贴政策的地区，财政部门要牵头制定并落实好补贴实施方案，合理确定各品种补贴标准并及时兑付。新粮集中上市期间，各级粮食主管部门和有关中央企业，要把抓好秋粮收购作为中心任务，深入一线调研督导，及时协调解决收购工作中的新情况新问题。

## 二、多措并举开展市场化收购

各地区要认真贯彻国家粮食收储制度改革精神，积极组织开展粮食市场化收购，推动由政策性收储为主向政府引导下市场化收购为主转变。产区要采取有效措施，统筹组织引导辖区内中央企业分支机构、地方骨干粮食企业和其他多元市场主体，按照市场机制积极入市开展经营活动，提高市场化收购比重。要结合大力发展粮食产业经济和实施“优质粮食工程”，采取支持订单收购、品牌建设、市场营销、就地加工转化等措施，培育壮大粮食市场主体，助推粮食产业转型升级。各地要进一步强化产销衔接，认真履行粮食产销合作协议，拓展粮食购销渠道，创新产销合作模式，深化产销合作程度，巩固产销合作关系，扩大产销合作成果。产区要积极为销区开展贸易、加工、代储等业务提供便利条件，销区要鼓励企业到产区建立粮食生产基地、流通基础设施，组织粮源满足本地市场需求。要积极发展“互联网＋粮食交易”购销新模式，充分发挥国家粮食电子交易平台交收库、仓单融资等供应链服务产品的作用，统筹线上线下资源，进一步拓宽营销渠道。有关中央企业要及时分析研判市场行情，提前研究制定秋粮收购工作计划，合理把握收购时机和节奏，发挥好市场化收购引领带动作用。有储备粮轮换任务的企业，要按照市场价格积极收购轮换粮源，综合采取先轮出后轮入、先轮入后轮出、同步轮出轮入等方式，按期完成轮换任务。

## 三、认真抓好政策性粮食收购

实施稻谷最低收购价政策地区各有关部门单位，要严格执行《小麦和稻谷最低收购价执行预案》（国粮发〔2018〕99号）各项规定，切实抓好预案组织实施。要提前备好收购场地、计量器具、检化验仪器等，及早培训业务人员，确保需要时能及时开秤收粮。要根据粮源分布，合理布设收购网点，并提前向社会公布，方便农民售粮。收储仓容矛盾突出的地区，要采取腾仓并库、调销减库、维修改造等措施，千方百计扩大收储能力。符合预案启动条件时，及时按程序报批启动；当市场价格高于最低收购价时，要及时停止实施。启动预案的地区，要准确把握最低收购价收购质量标准和质价政策，着力把好收购入库和验收关，确保收购入库的粮食数量真实、质量合格、储存安全。不需启动预案的地区，要积极引导委托收储库点及时转向开展市场化购销，按市场价格收购的粮食，要与现有国家政策性粮食分仓储存、分别标识。实施地方政策性收储的地区，要按照有利于促进农业供给侧结构性改革、有利于保护农民合理收益、有利于发展粮食产业经济的原则，合理设计、优化完善政策框架，切实抓好政策的组织实施，确保较好实现政策目标。

## 四、强化收购资金和运力保障

各地人民银行、银保监会各派出机构等部门，要积极引导金融机构，适应粮食市场化收购新形势，创新融资机制，拓宽融资渠道。农业发展银行要督促各分支机构，在保障最低收购价收购资金的同时，强化金融服务，简化审批程序，缩短审批时间，积极支持各类粮食企业开展市场化收购、销售、贸易和加工。商业性金融机构要加大对粮食收购的支持力度，符合条件的可按规定享受现有涉农贷款优惠政策。产区要加强粮食收购信贷支持政策协调，积极搭建银企对接平台，按照市场化原则完善粮食收购贷款信用保证基金政策，调整优化操作流程，适当扩大放贷主体和承贷粮食企业的适用范围，建立健全市场化收购贷款资金保障长效机制，缓解粮食企业融资难、融资贵的问题。各地特别是东北地区要强化粮食运输保障，完善粮食铁路运输需求与运力供给对接机制，加强路网、港口运行监测和信息服务，加大公路、水路运输保障力度，开通公路粮食运输专用通道，强化各种运输方式衔接，充分利用公铁、铁水联运等形式，保障粮食顺畅流通。有关铁路局集团公司要根据当地企业运粮需求，统筹安排运力，积极推进粮食散运和多式联运，为秋粮运输提供运力保障。

## 五、着力提高为农服务水平

粮食产区有关部门单位要牢固树立服务意识，改进服务方式，强化为农服务措施，提升服务水平。要加强对农户庭院储粮的技术指导，支持农户配备科学储粮装具和设施，最大限度减少“地趴粮”。收储任务较重的地区，要组织技术人员进村入户开展预检，指导帮助粮食整理，并联系销售渠道。要加快推进粮食产后服务体系建设，引导企业开展代清理、代干燥、代储存、代加工、代销售等业务，切实解决粮食晾晒难、储存难、保质难、销售难等实际问题。要认真落实环保有关规定，加强统筹调度协调，提前研究谋划，采取切实可行的措施，抓紧组织烘干设施改造升级，保障必要的粮食烘干能力，确保秋粮及时烘干，避免发生大面积霉粮坏粮事件。要指导粮食企业加强与种粮大户、家庭农场、合作社等新型农业经营主体对接，积极开展预约收购、订单收购、上门收购、绿色通道等个性化服务。收储库点要做到价格上榜、标准上墙、样品上柜，有条件的收储库点要主动为农民提供风选、筛选、色选等整理服务，必要时早开门晚收秤，延长收购时间，满足农民售粮需求。同时，要鼓励引导保险机构根据农户需求，开发高保障或补充保障型农业保险产品，逐步推动农业保险从保成本向保产量、保收入转变，充分发挥农业保险在保护农民利益中的重要保障作用。

## 六、切实维护收购市场秩序

各地区各部门各单位要切实加强协调配合，细化责任分工，完善工作机制，形成监管合力。要按照法律法规规定，加大对粮食收购环节的监督检查，加强粮食收购市场监管，严厉打击各类违法违规行为，切实保护粮食生产者、经营者和消费者的合法权益，维护正常的粮食流通市场秩序。特别是实施政策性粮食收购的地区，要严格按照最低收购价执行预案等粮食收购政策规定，切实加强收购流程管理、强化“转圈粮”“以陈顶新”“先收后转”的防范措施，重点防范“打白条”、压级压价、抬级抬价、拒收农民交售符合标准的粮食、买卖“人情粮”、骗取收购资金和补贴等各类坑农害农、损害国家利益和破坏市场秩序的行为。同时，要进一步加强粮食质量安全监管，严防不符合食品安全标准的粮食流入口粮市场。对违反法律法规和国家粮食收购政策的涉粮案件，必须依法严厉查处；对工作落实不力、失职渎职、造成不良社会影响的单位和个人要严肃追责。要压实企业安全生产和安全储粮的主体责任，严格执行《粮油储存安全责任暂行规定》和《粮油安全储存守则》《粮库安全生产守则》，加大安全隐患排查力度，加强作业现场安全管理和组织调度，杜绝重特大事故的发生，确保人安、粮安、库安。如在收获季节发生自然灾害，有关地区要督促保险机构按照农业保险合同约定，及时核灾足额理赔，对发现不履行约定赔付责任以及少赔、惜赔等损害农民权益的行为，从严从快予以处理。各有关行业协会要充分发挥行业组织的桥梁纽带作用，引导各类粮食企业认真执行国家粮食政策，加强行业自律，切实维护正常的粮食流通秩序。

## 七、加强政策宣传和市场引导

各地区各部门各单位要加强协调，统一口径，充分利用报刊、广播、电视、网络等各种媒体，多形式、多角度、多渠道、高频率，广泛宣传和解读粮食收购政策，帮助广大农民和各类企业准确理解和把握。要加强舆情监测分析，及时主动回应社会关切，妥善做好舆情处置应对，为秋粮收购营造良好的舆论氛围。要密切跟踪市场动态，强化市场监测预警和形势分析，及时收集、整理和发布秋粮生产、质量、价格、收购进度、粮食供求、运输情况等信息，引导舆论客观反映市场预期，为农民有序售粮、企业自主经营提供良好的市场环境。要探索结合粮食市场购销情况，筛选“质优、价高、畅销”的粮食品种，在明年春播前推介发布，充分发挥粮食流通对生产的引导作用，不断增加市场优质粮食供给，帮助农民通过优质优价实现增收。新粮集中上市期间，国家有关部门将视情况暂停相应地区政策性粮食公开竞价销售，确保维护市场平稳运行。

做好2018年秋粮收购工作，任务艰巨、责任重大，各地各相关单位要牢固树立大局意识、责任意识，勇于担当、综合施策，充分发挥各方面积极性，确保秋粮收购工作顺畅、平稳、安全，不出现农民“卖粮难”。

国家发展和改革委员会　国家粮食和物资储备局　财政部

生态环境部　交通运输部　农业农村部

中国人民银行　中国银行保险监督管理委员会　中国铁路总公司

2018年9月10日

# 调查研究

# 关于加快推动黑龙江省粮食产业高质量发展的调研报告

2016 年 5 月，习近平总书记在黑龙江考察调研时强调，黑龙江对国家粮食安全的贡献突出，功不可没；要坚持发展现代农业方向，争当农业现代化建设排头兵；要深度开发“原字号”，以“粮头食尾”“农头工尾”为抓手，推动粮食精深加工，做强绿色食品加工业。此后，总书记在广西、山西、海南、湖北、山东等地考察时，多次强调保障国家粮食安全

张务锋局长在黑龙江调研粮食产业经济

的极端重要性，并对建设高效农业、发展粮食精深加工作出重要指示。2017年9月，李克强总理作出重要批示，强调粮食产业经济发展是一篇大文章，要加快建设粮食产业强国。为深入贯彻习近平总书记重要指示精神和李克强总理重要批示要求，认真落实国家粮食安全战略和乡村振兴战略、健康中国战略，加快推动粮食产业高质量发展，国家粮食和物资储备局与黑龙江省政府组成专题调研组，认真借鉴寻乌调查模式，自2018年4月开始，先后多次深入哈尔滨、绥化、齐齐哈尔、黑河、鹤岗、佳木斯、双鸭山等地市的20多个市县，进行了为期两个多月的实地调研，全面梳理黑龙江省粮食产业发展实际情况，广泛听取基层部门、种粮大户、加工和购销企业的意见建议，起草形成了加快推动黑龙江省粮食产业高质量发展的调研报告，并召开了国家粮食安全专家咨询委员会专题论证会，多方听取意见建议，作了进一步修改完善。

## 一、成效与贡献

黑龙江省委、省政府认真学习贯彻习近平总书记考察黑龙江时的重要讲话精神，把加快推进“粮头食尾”和“农头工尾”作为实现农业强、农民富、农村美的重要抓手，研究出台了《关于深度开发“原字号”的若干意见》，制订了实施方案，把粮食和农副产品精深加工做成全省第一支柱产业，质量兴农调优“头”，接二连三壮大“尾”，勇闯市场做强“销”，千方百计促农“富”，在实施乡村振兴战略上走出新路子，在推动粮食产业发展上迈出坚实步伐，为保障国家粮食安全作出突出贡献。

**1. 粮食综合生产能力稳步提高，是保障国家粮食安全的“大粮仓”。** 黑龙江省在国家粮食安全大局中发挥着举足轻重的作用，主要表现为“七个全国首位”：拥有耕地面积2.39亿亩，占我国现有耕地面积的11.8%；人均耕地面积6.24亩，是全国平均水平的4.5倍；粮食播种面积近2.13亿亩；粮食总产量稳定在1500亿斤左右；稻谷、玉米、大豆三大粮食品种产量均为全国第一。

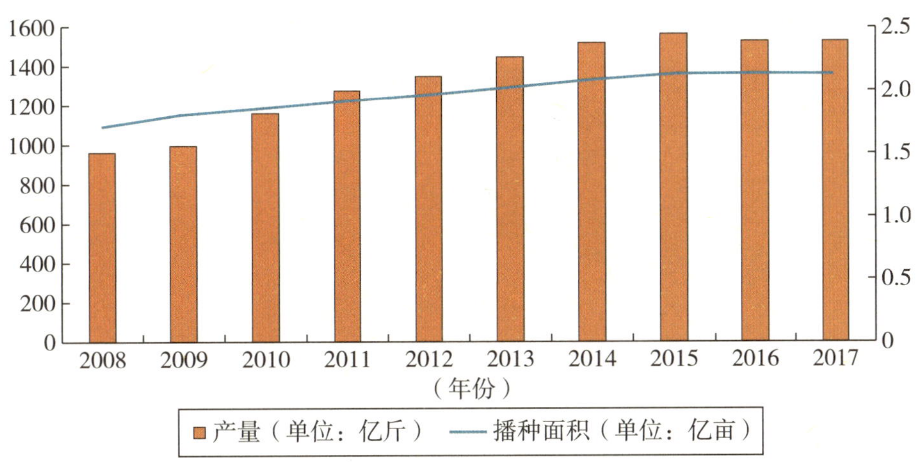


黑龙江省 2008—2017 年粮食作物播种面积和产量示意图

注：数据由黑龙江省统计部门提供。

**2. 粮食收储购销体系逐渐完善，粮食流通服务功能不断增强**。黑龙江省购销企业多、购销规模大、存储设施好，具备较为完善的粮食收储购销体系。2017 年，全省有近 1900 户粮食仓储企业入统，完好仓容 3393 亿斤，年烘干能力 2287 亿斤，每年粮食收储数量都在 1000 亿斤以上。2017 年收购期，全省收购玉米 651 亿斤，均为市场化收购；收购粳稻 571 亿斤，其中市场化收购 170 亿斤，市场化收购比例同比提高了 15 个百分点。

**3. 粮食加工业基础坚实，具备了加快发展的良好条件**。一是粮食加工业发展势头良好。目前，全省粮食加工企业 2120 家，其中产业化龙头企业 199 家，分别占全国同类企业总量的 9.5% 和 6.6%。2017 年实现工业总产值、销售收入、利税总额分别为 855 亿元、816 亿元和 36 亿元，同比均大幅增加，玉米、稻谷、大豆三大主粮品种及饲料加工业全面实现盈利。二是大米加工、粮食深加工居全国前列。2017 年，大米加工企业 1675 家，居全国首位；实现工业总产值 481 亿元，居全国第 3 位。酒精、淀粉等深加工企业 35 家，居全国第 3 位；实现工业总产值 140 亿元，居全国第 5 位。三是饲料加工处于全国中游水平。2017 年，饲料加工企业 171 家，居全国第 9 位；实现工业总产值 104 亿元，居全国第 15 位。

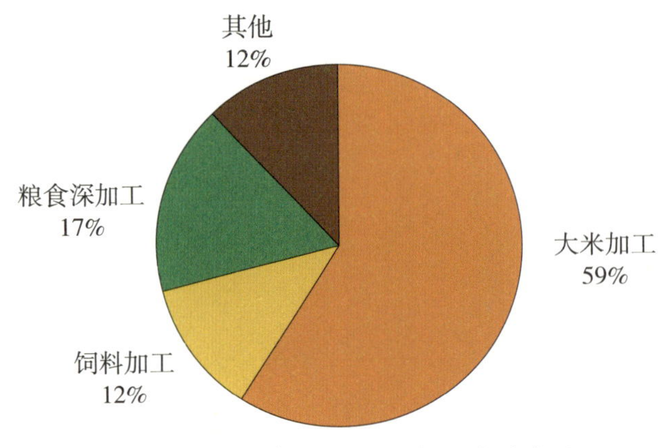


黑龙江粮食加工业分类别产值占比

**4. 粮食外调规模较大，为保障销区粮食供应和国家粮食安全作出了突出贡献**。近年来，黑龙江商品粮可调出量稳定在700亿斤左右，占全国总量的比例超过35%。粮食产销合作成效显著，先后与北京、上海、广东、福建、四川、深圳等重点销区建立了比较稳定的产销合作关系。

## 二、机遇和挑战

### （一）优势机遇

**1. 资源禀赋优势突出，粮食生产条件得天独厚**。一是水土光热等资源丰富。黑龙江的寒地黑土是全国最肥沃的土壤之一，有机质含量平均在4%左右，高的可达10%以上，具有明显的越冬性、保肥性、保种性优势。年平均水资源量810亿立方米，日照时数超过2500小时，特别是5~9月降水量占全年的80%~90%，太阳辐射量占全年的54%~60%，光照充足、雨热同季，对作物生长极为有利。二是生态环境良好。黑龙江森林、草场、湿地资源丰富，积极推进生态省建设，实施平原绿化、湿地保护、水土流失治理、草原恢复等重点工程，森林覆盖率达到45.73%；天然湿地面积8340万亩，占全国的1/7；自然保护区近250个，其中国家级36个，居全国第一。三是绿色有机农产品发展潜力巨大。全省绿色有机食品认证面积达到7636万亩，其中粮食种植面积7171万亩。近年来，全省推行减化肥、减农药、减除草剂“三减”绿色行动，为发展绿色食品产业体系奠定了坚实的基础。

2. **发展现代农业的基础扎实，适度规模经营空间广阔**。黑龙江农业生产区地势平坦，耕地集中连片，现代化、规模化和机械化粮食生产优势明显，农业现代化发展势头迅猛。一是新型农业经营主体数量大幅增加。截至 2017 年年底，全省新型农业经营主体突破 20 万个，全省农村土地流转面积 6782 万亩，占第二次全国土地调查农村集体耕地面积的 45.9%；旱田投入资金 500 万元以上、水田 300 万元以上的大型农机合作社达到 1481 个（不含农垦）；农业产业化龙头企业达到 2000 家，带动种植基地面积 1.4 亿亩，参与产业化经营的农户 340 万户。二是农业机械化水平不断提高。全省主要农作物综合机械化水平达到 96.8%，耕种收综合装备利用率为 77.9%，农机总动力达到 5813.8 万千瓦，拥有大型收获机械 15.6 万台。三是农田水利设施不断完善。排灌动力机械 38 万套，比十年前增长 64.5%。主要使用地表水灌溉的耕地占 44.3%，有喷灌、滴灌、渗灌设施的耕地占能灌溉耕地面积 17.3%。四是农垦系统现代化集约化生产能力较强。垦区土地资源富集，拥有耕地 4350 万亩，具备 500 亿斤的粮食综合生产能力和 450 亿斤的商品粮保障能力。有效灌溉面积 2784 万亩，农业机械化率高达 99.4%，在科技成果推广应用、物质装备条件、农产品质量安全水平、农业对外合作等方面均处于全国前列。

3. **粮食产能高库存多，持续供给能力强**。一方面，黑龙江粮食产能稳步提高，已经稳定在 1500 亿斤以上。特别是玉米、稻谷产量一直保持在较高水平，可以为中下游的粮食加工转化提供稳定粮源。从中长期看，我国粮食供求仍是紧平衡态势，随着粮食不合理库存消化进程加快，国内粮食相对宽松局面可能会发生改变，黑龙江粮源优势将会日益突出。另一方面，当前，黑龙江粮食库存规模占全国库存总量的 26.7%，高居全国首位；其中，玉米、稻谷和大豆库存分别占全国库存的 33.8%、42.1% 和 19%，均居全国首位。在大力发展粮食产业经济的政策导向下，庞大粮食库存提供了充足的粮食资源。黑龙江粮食加工企业“近水楼台”，就地加工的发展空间十分广阔。比如，2017 年和 2018 年上半年，通过竞价销售、定向销售等方式，共消化政策性玉米库存 2118 亿斤，其中黑龙江

738亿斤，加工成本明显降低，企业经营效益显著提升。

4. **粮食收储制度改革深入推进，市场活力明显增强**。2016年，东北地区玉米临时收储政策调整为“市场化收购加补贴”的新机制，市场配置粮食资源的决定性作用得到有效发挥，改革效果好于预期。一是多元主体踊跃入市。优粮优价的市场运行机制逐步建立，合理的品质差价、地区差价正在形成，加工效益大幅提升，粮食加工和贸易企业踊跃入市收购，收购主体由中储粮一家为主转为多元。目前，开展玉米市场化收购的企业达到1800家左右。二是玉米市场化收购比例大幅提高。黑龙江新产玉米入统企业市场化收购量占产量比例，从2015年的21%提高到2017年的82%，过去新产玉米绝大多数进入“国库”的畸形局面得到根本改善。三是市场形成价格机制逐步建立。2016年政策调整之初，黑龙江玉米收购价格下跌幅度较大，比2015年临储价格1元/斤下降了30%~40%。随着种植结构持续调整和玉米库存逐步减少，农户和企业对预期把握更为准确、经营行为更为理性，2017年新产玉米上市后收购价格同比增幅超过20%且保持稳定，消除了各方之前对玉米价格继续下滑的担忧。

5. **扶持力度不断加大，政策环境持续向好**。党中央、国务院高度重视东北地区发展，2016年习近平总书记赴黑龙江考察调研后，中央出台了《关于全面振兴东北地区等老工业基地的若干意见》，对加快发展现代化大农业、提升国家商品粮生产核心区地位、完善粮食主产区利益补偿机制等作出安排部署。2017年，国务院连续出台建立粮食生产功能区和重要农产品生产保护区、完善粮食等重要农产品收储制度、完善粮食主产区利益补偿机制以及加快推进农业供给侧结构性改革大力发展粮食产业经济的相关政策文件，为粮食主产区充分发挥粮食资源优势、建设粮食产业强省，明确了诸多政策利好，提供了难得发展机遇。国家发展和改革委员会、财政部、农业农村部、粮食和物资储备局等部门，认真落实党中央、国务院战略决策部署，对黑龙江增强粮食安全保障能力给予了一系列政策扶持。比如，2017年中央财政安排补助资金50亿元，支持16个省份实施“优质粮食工程”，其中10亿元用于支持黑龙江发展。2018年8月下旬，国家粮食和物资储备局在黑龙江省召开了全国加快推进粮食产业经济发展第二次现场经验交流会，举办了首届中国粮食交易大会和粮食产业强国建设学术报告会等系列活动，积极助推黑龙江省粮食产业高质量发展。

（二）问题挑战

1. **资源要素制约趋紧**。多年来，为保障粮食生产，东北黑土耕地长期垦殖，耕地质量呈下降趋势。近 60 年来，黑土层已由平均 60~70 厘米，减少到平均 20~30 厘米，土壤有机质含量也在下降。有机质含量过低导致土壤肥力下降、保水保肥能力减弱，部分黑土地退化严重的地区化肥越上越多，形成了恶性循环。同时，近年来稻谷种植面积逐年扩大，灌溉用水需求量不断增加。据统计，松花江—辽河流域 2016 年供水量为 698 亿立方米，其中地下水供水量 318.7 亿立方米，占总供水量的 45.7%。部分地区地下水开采量，已经超过补给量。

2. **区位交通“瓶颈”凸显**。黑龙江地处我国最东北部，在铁路、公路、海路、航空等各类交通方式中，均处于末端位置，运距长，成本高。全社会物流总费用与 GDP 的比率高于发达省份，物流成本和运力紧张已成为制约粮食产业发展的突出“瓶颈”。例如，稻谷从建三江运往大连，每斤比从吉林运往大连贵 5 分钱。2017 年以来，建三江、鹤岗、佳木斯等地临储稻谷流拍率较高，很大程度上是因运费高。同时，黑龙江产业结构以钢铁、机械、煤炭、石油、化工以及粮油、畜产品、林产品等大宗农产品为主，对物流和运力的需求总量很大，每年 10 月粮食集中上市内运均与煤炭、石油等大宗商品入关产生冲突。据统计，全省每年大约有 500 亿斤粮食、6500 万吨煤炭、1800 万立方米木材需要通过铁路运输，粮食购销旺季经常出现“煤粮争嘴”的情况。

3. **产业发展水平不高**。受历史、区位、政策等因素影响，黑龙江是粮食生产大省，但并不是粮食产业强省。近年来粮食产量总体上保持增长，但生产结构不合理，主要是单产较高的玉米和稻谷替代了单产较低的大豆、小麦，尚未实现由增产导向转向提质导向。粮食加工转化水平相对偏低，没有把丰富的粮食资源优势转化为经济发展实力。2017 年，全省粮食工业总产值、利税总额占全国比重为2.9%和1.5%，居全国第13位和第16位，与其粮食资源状况不相匹配；在全国粮食产业经济工业总产值地级市前50名和百强县中，黑龙江只有哈尔滨市和五常市入围，与山东、安徽、江苏、湖北等省份有较大差距。从加工转化能力看，粳稻、大豆等低水平加工产能严重过剩，优质产能明显不足。以大米为原料的后续加工比例仅为5.7%，稻米资源有效利用率较低，且过度集中在上游加工，下游稻壳、米糠等深加工综合利用不够；大豆深加工率不到15%，增值比只有1.5倍。玉米产业链条短，产品以淀粉和酒精等初加工为主，附加值和资源综合效益低，原粮实际加工量小，加工转化率仅有24%。

4. **企业竞争力不强**。受多年实行政策性收储影响，一些粮食企业形成了政策依赖，习惯于“买原粮、卖原粮”，缺乏市场意识和产品开发、开拓市场的主动性。粮食加工企业“小散弱”情况突出，产业集群尚处于培育期。2017年，全省1645家开工生产的粮食加工企业，年加工能力30万吨以上的只有100家左右，仅占不到6.1%。

5. **历史包袱负担较重**。为履行好保障国家粮食安全的重要使命，黑龙江多年来把大量人力、物力、财力投入农业生产，在客观上压缩了二、三产业的发展空间；特别是财政收入一直在全国各省份排名相对偏后，影响了对粮食产业发展的政策资金扶持力度。多年积累形成的历史包袱较重，政策性粮食财务挂账问题尤为突出。

## 三、功能定位

习近平总书记多次强调，对于我国这样一个人口众多的发展中国家来说，解决好吃饭问题始终是治国理政的头等大事，粮食安全这根弦丝毫不能放松。近年来，我国粮食安全形势正在发生深刻变化。粮食产量已连续5年稳定在1.2万亿斤以上，粮食供求的主要问题已由总量不足转变为结构性矛盾，优质粮油产品供给亟须增加。受消费稳步增长和资源环境制约双重影响，紧平衡是长期态势。同时，国际地缘政治风险加大，不确定性因素增多，保障国家粮食安全，在应对风险挑战、维护国家安全大局中的作用显得尤为重要。当前中美经贸摩擦中，大豆等农产品成为关注焦点，就充分说明了这一点。面对新时代保障国家粮食安全的新形势新要求，既要在粮食总量上充分供给，也要在产品结构上优化升级，加快构建更高质量、更有效率、更可持续的国家粮食安全保障体系。

张务锋局长在黑龙江调研粮食产业高质量发展情况

作为最大的粮食主产省，黑龙江有责任、有优势、有能力为保障新时代国家粮食安全作出更大贡献。加快推动黑龙江粮食产业高质量发展，要坚持以习近平新时代中国特色社会主义思想为指导，深入贯彻落实党的十九大精神和习近平总书记关于“粮头食尾”“农头工尾”的重要指示精神，坚持稳中求进的工作总基调，牢固树立新发展理念，围绕粮食安全、乡村振兴、健康中国等战略大局，扎实推进农业供给侧结构性改革，实现由粮食生产大省向粮食产业强省的转变。立足现有基础，综合比较优势，着眼未来发展，黑龙江省功能定位应当明确如下四个方面。

**1. 做好国家粮食安全保障的“压舱石”**。按照“谷物基本自给、口粮绝对安全”新粮食安全观要求，黑龙江应继续抓好粮食生产，稳定粮食产能，优化品种结构，着力建设国家粳稻口粮战略保障基地，建设玉米、大豆优质粮源生产基地，在满足省内粮食消费需求的同时，为全国市场提供更高质量、更有效率的粮食供应，在保障国家粮食安全大局中发挥好“压舱石”的关键作用。统筹考虑黑龙江水土资源、环境承载能力、全国粮食供需变化趋势、宏观调控需要以及“去库存”等因素，今后一个时期，黑龙江粮食播种面积保持在2.1亿亩左右，产量保持在1600亿斤左右为宜。分品种看，玉米播种面积8500万~9000万亩，产量850亿~900亿斤；稻谷播种面积4500万~5000万亩，产量450亿~500亿斤；大豆播种面积6000万~6500万亩，产量160亿斤以上；商品粮（包括原粮和成品粮）可调出量保持在700亿斤以上。

**玉米核心产区布局**

| 哈尔滨市 | 呼兰、宾县、依兰、巴彦、木兰、阿城、双城、五常 |
|---|---|
| 齐齐哈尔市 | 龙江、泰来、甘南、富裕、依安 |
| 大庆市 | 肇州、肇源、林甸、杜蒙 |
| 绥化市 | 望奎、兰西、青冈、明水、安达、肇东、北林 |
| 佳木斯市 | 桦南、富锦 |
| 牡丹江市 | 宁安 |

**稻谷核心产区布局**

| 哈尔滨市 | 五常、巴彦、方正、通河、木兰、呼兰、延寿、依兰 |
|---|---|
| 佳木斯市 | 桦川、汤原、同江、富锦、郊区、抚远、桦南 |
| 齐齐哈尔市 | 泰来、甘南 |
| 鸡西市 | 虎林、密山、鸡东 |
| 双鸭山市 | 宝清 |
| 鹤岗市 | 绥滨、萝北 |
| 绥化市 | 庆安、北林、海伦、绥棱 |
| 大庆市 | 肇源、林甸 |

**大豆核心产区布局**

| | |
|---|---|
| 齐齐哈尔市 | 克山、克东、拜泉、讷河 |
| 黑河市 | 逊克、北安、嫩江、五大连池 |
| 绥化市 | 绥棱、海伦 |
| 农垦 | 九三、北安管理局 |

2. **争当农业现代化创新发展的"排头兵"**。顺应市场化改革形势，加快构建现代农业产业体系、生产体系、经营体系，促进农村一二三产业融合发展，推动种粮农户与粮食企业结成利益共同体，实现农民增收、企业增效、农村发展的"多赢"局面。统筹规划农林牧副渔发展，积极稳妥推进"粮改经""粮改饲"，充分利用丰富的粮食及副产物资源，积极发展畜牧、水产等产业，建设全国重要的畜牧养殖基地和畜产品饲料供应基地，不断提高农业综合效益和竞争力。注重改革创新，在发展适度规模经营、促进粮食生产者与市场对接、提供专业化市场化产后服务等方面先行先试、勇于实践，积极探索实施乡村振兴战略的有效路径。同时，全力加强黑土地保护，统筹推进环境保护、污染治理、休耕轮作等相关工作，实现绿色、生态、可持续发展。要更好地发挥农垦在现代农业建设中的骨干作用，继续深化农垦体制机制改革，全面增强农垦内生动力、发展活力、整体实力，加快建设现代农业的大基地、大企业、大产业。

3. **建成农业供给侧结构性改革的"试验田"**。毫不动摇地实施质量兴农战略，加快推进农业由增产导向转向提质导向，着力增加高端优质绿色安全粮食产品供给，走出一条因地制宜、特色突出、率先发展、培强优势的农业供给侧结构性改革之路，打造全国"三农"工作改革发展的先进典型和模范标杆。要巩固放大玉米收储制度改革成效，落实好稻谷最低收购价政策，支持引导市场化收购，精心组织政策性收购，切实维护农民利益和市场秩序。要扎实推进种植结构调整，从全国粮食供求形势和黑龙江粮食加工产业发展实际出发，稳定玉米产能，满足饲料养殖和适度精深加工发展需要；适当调减稻谷产能，增加优质粳稻供给；大幅调增大豆产能，建设全国非转基因优质大豆生产基地。

**4. 打造粮食产业经济高质量发展的“示范区”**。坚持以加工转化为引擎，延伸产业链条，加强科技创新，打造知名品牌，提高企业效益和竞争力，把丰富的粮食资源优势转化为经济发展实力，实现“大粮仓”向“大粮商、大工厂、大厨房”的转型。加快发展玉米精深加工，在提升淀粉、酒精加工层次的同时，积极开发适应消费升级需求的功能性产品，向产业高端和高端产品要效益；整合优化稻谷加工产能，改造提升落后产能，着力增加优质绿色粳稻产品供给；坚持非转基因大豆食品产业发展方向，加快打造全国乃至世界知名的非转基因大豆食品产业基地。到“十三五”末，力争全省稻谷、玉米、大豆三大品种粮食平均加工转化率由“十二五”末的36%提高到50%以上，实际粮食加工量达到860亿斤，企业年销售收入达到1550亿~1600亿元，粮食加工业产值年均增长10%左右。

## 四、重点任务

习近平总书记关于“着力优化产业结构，改造升级‘老字号’、深度开发‘原字号’、培育壮大‘新字号’”和以“粮头食尾”“农头工尾”为抓手，加快发展绿色食品产业和粮食深加工产业的重大部署，为推进粮食产业高质量发展提供了强大政治动力，指明了前进方向，也是总书记对黑龙江省提出的政治任务，必须全力抓好落实。随着粮食流通市场化和粮食经营产业化向纵深推进，粮食加工转化在粮食全产业链中的中枢和先导作用更加突出，已成为推动农村一二三产业融合发展和增强粮食产业整体实力的关键环节。紧紧围绕“两头两尾”，加快补上粮食加工业发展滞后的突出短板，是促进黑龙江省粮食产业高质量发展、建设粮食产业强省的一项重大而紧迫的现实任务。

**1. 以适应粮食消费结构升级为导向，优先发展绿色优质粮油食品加工**。随着收入水平和生活水平的不断提高，广大城乡居民的粮食消费观念和方式发生了深刻变化，不仅仅满足于“吃得饱”，而且要“吃得好”和“吃得安全、营养、健康、便捷”。黑龙江省作为全国最大的优质粳稻和有机大豆生产基地，要优先发展绿色优质粮油食品加工，不断满足城乡居民消费结构升级的要求。到2020年，构建起与黑龙江省稻米资源状况和在全国粮食安全格局中的战略地位、市场需求相适应的现代稻米产业体系，年实际加工稻谷达到320亿斤，加工转化率达到70%，年主营业务收入达到700亿元；建成与黑龙江省资源状况和在全国粮食安全（食物营养）格局中的战略地位相适应的现代大豆产业体系，年实际加工量达到45亿斤，加工转化率达到35%以上，实现年主营业务收入120亿元。

（1）**建立优质粮源保障基地**。一是稳定稻谷、大豆供给能力。黑龙江省已划定“两区”（粮食生产功能区和重要农产品生产保护区）16670万亩，是全国“两区”划定面积的1/6，其中稻谷4670万亩、大豆5700万亩。二是发展优质粮源。按照国家推进农业供给侧结构性改革和稳定发展粮食生产的部署，积极调优种植品种。重点在嫩江、松花江沿岸和三江平原，建设高端优质稻谷优势产区；在大小兴安岭沿麓的三积温带下限和四、五积温带，建设高蛋白食用大豆优势产区。

（2）**创建示范县（市）**。以松花江、嫩江沿岸和三江灌区的一、二、三积温带稻谷主产县（市、农场）为重点，推动“黑龙江大米”示范县和高端“专精特”大米加工基地建设；在黑河、齐齐哈尔、绥化、哈尔滨、佳木斯、双鸭山6个主产市和嫩江县、五大连池市、海伦市等10个年产大豆10万吨以上主产县（市），开展非转基因大豆产业示范县建设。

（3）**加快建设特色稻米、大豆产业园区**。依托稻谷主产区、产业园区、大型加工企业、关键粮食物流节点，支持建设一批国家和省现代稻米产业循环经济发展示范园区（基地）。在黑河市属区域建设1个年加工50万吨大豆健康食品产业园，全省共规划建设6~8个大豆产业园区，培育大豆产业集群，引领带动大豆产业经济健康发展。

（4）**培育壮大骨干企业**。以资本为纽带推动资源优化配置，加快培育一批具有核心竞争力和行业带动力的大型骨干企业，扶持一批成长性好、特色鲜明的中小企业，打造一批稻米、大豆食品加工的“排头兵”和细分市场的“单项冠军”。到2020年，以年加工30万吨及以上稻米加工企业为重点，全省打造10家年主营业务收入超10亿元的企业（集团）、20家主营业务收入5亿~10亿元的企业（集团）；以年大豆加工能力5万吨以上重点龙头企业和名优特产品规模以上企业为主，认定和扶持一批具有核心竞争力和行业带动力的大豆产业化重点龙头企业，培育6~8个销售收入10亿元以上企业，发挥引领示范带动作用。

（5）**着力提升“龙江好大米”整体形象**。一是建设加工原料基地。通过定向投入、专项服务、良种培育、订单收购、代储加工等方式，积极开展绿色优质特色稻米种植、收购、储存、专用化加工试点，推动稻谷适时收割、低温干燥、分品种分等级准低温储存、适度加工，提高高等级大米出米率和稻谷资源利用率。二是注重品牌引领。加强品牌建设顶层设计，完善和落实质量提升、自主创新、品牌创建、特色产品认定等措施。推广《黑龙江省绿色食品商标（品牌）使用许可规范引领》，实施品牌共创共享，支持和鼓励各类主体参与全国驰名大米商标、中国地理标识保护大米产品等申报、认证工作，培育一批像“稻花香”“小町”等具有自主知识产权和较强市场竞争力的全省和全国性稻米名牌。三是推动“黑龙江好粮油中国行”。统一组织、集中推进，加强品牌产品交易会和大型公益广告、系列专题电视宣传片、微信微博新兴自媒体等系列措施，重点宣传推介“黑龙江大米”的生态安全、绿色优质、营养健康等特色优势。讲好“黑龙江大米”故事，全面提升其品牌公信力和影响力。

（6）**强化大豆产品开发增值**。一是改造提升“老字号”。突出非转基因大豆食品安全营养特色优势，加快改造完善小包装高档食用油和豆腐、豆干、豆粉、豆奶、蛋白肉等传统产品生产装备和工艺，提高质量保障和便捷高效营销配送能力。二是深度开发“原字号”。重点扩大全粉类、发酵类和非发酵类大豆食品，功能性浓缩蛋白、分离蛋白、组织蛋白产品供给，加强改性大豆蛋白、活性蛋白粉、大豆肽粉等新兴食品基料和磷脂、异黄酮等保健食品开发，加快延伸产业链，提高附加值。三是培育壮大“新字号”，增加绿色安全、方便、营养的大豆加工食品新供给，重点发展休闲食品、方便食品、营养早餐、快餐食品、调理食品等新型加工食品，不断增加膳食制品供应种类。

（7）**建立标准引领产业发展机制**。突出优质、安全、绿色导向，对标国际先进标准，加快建立黑龙江稻米和大豆种植、加工、储存、质量安全检验监测、产品追溯、产品标识、品质评价等产业相关标准和技术规程。提升“黑龙江好粮油”团体标准的实施效果，鼓励企业推行更高质量标准，建立企业标准领跑激励机制，为发展“三品一标”等产品品牌和企业自主品牌提供支撑。同时，加强转基因粮食作物管理，严禁非法种植转基因粮食作物，严禁将转基因粮食用于食品加工；规范转基因豆油标识，维护消费者的知情权和选择权。

2. **以实施“两牛一猪”战略为契机，大力发展粮食饲料加工**。据《中国农业展望报告（2016—2025）》分析，2020年全国牛肉消费量达到860万吨，年均增长2.9%；全国猪肉消费量将增至5880万吨，新增约350万吨（折合生猪4600万头）。2017年中央一号文件提出：全面振兴奶业，重点支持适度规模的家庭牧场，引导扩大生鲜乳消费，严格执行复原乳标识制度，培育国产优质品牌；稳定生猪生产，优化南方水网地区生猪养殖区域布局，引导产能向环境容量大的地区和玉米主产区转移。农业部《生猪产业发展规划》，提出生猪产业由南向北转移，将东北四省区等列为生猪产业发展潜力增长区；《关于加快东北粮食主产区现代畜牧业发展的指导意见》，统筹指导和支持东北四省区畜牧业发展，“南猪北养、北猪南运”趋势更加明显。黑龙江省抓住这一重大战略机遇，正在以“两牛一猪”为重点，充分利用黑龙江丰富的饲料原料资源，开发优质高效和安全环保的饲料产品，提升饲料加工和安全保障水平，加快畜牧、养殖强省建设，推动由“大粮仓”向“绿色厨房”转变。

2020 年黑龙江省畜牧产业发展目标

| 项　目 | 2016 年 | 2020 年 | 年均递增 |
|---|---|---|---|
| 高品质生鲜乳产量（万吨） | 180 | 500 | 29.1% |
| 肉牛出栏（万头） | 274 | 300 | 2.3% |
| 生猪出栏（万头） | 1845 | 3000 | 12.9% |
| 禽出栏（万只） | 21452 | 40000 | 16.9% |
| 肉类产量（万吨） | 229 | 350 | 11.2% |
| 猪肉产量（万吨） | 138 | 225 | 13.0% |
| 牛肉产量（万吨） | 43 | 54 | 5.9% |
| 禽肉产量（万吨） | 36 | 68 | 17.2% |

统筹考虑保障粮食安全、优化种植结构以及环境承载等因素，我们认为，黑龙江发展饲料养殖，要从以下几个方面着手。

**（1）完善产业规划布局**。综合考虑存栏数量、生产水平、良种化程度、繁育体系、环境承载能力和发展基础条件等因素，打造奶业、肉牛、生猪、家禽四大优势产区。

畜牧产业规划布局

| 奶业优势产区 | 双城、林甸、克东、杜蒙、肇东、安达、富裕 |
|---|---|
| 肉牛优势产区 | 龙江、甘南、宾县、孙吴、农垦系统部分农场 |
| 生猪优势产区 | 巴彦、肇东、北林、望奎、汤原、龙江、富裕、桦南 |
| 家禽优势产区 | 肇东、双城、呼兰、肇州、林口、林甸、农垦系统部分农场 |

**（2）实施“粮改饲”政策**。按照稳粮、优经、扩饲的思路，统筹调整粮经饲三元种植结构，进一步鼓励种植优质饲草饲料作物，重点是增加种植青贮玉米、苜蓿等优质饲草饲料的规模，为生产高品质畜产品提供充足饲料保障。比如，对“镰刀弯”地区实施玉米结构调整，调减籽

粒玉米，扩大青贮玉米，促进种植结构优化。

（3）**鼓励改良饲料配方**。根据粮食品种的供求情况，鼓励饲料企业尽快调整配方，减少豆粕等蛋白原料添加比例，增加玉米、小麦、大麦等能量原料用量，以此调减豆粕用量，减少对大豆的需求。

（4）**建设优质绿色饲料供应基地**。玉米是饲料生产最主要的原料，在畜禽配合饲料中占比达70%。预计到2020年，通过养殖和饲料加工转化本省产玉米395亿斤左右。要根据畜牧业规划布局，以丰富的玉米资源为基础，充分发挥玉米品质优势，加快在优势产区建设优质绿色的畜产品饲料供应基地。

（5）**促进饲料加工企业发展**。截至2017年年末，全省纳入全国饲料统计报表的饲料企业476家，饲料企业加工能力1400万吨，饲料工业总产量555万吨。要强化整合品牌与资源，淘汰落后产能，加快饲料企业集团化步伐，提高产能利用率，构建起核心竞争优势。引导饲料生产企业积极与养殖场户对接，着力培育种植、饲料、养殖和加工一体化的大型粮牧企业，促进饲料原料就地转化增值。

3. **以延伸产业链条为重点，在保障国家粮食安全的前提下，稳妥发展粮食精深加工**。2017年，黑龙江玉米深加工项目建设实现新突破，山东阜丰、四川鸿展、京粮集团、厦门象屿、宁夏伊品等大企业先后开工建设9个单体产能30万吨以上的玉米深加工项目，新增深加工产能100亿斤。下一步，要重点推进一批玉米深加工产业项目建成投产，到2020年年末，全省年玉米深加工能力60万吨以上的企业达到20家，全省年玉米实际精深加工量达到400亿斤，主营业务收入450亿元。该目标需要根据玉米供求形势和市场变化趋势进行调整完善，确保在保障国家粮食安全的基础上，做到合理稳步有序发展。

（1）**明确发展方向**。突出不同区域、不同企业专业化方向，实施产品功能差异化发展。其中，**淀粉系列产品，**重点发展用于食用、造纸、纺织、精细化工等行业的特种变性淀粉；**酒精系列产品，**重点鼓励进一步提升产品品质，开发生产符合市场需求的医用、化妆品用等高品质酒精和电子级无水乙醇系列产品；**功能性系列产品**，重点发展高技术含量的功能性新型发酵制品及大宗发酵产品的衍生新产品，食品工业和医药工业用的淀粉糖系列产品，适用特种人群食用的多元醇系列产品，高分子聚合物及生物降解材料。

（2）**优化精深加工布局**。重点在哈尔滨、齐齐哈尔、佳木斯、鸡西、双鸭山、绥化区域划定的6个布局片区，根据市县生产优势、物流交通、园区承载能力保障等要素条件，推动有条件的地方建设玉米深加工产业专业园区，完善园区基础设施和配套服务功能，为项目落地提供载体和平台。加快玉米深加工项目前期工作，优先保障项目土地供应，及时协调解决项目建设中遇到的问题和困难，保证项目按照计划时间和规模尽早建成投产。

（3）**引导企业做强做大**。推动企业加快技术改造和创新升级，依据市场需求调整产品发展方向，延伸产业链条和提升产品附加值，提高企业市场核心竞争力。引入有实力的企业，实施同类产品、上下游企业兼并重组、战略合作等方式，整合年处理玉米30万吨以下产能。引导企业强化市场营销，扩大国内外市场占有率，形成一批有行业影响力的龙头企业集团。

（4）**适度发展燃料乙醇项目**。目前，黑龙江拟在全省布局9个玉米燃料乙醇项目。严格落实国务院决策部署和规划布局，统筹推进玉米生产、燃料乙醇生产、乙醇汽油推广等相关工作，更好地服务国家粮食市场调控和粮食质量安全保障水平提升，守住“不与民争粮、不与粮争地”的底线。

（5）**发展绿色循环经济**。积极推动稻米资源综合利用，鼓励支持企业探索多途径实现稻米副产物循环、全值和梯次利用，深度开发米糠蛋白、米糠多糖等深加工系列产品，提高稻壳、稻秆综合利用效率，重点向稻壳发电和化工产品开发方向拓展和延伸。

## 五、政策措施建议

黑龙江省在保障国家粮食安全中的重要作用不可替代。加快推动黑龙江省粮食产业高质量发展，对于优化调整种植结构，保护农民种粮积极性，增加绿色优质粮食产品供给，推动建立更高质量、更有效率、更可持续的粮食安全保障体系，具有重大现实意义。调研发现，黑龙江全省上下对于抓好“两头两尾”、加快推动粮食产业高质量发展，有着极为坚定的信心和决心，凝聚了高度共识和行动。下一步，黑龙江省将进一步发挥主观能动性，加强组织领导，研究制订粮食产业发展中长期规划，建立粮食产业发展基金，大力推动产业链、创新链、价值链“三链协同”，统筹建设示范市县、特色园区、骨干企业、优质粮食工程“四大载体”，实施优粮优产、优粮优购、优粮优储、优粮优加、优粮优销“五优联动”，加快健全完善现代化粮食产业体系，全力推动粮食产业高质量发展。但是，黑龙江省也确实面临许多实际困难，地方政府、粮食企业和种粮农民提出了许多意见建议，呼吁和恳请国家层面进一步加大扶持力度。主要集中在以下五个方面。

**1. 加快推进粮食收储制度改革，健全粮食生产者综合补贴制度**。坚持市场化改革取向和保护种粮农民利益并重的原则，按照价补分离的总体思路，加快推进粮食收储制度改革。一是进一步完善稻谷最低收购价政策。剥离“保增收”功能，增加政策弹性，让价格真正反映市场供求，实现优粮优价。二是健全粮食生产者综合补贴制度。将中央财政对多个粮食品种的生产者补贴“打包”，统一拨付相关粮食主产省；由省级政府根据种植结构调整需要，提出补贴方案，报国务院批准后实施。

**2. 建立国家粮食安全贡献补偿机制，提高主产区政府重农抓粮积极性**。多年来，粮食核心主产省在为国家粮食安全作出重要贡献的同时，往往也在区域经济发展、财税收入等方面作出了一定牺牲，产粮大省一般都是财政困难省份。国家一直强调对粮食主产区进行利益补偿。为充分调动主产区政府抓粮、农民种粮、企业兴粮“三个积极性”，应建立国家粮食安全贡献补偿机制，对粮食净调出量超过一定规模的主产省，在产粮大县奖励之外，由中央财政按照粮食实际净调出量给予适当补贴。补贴资金由省级人民政府统筹安排使用。

**3. 加大生态环境保护力度，推动绿色可持续发展**。黑龙江是保障国家粮食安全的“压舱石”，这一定位是着眼中长期发展的，面对资源要素的刚性制约，需要高度重视环境承载能力，保护好“绿水青山”。一是加大黑土地保护力度。在黑龙江省扩大秸秆还田、定期深松整地、耕地质量保护与提升补贴规模，加快高标准农田建设。二是扩大轮作和休耕试点规模。重点在第三、四、五积温区集中连片开展轮作试点；在地下水超采区部分县市扩大井灌稻休耕试点规模。三是加强畜禽养殖废弃物资源化利用。支持规模养殖场建设粪污处理利用配套设施，开展专业化集中处理；支持大型养殖企业与周边种植大户、合作社开展合作，实现有机肥就近就地还田。

**4. 强化系列扶持政策，大力发展粮食产业经济**。黑龙江粮食资源丰富，发展产业经济的潜力巨大，但在不少环节上“短板”“弱项”也比较突出，需要进一步加大扶持力度。一是用好粮食“去库存”政策。销售底价适当拉开地区价差，并根据品质状况安排定向销售。二是完善粮食收购金融担保政策。将黑龙江粮食收购贷款信用保证基金的规模由10亿元扩大到20亿元，同时完善风险分担机制；将粮食产业化龙头企业融资担保服务纳入农业信贷担保体系政策性业务范围，并适当提高单个经营主体在保余额限制。三是支持黑龙江省实施“优质粮食工程”。在中央补助资金总体框架内，对黑龙江等粮食核心产区予以倾斜。四是进一步完善粮食加工奖补政策，合理确定政策执行范围和时间。五是完善粮食运输支持政策措施。综合考虑公铁比价、实际运量、权重等因素，对黑龙江省铁路外运粮食及深加工产品给予运费补贴。六是加大税收政策扶持。将粮食初加工企业适用10%增值税税率的政策范围扩大到主食品加工企业，明确粮食产业化龙头企业享受农业产业化龙头企业的税收优惠政策。七是实施用地支持政策。指导地方国有粮食企业在改革中采取县级以上政府依法作价出资（入股）方式处置原生产经营性划拨土地。八是建立电力普遍补偿机制。筹集调配由国家统一使用的电力普遍服务资金，对黑龙江等电力普遍服务比重大、度电成本高、交叉补贴负担重、工商业电价过高和农网改造资金缺口大的省份，给予倾斜支持；同时，对符合农产品初加工范围的粮食企业执行农业生产用电政策。九是研究适当支持黑龙江优势粮食品种出口。

5. **统筹用好“两个市场两种资源”，加快振兴东北大豆产业**。黑龙江是我国最大的大豆产区，建议对黑龙江大豆产业进行大力扶持。一方面，完善补贴政策，鼓励大豆生产，开展大豆良种培育，增加国内优质大豆供给；另一方面，依托“一带一路”，加强与俄罗斯的粮食合作，以资金和劳务输出等方式，在远东和西伯利亚地区建立大豆生产基地，拓宽大豆进口渠道。此外，进一步加强与巴西、阿根廷、乌克兰和印度等国家的合作，加快形成多元化大豆进口格局。

# 地方经验

# 地方发展粮食产业经济的创新经验综述

2017 年 9 月，《国务院办公厅关于加快推进农业供给侧结构性改革大力发展粮食产业经济的意见》（国办发〔2017〕78 号）印发以来，各省（区、市）认真贯彻落实文件精神，并按照滨州会议要求，积极向本省（区、市）政府沟通汇报，29 个省（区、市）政府办公厅印发了发展粮食产业经济的实施意见，明确目标任务，分解任务分工，提出保障措施，为发展粮食产业经济打下了坚实基础。一年来，各省（区、市）结合自身特点，因地制宜发展粮食产业经济并取得明显成效，主要创新举措如下：

## 一、充分发挥品牌引领作用

山西省坚持“政府推动、龙头带动、质量为先、宣传推介、创新驱动”，着力打造“山西小米”区域公共品牌形象。“山西小米”荣获“2017 年最具影响力的山西农产品区域公共品牌”。2018 年，在全国粮食科技活动周——“山西小米”专题精品展和首届全国小米品鉴大会上，13 个“山西小米”产品榜上有名。湖北省依托长江黄金水道，着力打造“荆楚大地”公共粮油品牌，通过强化标准引领，强化政策扶持，强化销售平台建设，强化品牌推广宣传，扩大了“荆楚粮油”品牌影响力。截至目前，湖北粮油加工业已争创 34 个中国驰名商标，282 个产品获绿色、有机或无公害等称号，一批产品获国家地理标志。黑龙江省持续开展“黑龙江好粮油专项行动”，组建营销联盟和黑龙江大米网，制定地方标准，建立仓储物流公共仓等措施，合理打造品质优良、口感香醇的黑龙江大米品牌。五常市规范产地证明标识，升级溯源防伪系统，制定五常大米标准，加强产地保护，持续推进品牌建设。吉林省依托北纬45°“世界黄金水稻带”的生态优势，积极实施“吉林大米”品牌战略，严抓质量管理，深挖品质内涵，实施“产业联盟+”战略，拓宽营销渠道，让“吉林大米”跻身国内大米名品行列。北京市积极落实“中国好粮油”行动，深入开展标准引领、质量测评、健康消费宣传、营销渠道和平台建设。广西壮族自治区立足于“一带一路”交汇对接和陆海统筹重要节点这一独特区情，依托区域粮食资源优势，以实施“广西香米”品牌战略为重点，建立广西香米质量保障体系，已培育出多个大米国家地理标志产品。贵州省充分发挥“山地公园省”地理、气候、环境等方面的优势，打造贵州好粮油的整体品牌形象，目前全省有10个产品获得中国名牌产品称号或国家地理标志认证。

## 二、积极推动产业集聚发展

黑龙江省坚持“统一规划、布局合理、产业集聚、可持续发展”和高起点、高标准、高科技的理念，推动现代化粮食产业园区建设，打造高质量粮食产业。目前，已新增玉米深加工产能131亿斤，预计到2018年年末可累计达400亿斤。齐齐哈尔阜丰生物发酵项目一期已达产，2019年三期工程完成后，玉米加工产能将达到60亿斤。浙江省通过加强粮食产业园区、物流园区、电商园区建设，着力推进粮食产业集聚发展，初步形成了以舟山油脂加工、嘉兴饲料加工、杭州食品加工、绍兴黄酒加工、台州粮机制造等为代表的地区特色产业集群。其中，舟山园区已成为我国东部沿海重要的进口粮食集散中心和油脂加工贸易基地。山东省集中发力出台粮食产业支持政策，将滨州国家级粮食产业循环经济示范区、临沂鲁南国际粮油城等纳入省新旧动能转换重点建设内容，济宁江北粮食物流园区、中裕三产融合发展示范园列入省新旧动能转换100个重点项目。广东省以广州、深圳为核心，打造主食产业集聚区；以梅州、河源为核心，打造客家主食产业集聚区；以汕头、潮州为核心，打造现代化潮汕小吃产业集聚区；以茂名、湛江为核心，打造米面制品加工集聚区。重庆市以粮食仓储物流园区、国家现代粮食产业发展示范园区为龙头，助推粮食产业经济集群化发展。巩固完善江津德感粮油加工园区、涪陵临江粮油加工园区和白市驿粮食物流园区等粮油仓储港口物流园区的粮油加工企业与粮油仓储物流企业联盟，实现粮油及其加工品的供应链条管理。天津市加快推进临港物流园20万吨筒仓项目建设和军粮城国家粮食储备库功能提升改造建设，逐步完善粮食物流园区功能。通过与黑龙江大米网合作加强与主产省产销合作，积极引进绿色优质粮源进津。逐步打造集安全储粮、四散流转、加工供给、营销流通、应急保障于一体的全链条粮食物流园区。新疆维吾尔自治区充分利用乌鲁木齐国际陆港区建设契机和丝绸之路经济带核心节点建设、国家级流通节点城市、全国性物流节点城市等优势，打造集粮油仓储设施、粮油物流中转、粮油交易、粮油品质监测、主食供应、军民融合军粮供应为一体的国际粮油食品产业园区。

## 三、扎实推进“优质粮食工程”建设

四川省念好“优、绿、特、强、新、实”六字经，突出优粮优价，持续深化“专业化服务、社会化组织、信息化建网”的粮食产后“五代”服务体系建设，逐步形成土地合作社主导型、国有企业主导型、联合社主导型三种模式；突出优粮优储，推进绿色低温储粮，规划从2014年起用5~7年时间建设粮食低温储备库173个、总仓容607万吨，占全省有效仓容的50%以上；突出优粮优加，推进“中国好粮油”四川行动示范县10个、省级示范企业2个和中央在川粮企示范工程2项；突出优粮优销，已建及在建粮食质量可追溯体系和质量监管平台18个。江苏省将“优质粮食工程”作为地方粮食工作的头号任务来抓，着力推进盱眙龙虾米、阜宁大米和宝应大米等地方特色粮油产品培育提升；推进泗洪稻米小镇、兴化戴窑米市等建设，构建行业特色服务新平台；推广盐城、南通、苏州等地粮食部门在国家“五代”基础上延伸行业服务功能。全省总投资5.7亿元，支持建设7个“中国好粮油行动示范县”、2个省属国有企业和2个央企示范企业、18个县58个粮食产后服务中心和49个县级粮食质检机构。山东省大力实施优质粮食工程，利用中央和省财政支持近5亿元，带动社会投资9.4亿元，“中国好粮油”行动计划1市7县27家企业、质量检测体系1市24县、产后服务体系82县174家企业。江西省立足江西绿色生态优势，深入实施“中国好粮油”行动，大力发展优质大米、富硒功能大米、有机大米等优势品种，积极建设集“五代”业务于一体的粮食产后服务中心，推广应用绿色生态储粮技术，加快实施“智慧赣粮”工程，加强省、市、县三级粮食质量检验监测机构建设，推进地方国有粮食收储企业质量安全保障能力升级改造，提高常规质量、储存品质和卫生安全等方面的综合检验监测能力，为全省粮食产业健康发展保驾护航。广西壮族自治区结合扶贫攻坚精准施策，推动“优质粮食工程”粮食产后服务体系建设，2018年起，计划投入9000万元专项资金为20个自治区深度贫困县配置20万套农户科学储粮装具。

## 四、培育壮大粮食产业化龙头企业

安徽省通过政策资金扶持、产业园区转型升级、创新体制机制等措施，促进龙头企业做大做强，依托粮油产业化龙头企业带动产业集聚发展，构建全省粮油加工骨干支撑体系。目前，全省拥有粮油类国家级农业产业化龙头企业23家、省级农业产业化龙头企业283家，其中，33家企业进入2017年度全国粮油加工业“50强”。湖南省始终坚持创新引领，实施“扶大扶强扶优扶特色扶品牌”工程，通过政策引领、资金扶持等综合施策，着力培育粮食产业化龙头企业，推动一批粮油产业项目走在全国同行业前列。截至2017年年底，全省粮油类国家级龙头企业达18家、省级龙头企业141家，其中，跻身全国米面油食品“50强”企业11

家，上市企业10家。浙江省全面实施粮食产业化龙头企业培育工程，积极落实扶持政策，加大招商力度，开展考察对接，助力粮食产业化发展。2017年，被认定为国家重点支持的粮油产业化龙头企业21家；省级以上产业化龙头企业达57家，其中国家级5家。河北省以供给侧结构性改革为契机，依靠龙头企业带动，推动粮食产业化发展，促进粮食产业经济规模化、集约化水平不断提高，省级以上产业化龙头企业达90家，国家级19家。云南省高度重视培育粮油食品加工龙头企业，积极引导土地、资本和人才等要素向重点龙头企业集聚，大力实施农业产业化经营项目和龙头企业带动项目，培育出一大批粮油加工龙头企业。截至2017年，全省亿元以上涉粮企业72家，国家级农业产业化龙头企业7家，省级农业产业化龙头企业239家。

## 五、积极发展粮食循环经济

北京市积极发展粮食循环经济，探索出粮油副产物循环综合利用。首农集团在双河农场建立30万吨/年稻谷加工及综合利用项目，推动建设稻谷加工、米糠膨化和稻壳发电项目。河北省积极推动“仓顶阳光”工程建设，目前，启动了张家口冀北粮油园区5.5兆瓦屋顶分布式光伏发电项目，一期装机容量2.8兆瓦经安装调试实现并网发电。江西省大力发展稻米副产品综合利用，形成较为完整的循环经济产业链条。金佳谷物和圣牛米业公司发展稻壳发电项目，将稻壳用于发电和供热，稻壳灰用于加工生产建筑材料和炭黑等。山东省大力发展粮食循环经济，德州实施“仓顶阳光工程”，滨州积极打造国家级粮食产业融合循环经济示范区。

## 六、增强粮食企业发展活力

各地适应粮食收储制度改革需要，深化国有粮食企业改革，加快转换经营机制，增强市场化经营能力和产业经济发展活力。上海市坚持政企分开、政资分开、所有权与经营权分开，进一步转变政府职能，完善粮食国有资产集中统一监管体制。以产权为纽带，扎实推进良友集团和南汇国家储备库等国有粮食企业优化重组，推进国有粮食企业股份制改革，优化资本配置，实现投资主体多元化、经营机制市场化，进一步提升了全市的粮食安全保障能力和企业发展活力。广东省坚持市场配置、政府引导、企业运作原则，通过调整企业组织结构，按照现代企业制度要求建立技术创新能力和市场竞争力强的现代大型企业，已培育年销售收入10亿元以上的企业16家；促进中小企业向“专、精、特、新”方向发展；随着粮食流通体制改革不断深化，多种所有制粮食企业蓬勃发展，民营、外资、港澳台资企业也逐渐进入广东省粮食加工行业并占据一定市场份额。

## 七、积极发展新业态

北京市积极发展新业态，鼓励企业发展“互联网＋粮食”，推广“网订店取”和“网订店送”等经营模式，促进线上线下融合，创建爱煮食电商平台。山西省注重经营业态创新，实施“互联网＋粮食”行动，成立山西小米运营中心等省级交易平台，推动山西小米在阿里巴巴、京东等大型电商交易平台上做大做强，不断完善线上营销网络。重庆市积极促进粮食新业态发展，鼓励粮企积极发展“互联网＋”，重庆健康产业公司建设线上“有机商城”销售平台，拓展新世纪、重客隆等商超渠道，效果显著。江津区通过建设线上销售平台和线下实体专卖店，提升粮油销售能力。

## 八、大力促进主食产业化

天津市培育知名品牌和大型主食产业化龙头企业，建设主食产业化示范区，引导企业由单一的生产加工逐步向产业化、现代化方向发展。不断提高面制品主食产量，丰富面食产品的种类。目前，“利达主食大厨房”项目日产放心馒头已达200万个，花色品种达11种，其所属主食销售点和面粉直销店达600多家，专有配送车辆40余辆。河北省积极推动以大众厨房为主要内容的主食产业化，陆续建成了石家庄家家惠大众厨房食品有限公司、廊坊民生源早（快）餐有限公司、保定大众厨房配送中心、邯郸复兴粮油公司主食厨房、唐山军粮食品有限公司、邢台粮油集团民天商贸有限公司、邢台市东郊粮库等主食产业化项目。江西省重点发展以米粉、面条和早餐主食为主体的粮食主食产业化，构建适应多元化、多层次、个性化消费需求的主食产业体系，提升主食产品社会化供应能力。会昌五丰米粉占到全国出口市场份额的60%。江西益家食品投资5000万元建设速冻主食产品深加工企业，产品包括馒头、蒸包和干鲜面等几十种产品。陕西省在全省推广“西安爱菊”模式，大力培育主食产业化龙头企业，先后安排3000万元专项资金推进主食产业化，支持企业开发绿色健康、营养安全的主食产品。目前，全省20多个县（区）已有主食产业化龙头企业，主食产业化开始向县区延伸。

## 九、支持多元主体协同发展

湖南省致力于拓展粮食行业发展新空间，探索组建产业联盟，有序推进油茶、挂面、菜籽油、米粉、杂粮、优质大米等产业联盟组建工作，以联盟促融合。以“浏阳河山茶油品牌”为依托的首个茶油产业联盟已于2018年4月成功组建，湖南独具特色的茶油产业步入创新发展快车道。山西省遴选具有绿色认证、基地化种植、规模化加工的12家龙头企业组建“山西小米”产业联盟，实现优势互补和资源共享；成立“山西小米”产业联盟专家技术委员会、粮油标准化技术委员会等机构，推动科研立项、成果转化，促进品牌发展；与原国家粮食局科学研究院合作，开展全省杂粮分布图、杂粮区域发展规划等研究工作；对接山西农业大学，开展新产品研发、新工艺提升等基础性和应用性研究。宁夏回族自治区推动辖区内7家大型稻谷储备、加工、销售龙头企业，组建了“宁夏大米产业联盟”；以宁夏亚麻籽产品及蛋白科学研究院士工作站为基础，组建了“宁夏亚麻籽油产业联盟”；以区内外19家大型玉米龙头企业为载体组成联合体，组建了“宁夏玉米分会”。通过优质粮食区外推介活动，“宁夏大米产业联盟”6家企业协议销售“宁夏大米”15.07亿元，“宁夏玉米分会”19 家企业协议销售“宁夏精品玉米”72 万吨。

## 十、强化粮食科技创新和人才支撑

山东省积极推进“四新”促“四化”，通过“科技兴粮”加快粮食产业智慧化。国家粮科院联合山东多家科研机构和企业组建粮食科技创新联盟等科技创新平台，鲁花集团花生油脂与蛋白精深加工实验室获评省级重点实验室，中国科学院技术支持的全球首条万吨级小麦糊粉层产业化示范线在阳信开建。福建省与原国家粮食局科学研究院、江南大学和河南工业大学等高校建立科技合作关系，利用产销协作洽谈会平台发布粮油科研成果，组织开展粮食科技产学研对接，近两年就征集到粮食科技项目 498 项，成功对接 46 项；充氮气调、惰性粉防虫和光电色选机等一系列仓储和加工新技术得以落地转化，有效提高了全省储粮和粮食加工科技水平。目前，全省应用气调储粮技术仓容占比 16.6%；达到低温准低温标准的仓容占比 24%，为优质粮食储存提供技术支撑。江苏省充分利用辖区内涉粮高校和科研院所聚集的优势，加强产业技术创新联盟、技术研发中心建设，攻克粮食科技难题，提升产业核心竞争力。目前，江苏省已成立国家级研发中心 6 家、省级研发中心 31 家，创建食用植物油、优质小麦、优质稻米、粮机装备、新型饲料 5 家国家级、省级产业技术创新联盟；率先建成省级智慧粮食云平台和 13 个设区市市级综合信息管理平台，建成不同层次的数字化粮库近 800 家，通过合作开展新产品、新科技研发，努力培育本省粮食产业经济新的增长点。内蒙古自治区坚持以企业为主体推进产学研联合，支持创新要素向企业集聚，加快培育一批具有市场竞争力的创新型粮食领军企业。禾为贵农业先后与国内 18 家科研机构开展产学研合作，共建农作物育种科研平台；聘请国家谷子产业首席科学家刁现民组建了禾为贵小米研究院，选育出敖谷金苗、敖红谷、墩谷等 8 个新品种，提高了敖汉小米在全国的知名度。陕西省认真贯彻落实“科技兴粮”实施意见，推动省粮油科学研究院与陕西农林科技大学、西北大学等专业研究院所合作，建立产业联盟，推进科技创新与大健康产业深度融合，促进健康产业高质量发展。安排1400万元支持省粮油科学研究院建立健康产业研发中心，围绕小杂粮和富硒粮油，以“药食同源”的思路重点研发具有陕西特色的优质健康粮油产品。目前省粮油科学研究院研发的“功能性食品康养益元粉”已申报国家发明专利。西藏自治区积极推动青稞加工研发平台、资金、科研成果向企业转化，取得了良好进展，2016年以来，每年投入上千万元。启动特色农产品加工重大专项，以自治区农牧科学院为主体，已开发六个系列60余种青稞产品。以日喀则、拉萨、山南地区青稞生产基地为依托，选择有实力的加工企业开展成果转化，开发有机青稞米、糌粑、青稞麦片等大众食品和胶囊、β－葡聚糖等保健、养生功能系列产品，在青稞产业化产品开发等方面取得了一系列科技成果。

## 十一、加大财税扶持力度

湖北省充分利用粮油精深加工贴息、产粮（油）大县奖补、粮食科技创新及成果转化和人才兴粮等政策资金，大力支持品牌创建工作。每年省级财政统筹用于粮食产业发展资金达到8亿元以上。2016年以来，每年安排3000万元财政专项资金用于荆楚粮油品牌营销宣传。河南省安排财政资金8000万元，对遴选的首批河南省好粮油加工企业，给予财政补助和贴息支持，助力企业发展。吉林省出台玉米和大豆加工企业的补贴政策，促进玉米和大豆产业健康持续发展。浙江省全面落实大米加工企业享受农业生产用电价格的政策，企业用电成本下降近1/3。支持企业参与储备粮业务，省本级安排33万吨储备规模开展动态储备试点。有关市、县设立涉粮企业成长专项扶持资金，支持企业发展。福建省省级财政安排专项资金补助粮食应急加工体系建设、粮食加工企业技术改造、“放心粮油”供应网络建设、创建粮食品牌和粮食产业化发展。2017年起，每年安排2000万元粮食产业发展资金，扶持粮食应急加工企业项目及粮食加工企业技术改造；针对增储后仓容缺口问题，新一轮粮库建设安排13亿元，用于省级粮库建设和市县粮库建设补助，新建254万吨仓容预计 2018 年年底前基本建成。广西壮族自治区实行粮食直补与储备订单收购挂钩政策，截至 2018 年，全区粮食直补范围扩大到 59 个县、订单粮食收购计划增至 80 万吨，自治区财政安排粮食直补资金 2 亿元。海南省加大财政资金投入，大力开展粮食仓储物流设施建设，“十三五”期间新建储备仓容 23.7 万吨；投入 2998 万元维修改造危仓老库，维修改造仓容 23 万吨；支持内蒙古恒丰食品工业集团在海南洋浦保税港区建设 50 万吨仓容的标准化粮食仓储设施，大幅提升全省粮食仓储物流能力。

## 十二、健全金融支持政策

黑龙江、吉林、辽宁、内蒙古、河南、江苏等省区充分发挥粮食收购贷款信用保证基金的支持引导作用，解决企业融资难问题。黑龙江基金规模达 5.3 亿元，累计为 99 家企业发放贷款 28.3 亿元；充分利用国家支农再贷款政策，累计为 21 家粮食加工企业提供低息流动资金贷款支持 28.8 亿元；协调落实粮油产业化龙头企业重点支持政策，12 家企业获得农业发展银行 8.28 亿元贷款；利用农业信贷担保体系，为粮食加工企业提供融资担保 10 亿元；2017 收购期，省内各类金融机构累计投放市场化粮食收购贷款 448 亿元，支持收购粮食 435 亿斤，保障了粮食企业收购资金需求。陕西省粮食局与陕西粮农集团、秦农银行签署协议，设立 100 亿元粮食产业发展基金，搭建起粮食产业发展融资平台，为粮食企业提供融资服务，同时制定《陕西省优质粮油产业项目融资补助办法》，安排 1000 万元对重大粮食项目和粮食物流产业园区等给予贷款贴息补助。

# 品牌引领　品质优良
# 全面提升五常大米产业新形象

五常市人民政府

五常市位于黑龙江省最南部，辖区面积 7512 平方千米，辖 24 乡镇，人口 103 万，耕地面积 428.8 万亩，其中水田 235.5 万亩，年产优质水稻 24.2 亿斤。2011 年，被中国粮食行业协会授予“中国优质稻米之乡”称号。

五常大米是五常的名片，先后获得“中国地理标志保护产品”“产地证明商标”“中国名牌产品”“中国名牌农产品”和“中国驰名商标”，2017 年品牌价值达到 670.7 亿元。近年来，五常市从“溯源防伪保真的、专项整治打假的、拓宽渠道售好的、宣传引导选对的、提标立规管实的”等方面多措并举，加强五常大米品牌建设与保护工作。

## 一、科技创新引领，筑牢五常大米产业基地

制定了《五常市做大做强稻米产业实施纲要》，指导五常大米产业发展。**一是实施节水扩稻工程**。通过完善灌区续建配套、渠系硬化和暗灌明排改造、实施旱耙泡田等措施，新增水田 20 万亩。**二是推广水稻栽培技术**。推广鸭稻共生、土著农耕、纸膜覆盖除草等种植模式和病虫害防治技术，水稻种植实现绿色全覆盖，有机水稻达到 90 万亩。**三是完善农业基础设施**。累计投资 15 亿元，完善农业基础设施。2018 年推进了国家现代农业产业园 45 万亩水稻核心区建设，启动龙凤山 40 万亩生态灌区

规划设计。**四是加快研发优质水稻品种**。按照王文涛省长提出“种植一批、储备一批、研发一批”的要求，建设良种繁育基地3万亩，采用基因组编辑育种技术，对“五优稻四号”品种提纯复壮。

鸭稻共生

## 二、加强产地保护，夯实五常大米品牌建设

在国家、省市的高度重视和大力支持下，五常市持续推进五常大米品牌建设和保护工作。**一是规范产地证明标识**。成立专门机构对五常大米生产经营企业进行监督管理，指导和帮助企业申请产地证明标识使用资格，推广规范五常大米标识使用。目前，全市有271家企业经国家市场监管总局核准使用地理标志产品专用标志。**二是升级溯源防伪系统**。完成国内一流的农业物联网服务中心，组建五常大米网，完善五常大米防伪溯源体系，实现大米从种植到收割、从生产到销售的全程监控。目前，已有121家企业1185万件产品投入市场。**三是制定五常大米标准**。按照高于国际高端大米标准，对五常大米从良种繁育、浸种催芽、育苗插秧、收割仓储到加工销售的27个流程99道工序，逐一细化，制定出种子、环境、种植、投入品等八项标准，建立五常大米标准体系。

五常农业物联网服务中心

## 三、创新营销模式，提升五常大米品牌价值

制订了《五常大米品牌塑造与创新工作方案》，创新营销方式，线上线下同步发力，提升五常大米品牌影响力。**一是扩大宣传推介**。先后在西安、上海、宁波、厦门、深圳等地开展五常大米推介活动。2018 年，举办了“五常市长年夜饭”“水稻开耕文化节”等活动。这些活动既宣传了五常大米溯源防伪体系，又促进了粮食产销合作。**二是拓展线上销售**。制订了《五常稻米产业升级版营销战略方案》，推进国家电子商务进农村综合示范县项目，与阿里巴巴合作开设五常大米天猫官方旗舰店，实行原产地直供、五常市政府推荐、企业“假一赔十”承诺。全市已注册电商企业 44 家，电商平台注册店铺 3265 个，2017 年实现线上交易额 35.5 亿元，同比增长 31%。**三是布局线下销售**。2018 年，五常市在哈尔滨太平国际机场、中央大街、华南城设立五常大米官方旗舰店，并逐步在全国 8 个城市的华南城设立五常大米官方旗舰店，拓展五常大米全国营销布局，扩大五常大米在高端市场的占有率。**四是建设五常大米交易中心**。五常市正在筹建五常大米交易中心项目，通过拍卖交易、订单交易、电子交易等方式，把握五常大米市场定价权、话语权，实现“五增”目标。

## 四、推动资源整合，延伸五常大米产业链提升价值链

五常市致力于优化五常大米产业结构，延伸产业链条，提升价值链，强市富民。一是培育龙头加工企业。五常市培育乔府大院、金禾等本土稻米加工龙头企业，引进中粮、东方等大型企业集团。目前，全市有年加工 10 万吨以上企业 10 家，年纳税额超百万元米业企业 5 家，乔府大院和五米常香公司已在新三板上市。二是完善仓储物流配套。全市地方国有粮食购销企业和大米加工企业仓容达 630 多万吨，铁路专用线 7 条，物流企业有 130 家。物流配送中心已投入运营，48 小时内可到达除拉萨、乌鲁木齐以外的其他省会城市。三是延伸五常大米产业链。按照“粮头食尾”“农头工尾”要求，建成乔府大院米糠油、秸乐育秧基质板等项目，推动碎米、米糠、稻壳、秸秆综合利用，促进五常大米产业生态循环发展。四是融合一二三产业发展。以创建国家现代农业产业园为契机，突出“中国稻乡 · 生态五常”主题，启动了五常稻米文化博物馆、卫国乡田美小镇等项目建设，提档升级乔府大院现代庄园等田园综合体项目，打造“生态 + 农业 + 旅游”发展模式，推动一二三产业融合发展。

五常大米博物馆

# 认真落实“粮头食尾”和“农头工尾”要求加快推动粮食产业经济转型发展

黑龙江省粮食局

近年来，黑龙江省坚持以习近平新时代中国特色社会主义思想和习近平总书记对黑龙江省重要讲话精神为统领，认真落实国家部署，加快推进农业供给侧结构性改革，坚定不移推动“粮头食尾”“农头工尾”，大力发展粮食产业经济。全省粮食总产量连续5年稳定在1200亿斤以上，粮食精深加工快速发展。2017年全省粮食加工大项目建设累计投资100亿元以上，粮食加工转化率达到46%，同比提高10个百分点。2018年上半年，全省累计实际加工原粮318亿斤，产品销售收入452亿元，同比增幅分别为31%、32%；实现工业产值461亿元，同比增幅28%，占全省工业总产值11.3%，同比上升4.5个百分点。玉米、水稻、大豆三大主粮加工业全面盈利，呈现“一升、一平、一好转”特点，整体发展态势持续向好。

## 一、提高政治站位，全面落实习近平总书记战略要求

黑龙江省委省政府把推动粮食产业发展，作为贯彻习近平总书记提出的争当农业现代化建设排头兵、当好维护国家粮食安全“压舱石”和做好改造升级“老字号”、深度开发“原字号”、培育壮大“新字号”三篇大文章、推进“粮头食尾”“农头工尾”等重要战略要求的实际举措，把食品和农副产品精深加工业作为黑龙江振兴发展的支柱产业，并将其列为市（地）县

经济社会发展的主要考评指标之一。省委主要领导直接研究部署，省政府主要领导负总责，分管省领导直接组织推进，形成了省市县层层压实责任，省直部门分工负责，各方面协同联动、合力推进的良好氛围。

## 二、强化产业链价值链供应链，发展高质量粮食产业

按照国家和省委省政府部署，省粮食局抢抓玉米收储制度改革等机遇，实施粮食精深加工业发展重点推进行动。**一是上项目强能力**。强化产业项目兴粮和高起点精准招商，近 3 年来，通过落地建设北安、富锦、讷河以及绥化象屿、齐齐哈尔阜丰、青冈京粮、双鸭山鸿展、大庆伊品等大项目，已新增玉米深加工产能 131 亿斤，预计到 2018 年年末，累计可达到 400 亿斤。**二是建园区促集聚**。坚持“统一规划、布局合理、产业集聚、可持续发展”和高起点、高标准、高科技的理念，推动现代化粮食产业园区建设。龙江阜丰玉米生物发酵项目，一期 2017 年已达产，2019 年三期工程完成后，年玉米加工产能将达到 300 万吨。**三是延链条增效益**。引导和支持企业应用新技术、开发新品类，推动玉米产业链由淀粉、酒精等初级产品逐步向结晶糖、氨基酸、辅酶 Q10 等精深加工产品延伸、向生物医药等领域扩展。黑龙江金象生化利用现有淀粉加工等资源优势，引进东北制药集团，已在富锦工业园区开工建设葡萄糖、液体山梨醇等产品生产线，培育医药等新兴产业。该项目一期工程将于 2019 年 6 月正式投产。**四是促整合育龙头**。持续推动企业产权与品牌整合重组，2017年年底年加工能力30万吨水稻加工企业增加到77家，龙头引领带动示范作用明显增强。2018 年上半年，全省实际加工水稻 158 亿斤，同比增幅 51%；产品销售收入 252 亿元，同比增幅 45%。**五是强营销创品牌**。持续开展“黑龙江好粮油中国行”专项行动，全面强化完善提升“金秋会”平台、组建营销联盟和黑龙江大米网、制定地方标准，先后走进上海、北京、广州、深圳、成都、福州等城市集中宣介营销，在天津建立仓储物流“公共仓”，开展“十城万店”集中营销行动，合力打造品质优良、绿色健康、口感香醇的黑龙江大米品牌。2017 年以来，黑龙江省在主销区销售大米 298.2 亿斤，同比增加 23.4%，品牌知名度和占有率明显提升。

富锦象屿生化淀粉装置区俯瞰图

## 三、优化营商环境，为粮食产业发展保驾护航

持续推动“放管服”改革和机关作风整顿，全面完善落实服务措施，全力打造良好营商环境。一是注重规划引领。黑龙江省先后出台《关于深度开发“原字号”的若干意见》《全省加快推进“粮头食尾”“农头工尾”实施方案》《关于加快推进农业供给侧结构性改革大力发展粮食产业经济

京粮龙江生物工程有限公司的全自动控制间

的实施意见》等重要文件，强化规划部署，确定重点目标任务、实施重点工程、完善系列支持政策。二是跟踪服务项目建设。实行省局领导包项目和业务处跟项目机制，多次召开协调会和现场会，帮助企业解决土地审批等实际问题，促进了项目尽快落地和达产达效。三是帮助企业解决融资难题。充分利用粮食收购贷款信用保证基金、国家支农再贷款等支持政策，2017 年收购期，省内各类金融机构累计投放市场化粮食收购贷款 448 亿元，支持收购粮食 435 亿斤。同时，为 35 家玉米深加工和饲料加工企业发放补贴资金 17.7 亿元。

# 创建区域公共品牌
# 发展壮大小米特色产业

山西省粮食局

## 一、坚持政府推动，搞好“山西小米”品牌建设总设计

山西紧紧抓住习近平总书记视察山西的重要机遇，积极争取国家和省委省政府对“山西小米”品牌建设的重大支持。2018 年以来，国家粮食和物资储备局多位局领导和司级领导先后 4 次深入山西杂粮重点产区调研指导，并与山西省政府签订《共同推进粮食产业高质量发展保障国家粮食安全战略合作协议》，出席 2018 全国粮食科技活动周启动仪式，山西省北京市粮食产销合作推进会暨“山西小米”品牌推介活动，组织首届全国小米品鉴大会。山西省委书记骆惠宁对“山西小米”品牌创建寄予厚望，楼阳生省长批示要“把‘山西小米’品牌打响”，省政府成立“山西小米”品牌建设领导小组。以省政府名义出台《“山西小米”品牌建设实施方案》，研究制订了《“山西小米”品牌建设三年发展规划》。省委省政府《关于推进乡村振兴战略的实施意见》明确指出，要实施“优质粮食工程”，提升“山西小米”等区域公共品牌知名度和市场占有率。《山西省乡村振兴战略总体规划》《山西省乡村振兴产业兴旺专项规划》都把“山西小米”作为现代特色农业发展的重要内容。省政府出台《关于加快推进农业供给侧结构性改革大力发展粮食产业经济的实施意见》，强调要

加快推进“山西小米”品牌建设，大力发展杂粮特色产业。

国家粮食和物资储备局张务锋局长授予山西农业大学“国家功能杂粮技术创新中心”牌匾

## 二、坚持龙头带动，壮大“山西小米”品牌建设市场主体

一直以来，山西小米拥有“金牌”产品，但缺少品牌引领。山西省委、省政府深刻认识到，优质小米生产和市场开拓离不开企业，品牌建设的成败关键在于壮大企业。

**1. 组建“山西小米”产业联盟**。在全省遴选 12 家龙头企业组建“山西小米”产业联盟，首批授权沁州黄等 9 家企业使用“山西小米”形象标识和广告语。

**2. 支持龙头企业做大做强**。2017 年省级财政追加预算 7160 万元，支持“山西小米”品牌建设和“山西好粮油”行动计划。2018 年选择一批小米主产县和龙头企业纳入“中国好粮油”行动予以支持。

## 三、坚持质量为先，筑牢“山西小米”品牌发展硬实力

1. **突出技术标准体系建设**。成立“山西小米”产业联盟专家技术委员会，出台“山西小米”产品质量团体标准，发挥标准引领作用。

山西省粮油标准化技术委员会成立大会

2. **突出绿色有机生产基地建设**。依托龙头企业，三年内重点打造 30 万亩绿色有机小米生产基地，实施良种繁育工程，逐步实现统一供种，从源头保障产品质量。积极推进“山西小米”纳入省政府有机旱作农业发展战略。

3. **突出质量监管和追溯体系建设**。统筹推进谷子从生产到销售全过程监测，制订产品质量监测和追溯办法，实现品质保证。

## 四、坚持宣传推介，扩大“山西小米”品牌影响力

1. **借助媒体平台，放大品牌效应**。2018 年 3 月起，“山西小米”广告片在中央电视台综合频道新闻联播前的黄金时段播出，“小米还是山西的

好”已经产生一定社会影响，下一步将通过中央和地方主流媒体持续推介“山西小米”。

2. **拓展宣传载体，丰富宣传形式**。在全国范围公开征集“山西小米”形象标识和广告语，在第五届农博会上举办“精品小米展”“山西小米”荣获“2017年最具影响力的山西农产品区域公用品牌”。2018年3月以来，“山西小米”广告陆续在高铁、机场、航线投放，“山西小米”号动车已开通；举办首届全国小米品鉴大会，13个“山西小米”产品榜上有名；下一步将通过中国粮食交易大会等国内大平台持续推介“山西小米”。

3. **挖掘小米文化，提升品牌魅力**。多方面、多角度、多层次挖掘“山西小米”文化内涵，讲好“山西小米”品牌故事。

## 五、坚持创新驱动，培育“山西小米”品牌建设新动能

1. **上下联动工作高效**。有关主产市县政府成立了领导小组，做好规划引领。产业联盟制定联盟章程，做好产品研发和市场开拓；粮食行业协会制定团体标准，做好指导和服务。

2. **多方发力创新技术**。成立“山西小米”产业联盟专家技术委员会、粮油标准化技术委员会等机构，以科技转化服务品牌发展。山西农业大学授牌成立国家功能杂粮技术创新中心，专注提高杂粮产品附加值。与国家粮科院合作，开展杂粮专项研究工作；对接山西农业大学，开展谷子种植研究。

3. **线上线下融合营销**。成立山西小米运营中心等省级交易平台，一方面，通过大型电商交易平台推动销售；另一方面，积极迎合市场，拓展新型营销，未来在全国重点城市布局“山西小米”直营店和商超专柜。

下一步，山西省将继续贯彻落实好习近平总书记讲话精神，按照国家局和省委省政府决策部署，全力打造“山西小米”品牌，推动山西杂粮产业经济迈上新台阶。

# 牢记总书记指示推进新旧动能转换建设粮食产业振兴齐鲁样板

山东省粮食局

首次全国粮食产业经济现场经验交流会以来，山东省粮食流通工作面临重大机遇，发生了重大变化。**一是习近平总书记对山东工作的重要指示，为粮食流通工作注入发展新动力**。在2018年年初全国“两会”上，习近平总书记指出，要打造乡村振兴齐鲁样板，发展现代高效农业，首先要夯实粮食生产基础，确保粮食安全。6月12—14日，习近平总书记视察山东时强调，农业大省的责任首先是维护国家粮食安全。要扎实实施乡村振兴战略，打造乡村振兴齐鲁样板。目前，全省粮食行业牢牢把握总书记重要指示精神，把思想摆进去、把工作摆进去、把职责摆进去，“干”的劲头更足了。**二是新旧动能转换发力提速，为粮食流通工作开拓发展新空间**。山东新旧动能转换综合试验区建设方案，是全国首个以新旧动能转换为主题的区域发展战略。国务院要求山东以供给侧结构性改革为主线，以实体经济为着力点，以新技术、新产业、新业态、新模式为核心，积极探索新旧动能转换模式。在实体经济占主体的粮食行业，山东省紧紧抓住这一重大机遇，供给侧结构性改革加速推进，“转”的力度更大了。**三是全国现场会反响巨大，为粮食产业高点进位拓宽发展新境界**。“滨州模式”催生极大动力，兄弟省份不断来山东传经送宝，全省各地学先进找差距、抓发展树亮点、补短板上水平、争主动创一流局面进一步形成。省政府贯彻国务院文件勾画粮食产业经济新版图，地方政府和 32 个省直部门聚焦粮食产业强省，坚持稳中求进总基调，“进”的势头更猛了。2017 年全省粮油深加工产品产量占全国总量 30% 以上，互联网销售较上年翻倍增长；粮食产业销售收入 4078.4 亿元，同比增长 12.8%；利润 142 亿元，同比增长 24.7%。2018 年 1—6 月，全省深加工产品 909 万吨、小麦粉 774 万吨、食用植物油 235 万吨，均居全国行业前列。

## 一、整体讲布局，把新旧动能转换作为建设粮食产业振兴齐鲁样板的重要抓手

**加强政策规划**。省委、省政府集中发力出台粮食产业支持政策。优质粮食工程列入省委常委会重要任务，纳入省乡村振兴战略规划。省政府制订粮食产业经济 23 条意见，全产业链、产业集群等多项措施推动新旧动能转换。滨州国家级粮食产业循环经济示范区、临沂鲁南国际粮油城等纳入省新旧动能转换规划重点建设内容。**注重层级联动**。认真落实国家局与省政府战略合作协议，省政府办公厅决定督导产业经济。省粮食局联合农业发展银行省分行制订支持粮油产业化龙头企业发展意见，首批重点支持 36 家龙头企业。

*2017 年国家粮食局与山东省政府签订粮食产业经济战略合作协议*

各市把好项目作为新旧动能转换的主要载体，济宁江北粮食物流园区、中裕三产融合发展示范园列入 2018 年度省新旧动能转换 100 个重点项目。日照市政府出台粮油食品产业提升计划，滨州市新旧动能转换储备项目 51 个。

## 二、重点抓落地，把新旧动能转换作为建设粮食产业振兴齐鲁样板的重要动力

深入贯彻全国实施乡村振兴战略工作推进会议精神和李克强总理建设现代化粮食产业强国等重要要求，突出新旧动能转换和优质粮食工程，推进重点工作落地。**一是积极推进“四新”促“四化”**。科技兴粮加快产业智慧化。2017 年科研投入 17.3 亿元，国家粮食局科学研究院联合山东多家科研机构和企业组建粮食科技创新联盟等科技创新平台。技术对接推进智慧产业化。德州“仓顶阳光工程”2017 年并网发电创效益 330 万元。中国科学院技术支持的全球首条万吨级小麦糊粉层产业化示范线在阳信开建。接二连三发展跨界融合化。军民融合项目包含 2 个国家级基地、16 个区域粮油产品配送中心。好粮油示范企业临沂金胜集团投资 5.3 亿元建设科技产业园，融合花生博物馆、科研和电商等多项内容。多措并举提升品牌高端化。齐鲁好粮油纳入省政府“齐鲁灵秀地、品牌农产品”主题品牌，省财政支持的“国泰民安山东粮油”三年品牌规划正在制订。中华老字号和“三品一标”粮油产品达到 124 个，菏泽牡丹籽油、乐陵马铃薯以及泰安小麦胚芽油等新兴品牌影响力明显提升。**二是大力实施优质粮食工程**。联合省财政厅印发实施方案和粮食产后服务中心管理办法等文件，落实中央和省财政专项资金近 5 亿元，三年预计撬动投资超过 20 亿元。目前“中国好粮油”行动计划、质量安全监测体系、产后服务体系三个子项 237 个项目完成绩效评价自评，各项工作接续推进。粮食产业经济示范市滨州市，着力构建小麦、玉米、大豆和滨州港综合产业为主体的“3+1”产业新格局。“中国粮油食品城”德州市紧抓京津冀优质农产品供应基地机遇，把优质粮食工程写入政府工作报告，同供销社协同推进产后服务中心建设。“中国好粮油”示范企业鲁花集团橄榄油

项目、西王药业玉米果糖项目、香驰集团小清河物流项目以及寿光金玉米生物科技公司氨基酸项目，纳入省政府首批450个新旧动能转换项目库。

山东放心粮油工程建设——山东金德利集团快餐连锁公司粮油配送

## 三、发展看成效，把新旧动能转换作为建设粮食产业振兴齐鲁样板的重要标志

一年多来，全省牢记习近平总书记指示，聚焦聚力产业振兴，推进新旧动能转换，粮食产业成为乡村振兴齐鲁样板的生力军。山东正在成为全国粮源供应的“大市场”，2017年粮食播种面积1.1亿亩，产量4723万吨，占全国的7.6%，截至2018年8月5日，山东省夏粮收购525万吨；正在成为全国粮食流通的“大商港”，2017年粮食购销量14780万吨，粮食到港1850万吨，占全国的18%，2018年1—6月粮食购销量6816万吨；正在成为全国粮食产业的“大基地”，省政府确定潍坊等6市为粮食加工集群区、青岛等3市为花生加工集群区，2017年全国粮食产业经济工业总产值地级市50强山东占10个、百强县山东占20个；正在成为全国粮食行业的“大粮仓”和全国粮食市场的“稳压器”，地方粮食企业完好仓容4049万吨，地方粮食储备量居全国前列，粮食收储保供能力不断增强。

# 以习近平总书记视察湖北为动力<br>着力打造荆楚粮油地域品牌

湖北省粮食局

2013年和2018年，习近平总书记两次视察湖北，先后提出：“粮食安全要靠自己”“我们自己的饭碗主要要装自己生产的粮食”。全省粮食系统以学习贯彻习近平总书记重要指示精神为动力，围绕推进粮食经济高质量发展和培育“湖北粮、荆楚味”地域品牌，通过政策集聚、资金扶持、标准引领、营销宣传等多种措施，着力打造“荆楚大地”公共粮油品牌，扩大品牌影响力，助推粮食产业转型升级。

## 一、发挥政策集聚效应

近年来，湖北省委省政府大力实施农产品加工业“四个一批”工程，提出了培育“湖北粮、荆楚味”地域品牌总要求。全省认真贯彻落实国办发〔2017〕78号文件和省委省政府决策部署，充分利用粮油精深加工贴息、产粮（油）大县奖补、粮食科技创新及成果转化和人才兴粮奖补等政策资金，大力支持品牌创建工作。每年省级财政统筹用于粮食产业发展资金达到8亿元以上。鼓励、支持和引导粮油加工企业建立健全质量管理体系和优质粮源基地，突出核心产品，打造强势品牌。联合省农业厅开展湖北十大名米、五大名油等评比活动，支持鼓励市、县政府积极申报中国“稻米加工强县”“油菜籽加工强县”“稻米油之乡”“虾稻之乡”

等称号。通过政策引导，形成叠加效应，实现资源优化配置，呈现传统产品与特色产品齐头并进、市场互补的良好局面。截至目前，全省粮油加工业争创了34个中国驰名商标，282个产品获绿色、有机或无公害等称号，一批产品获地理标志。

中国（潜江）国际龙虾·虾稻产业博览会暨第八届湖北（潜江）龙虾节

## 二、强化标准引领支撑

湖北省坚持标准先行，紧紧围绕粮油产业发展和消费升级需要推进粮油标准化工作。**一是**针对授予地理标志保护产品称号的粮油产品，引导企业参与制定"京山桥米""竹溪贡米""宣恩贡米"等8个地方标准，指导农民按标准化要求进行粮食的生产、收割、脱粒整晒。**二是**联合大专院校、质检机构为企业提供技术支持，鼓励企业健全完善特色粮油标准。国宝、福娃、天星等龙头企业制定粥米、香米、菜籽油、稻米油等企业标准14项。**三是**启动湖北优质粮油标准制修订工作，规范引领湖北省优质、特色粮油产业发展。目前再生稻、优质山茶油、优质菜籽油3个地方标准已立项，10个团体标准已完成制定并将于近期发布。

## 三、突出品牌营销推介

充分挖掘湖北优质粮油共有品质和价值内涵，实施湖北粮油品牌战略，全力打造“荆楚大地”公共粮油品牌。**一是持续开展品牌宣传。**2016年以来，每年安排3000万元专项资金用于荆楚粮油品牌宣传推广，在中央电视台、湖北卫视、广播、报纸、高铁、机场、武汉地铁和公交等重要媒体和人流量较大的场所投放广告，拍摄制作“荆楚大地”品牌宣传片和“荆楚粮油”系列纪录片，广泛宣传“荆楚大地”公共粮油品牌。同时，积极探索公共品牌共建共享机制，建立“荆楚大地+”模式，出台准入标准，提升湖北粮油产品的知名度、美誉度和市场占有率。**二是扩大省内市场营销。**采取“政府引导、企业主体、市场运作”新机制，着力打造全省“放心粮油”一张网，依托“放心粮油”市场体系销售和推广荆楚粮油精品。推动组建湖北荆楚粮油股份有限公司，并以该公司为核心和

2017第十九届湖北荆楚粮油精品展示交易会

龙头，大力推进“放心粮油”市场体系建设，发展连锁经营。目前已建成“放心粮油”配送中心103家、连锁店1600多家，基本实现全省全覆盖，扩大了“荆楚粮油”省内销售。目前，荆楚粮油公司及“放心粮油”门店年销售额达到11亿元以上，销售的湖北品牌产品约占70%。**三是推动线上线下融合**。引导湖北粮食行业协会注册“荆楚大地”公共粮油品牌，吸引龙头企业优质特色产品加入，由荆楚公司统一营销运作，并与京东商城深度合作，开设“荆楚大地”京东自营店，实现线上线下融合发展。

## 四、实施“走出去”行动

注重巩固和加强省际粮食产销协作，助推湖北粮油企业抱团闯市场，集中亮品牌。**一是**每年开展3次以上跨省产销合作和品牌推介活动，先后与福建、广东、广西、四川、重庆、云南、贵州等省区市建立了长期稳定的合作关系。**二是**主动对接国家“一带一路”倡议，2018年首次组织16家龙头企业赴非洲开展推介洽谈活动，在莫桑比克举办了湖北粮油产品推介暨合作洽谈会，展示粮油产品50多个，签订意向贸易合同市值12亿元。**三是**把“走出去”和“请进来”相结合，连续19年成功举办湖北荆楚粮油精品展示交易会，集粮油精品展销、贸易合作洽谈、科技成果对接、产业发展论坛为一体，成为集中展示湖北荆楚粮油品牌的固定平台。

# 实施优质粮食工程　服务精准扶贫和乡村振兴

广西壮族自治区粮食局

2017年4月，习近平总书记视察广西时指出："广西有条件在'一带一路'建设中发挥更大作用……要以构建现代农业产业体系、生产体系、经营体系为抓手……加强农业科技创新和推广，夯实粮食安全基础，延伸农业产业链，着力发展高附加值、高品质农产品，提高农业综合素质、效益、竞争力。"为贯彻落实习近平总书记视察广西重要讲话精神，自治区粮食部门主动作为，以实施优质粮食工程为契机，大力推进广西粮食产业发展，助力精准扶贫和乡村振兴。

## 一、打响做优广西香米，推动传统粮食产业向优质高效粮食产业转型

2017年年底，自治区主席陈武主持召开专题会议，亲自协调各有关部门加快制定保障自治区粮食安全、发展粮食产业经济的政策。2018年4月自治区出台了《关于加快推进农业供给侧结构性改革大力发展粮食产业经济切实保障粮食安全的实施意见》，进一步明确了政府及各有关部门在推进供给侧结构性改革、发展粮食产业、保障粮食安全的职责任务，明确要求以增加绿色优质粮食产品供给、保障粮食质量安全和促进农民持续增收为重点，大力实施"优质粮食工程"，着力打造"广西香米"区

域公用品牌，推动粮食产业创新发展、转型升级和提质增效。

广西香米产业联盟揭牌仪式

从 2017 年开始，广西壮族自治区启动实施“广西香米”区域公用品牌创建行动。**首先，明确品牌建设目标任务**。2017 年年末，自治区粮食局制订的《“广西香米”区域公用品牌建设实施方案》，“广西香米”品牌建设写入 2018 年自治区农村工作会议报告。目标是通过 3~5 年的品牌创建，带动广西优质稻种植面积达到 1000 万亩、优质稻产量达到 400 万吨，带动农民增收 20 亿元。**其次，出台广西香米团体标准**。于 2018 年 1 月组织制定了《广西好粮油·广西香米团体标准》，为广西香米产业升级统一了标准。同时，积极筹建“广西香米”质量追溯体系，加快品牌标准体系建设。**再次，优化粮食种植结构**。“广西香米”品牌建设的大力实施，调动了农民种粮积极性，“百香”“丝香”等“广西香米”优良品种种植面积进一步扩大。2017 年香稻收购价最高 2.47 元 / 斤，同比增长 24.9%，比普通晚籼稻收购价高 0.77 元 / 斤，提高幅度 45.3%，带动农民收入增长。**最后，品牌的影响力和带动作用不断提升**。2017 年，广西 19 家大米加工重点龙头企业联合成立了广西香米产业联盟。产业联盟企业的稻谷加工能力由 2016 年以前的 90 万吨增加到现在的 110 万吨，年销售收入由 18 亿元增长到 20 亿元。自治区已培育出“东津细米”“上林大米”“古辣香米”等国家地理标志产品。

## 二、结合精准扶贫实施“优质粮食工程”，助推乡村振兴

自治区以实施“优质粮食工程”为抓手，结合国家实施乡村振兴战略，制订了广西壮族自治区粮食局助力脱贫攻坚三年（2018—2020 年）行动计划。根据自治区“优质粮食工程”粮食产后服务体系建设计划，2018—2020 年，在 20 个广西深度贫困县实施农户科学储粮专项，为 20 万户贫困农户免费配置 20 万套农户科学储粮装具，项目投入达到 9000 万元，将大大减少农户的粮食产后损失。在粮食仓储基础设施建设方面，结合全区贫困县的粮食仓储设施情况，对全区贫困县有资金需求的建设项目重点扶持，其中资金支持的比例高于全区粮食订单收购县的在建项目 50% 以上，扶持资金安排占市（县、区）项目补助资金的 50% 以上。通过调整完善粮食直补订单收购政策，调整直补订单补助标准，引导农民调整种植结构，增加优质稻种植，提高了农民收入。结合精准扶贫实施的这些项目建设，将有效助推贫困农户增收脱贫，加快粮食产业经济的发展，推进乡村振兴战略的实施。

## 三、立足广西区情及粮食资源优势，建立和完善粮食产业发展的长效机制

近两年，为调整粮食产业结构，增加优质粮食产品供应，自治区进一步调整完善粮食直补订单收购政策。主要是增加优质稻直补收购数量和储备数量，以带动种粮农户扩大优质稻种植面积，并将之作为一项惠农政策长期执行。截至 2018 年，全区粮食直补范围扩大到 59 个县、订单粮食收购计划增至 80 万吨，其中优质稻收购增加到近 40 万吨，自治区财政安排粮食直补资金 2 亿元。农民按订单交售粮食给国家，粮食收

购企业除了按订单收购价支付粮款外，政府再额外补贴 0.24 元 / 公斤。实施粮食直补订单收购政策推动了优质粮食产业的发展。一是完善种粮农户利益保护机制，调动农民种植优质粮食的积极性。2017 年全区优质香稻种植面积 150 万亩，2018 年广西香米主要品种种植面积有望达到 500 万亩。二是稳定粮食生产，增加种粮农民收入，保障粮食产量基本稳定在 145 亿公斤以上。每年带动种粮农民增加收入 10 亿元以上。三是稳定粮食收购的粮源，解决了地方储备粮的轮换粮源问题，降低了储备粮采购成本，减轻了地方财政负担。

# 念好“六字经” 诵好“十优诀”助推四川粮食产业经济大发展

四川省粮食局

2017年以来，四川省粮食系统认真贯彻习近平总书记关于“把四川农业大省这块金字招牌擦亮”“念好‘优、绿、特、强、新、实’六字经”等重要指示精神，深入落实国家局滨州会议精神，坚持优粮优产优购、优储优加优销，构建具有四川特色的现代粮食产业体系，促进农民增收、企业增效。2017年粮食产业经济工业总产值和利润分别增长17.2%、31.4%。

## 一、突出优粮优产，引导发展优质粮油基地

充分发挥流通对生产的引导作用，大力发展“订单粮食”，拓宽优质粮源基地。一是支持民营企业参与或主导组建粮食专合社、扶持种粮大户275户，累计订单、流转及托管粮食种植面积1000余万亩。四川省好耕农业集团有限公司积极开拓境外（柬埔寨等中南半岛国家）优质粮源基地100万亩，发展本地优质专用粮订单150万亩，助农增收3000余万元。二是鼓励国有仓储企业从“管粮人”向兼具“管粮人”和“种粮人”双重身份转变，崇州粮油储备公司积极参与优质高产水稻新品种培育、“稻田综合种养”示范、有机粮食生产基地建设，实现了业务拓展、效益提升。三是鼓励成都市新兴粮油公司流转1万亩优质粮油基地，免费为

农民提供种子、化肥，并以高于市场价 0.15 元 / 斤收购油菜籽，带动当地 10 万亩优质油料生产。安州区对种植 50 亩以上大户实施奖励，鼓励“多种油”“种好油”，油菜订单面积达到全县耕地面积的 82%，农民人均增收 500 元左右。

## 二、突出优粮优购，健全完善产后服务体系

发挥粮食行业资源优势，积极构建“三化四全五代”产后服务体系（即“专业化服务、社会化组织、信息化建网”“全域覆盖、全优服务、全链延伸和全面提质”，全过程“五代”服务），形成了三种较为典型的产后服务运营模式，实现了“优粮优购”。一是土地合作社主导型。崇州市五星土地合作社 2017 年烘干并代储粮食 3239 吨，代加工大米 531 吨、代销 20 吨，农户以土地入股方式入社，除去股份分红外带动人均直接增收 158 元。二是收储企业主导型。德阳省食油储备库与民营加工企业、粮食专合社合作，采取“定金契约”“股份合作”方式，组建粮食产销经济联合体，各负其责，逆向订单，交割定价，逐级返利，代购代储优质粮食

四川广汉龙潭湾粮食烘干中心粮食烘干设备（不含辅助设备）

7 万吨、代加工 2.6 万吨，实现产值 7300 余万元，带动 1500 余户农民增收。嘉陵区国有粮企产后服务中心利用区财政产后服务补贴，为 510 户种粮贫困户免费烘干、整理并上门收购优质粮食 600 余吨，企业增收的同时助推了精准扶贫。三是联合社主导型。由国有粮企牵头，种粮大户、专合社、粮机企业等联合组建的广汉黍鑫粮食合作社联合社，采取划片区、建卡对接提供产后服务，2017 年代加工、代销售优质小麦 3500 吨增收 210 万元，带动 500 余农户（含 10 户贫困户）户均增收 1400 元左右，实现了资源共有、服务共享、效益双赢、品牌互动、扶贫联动。

## 三、突出优粮优储，建设绿色低温储粮工程

瞄准绿色仓储、智能仓储和精细仓储发展方向，大规模推进低温绿色储粮技术运用，“优粮优储”全面提高库存粮食供给质量。一是注重总体规划。全省规划在 127 个县建设（含新建和改造升级）粮食低温储备库 173 个、总仓容 607 万吨，确保低温储粮仓容占全省有效仓容 50% 以上。二是注重资金保障。目前，省粮食局已落实省财政资金 11 亿元，启动建设成品粮低温库 11 个、仓容 5 万吨，原粮低温库 139 个、仓容 445 万吨。三是注重优储效益。大力优化低温绿色储粮技术路线，实现了储粮高质量、高营养、高效益和低损耗、低污染、低成本的“三高三低”目标。已建成的 10 个成品粮低温库和 79 个原粮低温库已收储优质粮食 200 万吨，年综合增收 100 元 / 吨以上，企业年均累计增收 2 亿元左右。

## 四、突出优粮优加，提高优质产品有效供给

积极培育壮大粮食加工经营主体，做好绿色优质粮油产品开发，以“优粮优加”理念促进城乡居民由“吃得饱”向“吃得好”转变。一是深入实施“中国好粮油”四川行动。重点打造 10 个示范县和 4 个省级及中央在川示范企业，整县推进、示范带动，增品种、提品质、创品牌，带动农民增收、乡村振兴和区域发展。二是启动实施“天府菜油”行动。2018 年协调省级财政资金 2 亿元建设“天府菜油”公共品牌体系，加大“川菜之魂——

成都市“北粮南运”铁路集装箱散粮运输项目开始试运行，
图为首趟散粮集装袋专列作业现场

浓香型菜籽油”宣传推介，打造“天府菜油”千亿级产业。三是推动主食产业化工程建设。持续提升“中江挂面”等品牌区域影响力，推广广汉市“八零耕夫”优质大米“7天新鲜到家”个性化生产、专享化服务运营新模式，同时，规划建设了南溪豆制品、凉山苦荞等一批主副食品产业示范基地。

## 五、突出优粮优销，健全完善高效畅销渠道

鼓励全省骨干粮油企业利用农村电商平台、中国好粮油网上销售平台等载体，扩大优质粮油产品销售规模，实现“优粮优销”。一是健全完善“放心粮油”体系。通过完善“四川军粮连锁”“川粮便民连锁”两大品牌体系，强化与全省粮食应急网点、土特产品销售网点等有效接轨、深度融合。目前全省已建成粮食质量可追溯体系和监管平台18个，建成各类放心粮油示范店1560家。二是实施“互联网+”引领粮食行业转型升级。按照PPP（一种融资和项目管理模式）模式组建了“川粮电子商务有限公司”，建成了川南电子商务中心“放心粮油”旗舰店和四川北大荒绿色食品连锁店，发展势头良好。

# 把握新时代粮食流通发展新目标 打造符合首都特点的粮食产业体系

北京市粮食局

2014 年和 2017 年，习近平总书记两次视察北京，为新时代首都发展指明了方向。北京实施新一版城市总体规划，大力实施以疏解北京非首都功能为重点的京津冀协同发展战略。减量发展、绿色发展、创新发展，成为首都追求高质量发展的鲜明特征。

## 一、把握新特点，首都粮食产业经济创新实现新发展

首都粮食产业发展呈现特点：一是随着非首都功能的疏解，粮食消费有了新变化。2017 年度，全市粮食消费 513.7 万吨，比上年减少 22.1 万吨，减幅 4.1%，连续三年呈现下降态势。其中饲料用粮大幅下降。二是新的经济模式不断涌现，市民消费结构、消费模式逐步换挡升级。三是传统仓储、物流、加工企业需要着力疏解和转型，优质精深加工能力有待切实提高，主食产业发展亟待加强，优质粮食品牌需要大力推广。

进入新时代，首都粮食工作立足粮食实际，突出首都特色，以“便利性、多样性、宜居性、公共性、安全性”发展为遵循，坚持市场主导，坚持创新发展，坚持“疏解”与“提升”并举，进一步激发企业活力和创新动力，积极统筹利用内外两种资源，拓展粮食产业链，加大“产区”和“销区”产业合作，推动粮食仓储、加工能力向主产区转移，积极推

动粮食产业经济发展质量变革、效率变革、动力变革，不断增强创新力和保障力，打造符合首都特点的粮食产业体系。

## 二、坚持“对外”合作，粮食产业发展空间获得新提升

1. **加快粮食产业和布局调整**。加快城区内的粮食市场功能改造提升，淘汰落后经营方式，疏解市场的仓储能力和现场交易功能；五环内粮食仓储业有序退出，除保留应急加工能力外，推动“加工在外”，大力疏解六环内粮食仓储、加工业，推动城市副中心内的粮食加工业向周边地区疏解。

2. **鼓励企业“走出去”**。积极发挥产销合作资金引导作用，支持企业向产区拓展。2017 年共计拨付产销合作资金 1900 多万元。通过签订战略合作协议、建立粮源基地、设立仓储加工企业、委托代购代储储备粮等多种形式，强化与河北、黑龙江、吉林、河南、山东等地的实际性合作，鼓励北京企业以收购、租赁、入股等形式建立外埠粮源基地，参与当地粮食基础设施建设、收储、加工和贸易经营，提高一手粮源掌控能力。目前北京市在主产区建立外埠粮源基地 240 个，一手粮源年可掌控量超过 300 万吨。古船米业在榆树和吉林市的大米合作项目、良实公司在建三江的项目、京粮集团在天津的油脂项目、在山东和黑龙江的玉米深加工项目等，都是“走出去”发展的典型代表。

3. **深入推动京津冀地区产业对接**。加快落实京津冀协同发展战略，充分发挥京津冀粮食行业协同发展局长联席会的作用，为三地粮食行业发展搭建平台。粮食企业在京津冀地区产业对接、布局调整步伐加快，京粮集团加快在津冀布局，河北的粮食企业加大在首都市场发展，“京粮”“冀粮”油脂合作取得实质性进展。沿物流主要通道布局粮油产业，完善和优化物流节点布局，加快建设环京 4 小时粮食物流圈。按照国家级粮食物流园区的水准，加快推进黄骅港、天津港等物流节点建设。

4. **积极引进优质粮油产品**。打造良好的经营环境，进一步开放市场，鼓励主产区企业在京开展粮油贸易。支持外地在京粮食企业参与政策性

北京市外埠粮食收储基地

粮油业务，合作举办吉林、黑龙江优质粮油进京产需对接洽谈会，“黑龙江好粮油”签约量达 6.98 万吨，新增多处黑龙江优秀粮食企业销售网点。中粮、益海嘉里、五得利、金沙河、北大荒、汇福、鲁花等知名企业品牌约占北京市居民粮油年度总消费的 62.9%。

## 三、坚持立足北京实际，粮食产业发展方式呈现新局面

1. **构建符合首都城市发展的新型粮油便民服务体系**。主动适应消费升级的趋势，结合社区商业网点建设、“一刻钟社区服务圈”、农产品零售网点体系、社区电子商务应用体系建设发展粮食流通服务，配足粮食零售网点，全市粮油供应网点达到 1 万多家，满足群众粮食消费需求。积极推动粮库智能化、管理数字化、调控信息化、交易网络化，粮食电子商务稳步发展。物美集团通过“基地直采 + 批发市场补充 + 品牌专营”的模式，开展差异化经营，适应消费者的需求。东颐食品公司开展主食制品工业化生产、社会化供应，实行餐饮后厨工厂化、半成品化，探索“100 家早餐店 +300 个智能无人早餐售卖机 +1000 个智能收货盒子”的服务模式。

2. **打造符合首都城市发展的粮油供应保障方式**。引导首都粮食产业发展重心向成品粮流通环节转移，提升成品粮供给服务能力，2017 年市区两级成品粮储备规模由 9.86 万吨增加到 10.14 万吨，市储备成品油 1.5 万吨，库存数量全部落实到位，为首都粮油市场供应打下坚实基础。以布局集中、产业集聚、用地集约为原则，沿六环沿线，加快培育、发展、建设 6~8 家具有“储备 + 加工 + 配送 + 研发”一体化功能的综合性粮食服务保障中心，打造“1 小时成品粮物流配送圈”。

3. **创新发展新业态**。鼓励企业发展“互联网 + 粮食”，推广“网订店取”“网订店送”等运营模式，促进线上线下融合，创建爱煮食电商平台，“小馒牛早餐”打造“无人早餐 + 便利店”商业模式。首农集团积极发展粮食循环经济，探索实现粮油副产物循环利用，在双河农场建立 30 万吨 / 年稻谷加工及综合利用项目，推动开展稻谷加工、米糠膨化、稻壳发电

项目建设。京粮集团深化与协鑫集团合作，以大兴采育粮库、怀柔桃山粮库为切入点，积极探索打造“光伏＋冷链物流”的新业务模式。

4. **提高区域粮食流通服务水平**。分类施策，根据城市区域功能建设调整，及时谋划区域粮食工作新思路，不断提高粮食流通服务水平。海淀区加快生活性服务业网点的规范建设，实现八项基础便民服务社区全覆盖；石景山区推动大型商业、转型市场等资源与社区商业互相搭载，促进原有配套粮店回归“菜篮子”；门头沟区在斋堂粮库建立应急加工车间，解决深山区粮食应急供给问题；通州区加强粮油直销店进社区建设，服务好北京城市副中心发展需要；大兴区紧密结合新机场建设，不断健全粮食供给网络；延庆区积极开展便民服务网点改造提升工作，助力世界园艺博览会、冬季奥运会（冬季残疾人奥运会）粮食供应保障工作。

## 四、坚持创新融合发展，粮食产业发展水平再上新台阶

1. **培育壮大粮食产业主体**。一是国有大型粮食企业加快发展。京粮集团、首农集团等企业创新发展，保持良好势头，带动国有粮食企业盈利水平居全国粮食系统前列。2017年，京粮集团实现销售收入335.9亿元，处于省级国有粮食集团领先地位。二是重点粮油加工企业取得新的发展，2017年度，纳入统计的粮油加工企业114家，总产值307亿元，比上年增加28.1亿元。三是与中储粮、中粮等央企的区域战略合作进一步深化，涉粮央企在首都发展质量进一步提升。四是物美、京客隆、超市发等连锁商贸企业和京东等网上零售企业在首都粮食产品供给中发挥了重要作用。

2. **加快培育全产业链经营模式**。坚持“大粮食”“大产业”“大市场”“大流通”理念，推动产业融合协调发展，北京首农集团、京粮集团和二商集团联合重组为北京首农食品集团有限公司，促进产业结构调整和转型升级，完善“从田间到餐桌”的全产业链条。加快培育吉林榆树、天津临港、山东肥城、北京大兴、黄骅港、盘锦港等一批产业园区，线上和线下双线运行、原粮贸易和成品粮油销售同步推进，“原粮—成品粮—主食”链条进一步完善。以“大农业、大健康”为发展方向，开展全产业

链经营。京粮集团在肥城、绥化的玉米深加工项目，向优农产品生产加工拓展，向玉米深加工、药用辅料、玉米生物科技关联产品贸易产业拓展，加速向价值链的高端延伸。

3. **有效增加优质粮油产品供给**。落实“中国好粮油”行动计划，深入开展标准引领、质量测评、健康消费宣传、营销渠道和平台建设，加快推进产业升级，提升优质粮油产品供给水平。古船面粉、古船米业等优化产品结构，产品种类上更加注重品牌多样化、品种特色化、产品个性化。京粮集团深挖粮食产品的营养元素和药辅价值，推出一批深受广大消费者喜爱的高附加值新产品，“普通产品保市场、特色产品提效益”的格局初步形成。加快实施品牌建设工程，扩大本市“古船”“绿宝”“火鸟”等品牌系列，提升粮油产品质量和品牌影响力。

下一步，将加快推动北京市促进粮食产业发展实施意见的出台，在政策上强化引导和支持，着力加快建设“基础牢固、布局合理、结构优化、科技创新、人才充实、协同发展”的发展格局，推动粮食产业经济进一步实现高质量发展。

# 加快融合发展　推动粮食产业经济上台阶

河北省粮食局

河北省是农业资源大省，全国13个粮食主产省之一，共有耕地9985万亩，主要种植小麦、玉米、稻谷、高粱、黄豆、黑豆、绿豆、赤小豆、谷子、红薯等。特别是河北省的平原地区，大部分是水浇地，以种植小麦、玉米为主，粮食生产稳定，是河北省粮食主产区。正常年份，全省粮食产量稳定在670亿斤左右，2017年达到701亿斤，人均粮食占有量930斤以上。多年来，河北省以龙头企业带动，粮食产业经济规模化、集约化水平不断提高，全国知名企业不断涌现，2017年粮食产业经济实现工业增加值1056亿元。

## 一、以供给侧结构性改革为契机，推动粮食产业经济迈上新台阶

《国务院办公厅关于加快推进农业供给侧结构性改革大力发展粮食产业经济的意见》（国办发〔2017〕78号）文件提出要树立“大粮食”“大产业”“大市场”“大流通”理念，充分发挥粮食加工转化的引擎作用，推动仓储、物流、加工等粮食流通各环节有机衔接，以相关利益联结机制为纽带，培育全产业链经营模式，促进一二三产业融合发展。大力发展粮食产业经济，增加绿色优质粮食产品供给，构建更高层次、更高质量、更有效

率、更可持续的粮食安全保障体系，是新时代粮食工作的重要任务。

河北省作为粮食生产大省，粮食产业经济发展还不够大、不够强，一二三产业融合不够、聚集度不高、创新能力不强。大力发展粮食产业经济，促进河北省粮食产业创新发展、转型升级、提质增效是贯彻落实党的十九大精神，推进农业供给侧结构性改革，深入实施乡村振兴战略，提高优质粮油产品供给的重要举措。

河北省在参加山东滨州举行的全国加快推进粮食产业经济发展现场检验交流会后，先后赴青海、山西、内蒙古、吉林和辽宁等省区对标学习发展粮食产业经济的好经验和好做法，召开部分粮食系统骨干参加的粮食产业经济发展专题研讨会，听取了市县粮食行政管理部门和基层粮食企业对全省粮食产业经济发展的意见和建议。在此基础上，研究制定并出台了《河北省人民政府关于加快推进农业供给侧结构性改革大力发展粮食产业经济的实施意见》(冀政发〔2018〕2 号)。考虑河北实际，提出到 2020 年，全省粮食产业经济增加值年均增长 7% 左右，粮食加工转化率达到 88% 以上，主食品工业化率提高到 25% 以上，主营业务收入过 50 亿元的粮食企业达到 6 家以上的目标。全省将以该实施意见为契机，推动粮食产业经济迈上新台阶。

## 二、依靠龙头企业带动，粮食产业经济规模化、集约化水平不断提高

河北省是粮食加工业大省，近些年，粮食加工产业取得长足发展。据统计，全省入统加工企业 615 家，年设计加工能力 840 亿斤，实际加工转化粮食 420 亿斤左右。其中，小麦加工能力 350 亿斤，实际加工小麦 260 亿斤左右；玉米加工能力 350 亿斤，实际加工玉米 140 亿斤左右。2017 年粮食产业经济实现工业总产值 1056 亿元，省级以上产业化龙头企业达到 90 家，其中国家级 19 家。粮食产业经济规模化、集约化水平不断提高。三河市、衡水桃城区、秦皇岛山海关区、大名县 4 个县(市、区)进入全国粮食产业经济工业总产值百强县。涌现出邢台金沙河面业有限

责任公司、五得利集团面粉有限公司、河北百裕东面业有限公司、益海（石家庄）粮油工业有限公司、中粮面业（秦皇岛）鹏泰有限公司等一批全国知名面粉加工企业，秦皇岛骊骅淀粉股份有限公司、河北瑞德淀粉有限公司、河北玉峰淀粉糖业集团有限公司等玉米深加工企业，邢台金沙河面业有限责任公司、今麦郎食品（隆尧）有限公司等粮食食品加工企业。其中，五得利集团面粉有限公司发展成目前拥有六省 19 个子公司，35 个大型制粉车间，78 条现代化面粉生产线，日处理小麦能力达 42250 吨，员工 5000 多名的大型制粉企业；先后荣获“农业产业化国家重点龙头企业”“国家标准化良好行为企业”“中国食品工业百强企业”“中国制造业企业 500 强”“中国企业 500 强”“河北省政府质量奖”等称号；2018 年品牌价值 54.13 亿元。

玉峰集团玉米胚芽油全自动包装车间

## 三、以大众厨房为抓手，将粮食产业向餐桌延伸

近年来，河北省各级粮食部门为满足居民对主食品的消费需求，在做大做强主业的同时，积极推动开展以大众厨房为主要内容的主食产业化，

对丰富居民餐桌、延伸产业链条等工作进行了有益的探索，取得了一定成效，陆续建成石家庄市家家惠大众厨房食品有限责任公司、廊坊市民生源早（快）餐有限责任公司、保定市大众厨房配送中心、邯郸市复兴粮油贸易总公司主食厨房、唐山军粮食品有限公司、邢台粮油集团民天商贸有限公司、邢台市东郊粮库等主食产业化项目。推进粮食产业化、延长产业链条工作是一项民生工程，在这些项目的建设过程中得到了各级政府的重视和支持，不仅在资金、政策上予以大力支持，还在征地、设置售货亭等工作上进行协调。比如，石家庄市财政拨付 2500 万元、河北省农业产业化拨付 1000 万元，支持石家庄市家家惠大众厨房食品有限责任公司，石家庄市政府还专门组织了家家惠产品与商超的对接活动，促进了销售网络的建设；邯郸市财政每年拨付邯郸市复兴粮油贸易总公司主食厨房专项扶持资金 100 万元；廊坊市民生源早（快）餐有限责任公司、保定市大众厨房配送中心等主食产业化项目也得到了当地政府在资金上的支持。

## 四、探索粮食循环经济，推动粮食产业绿色发展

全省按照国家“发展粮食循环经济，推广仓顶阳光工程”的有关要求，积极推动“仓顶阳光”工程建设，安装光伏发电设施。为指导各地建设，省粮食局确定 2 家新能源企业为河北省“仓顶阳光”工程技术支持单位，2017 年，省粮食局与河北三晶新能源科技有限公司、石家庄真言科技有限公司签订了“仓顶阳光”工程战略合作框架协议。2017 年下半年开始，“仓顶阳光”工程项目建设陆续展开。目前，张家口冀北粮油园区 5.5 兆瓦屋顶分布式光伏发电项目一期容量 2.8 兆瓦已经完成安装调试，并实现并网发电，截至 2018 年 6 月中旬上网电量达到 133 万度，日高峰发电量超过 1 万度。二期正在抓紧建设中。此外，元氏机械化粮库、柏乡国家粮食储备库、平泉小寺沟国家粮油储备有限责任公司、怀安县天丰省级粮食储备有限公司、万全县省级粮食储备库、涿鹿县省级粮食储备有限公司等单位均签订了合作意向书，正在做施工前的准备工作。这些仓顶阳光工程项目的建设，将为仓储企业节能降耗、增收节支、绿色发展提供样板。

# 聚焦创新驱动　彰显江苏特色<br>高质量建设粮食产业强省

江苏省粮食局

2014 年 12 月，习近平总书记在江苏调研时明确要求努力建设经济强、百姓富、环境美、社会文明程度高的新江苏。江苏是粮食生产、流通和产业大省，以全国 1/20 的粮食产量，制造出全国 1/10 的粮油加工产值，其中粮机制造和油脂加工在全国名列前茅。建设“强富美高”新江苏，粮食部门要有新作为，粮食产业发展要体现高质量。为深入贯彻落实国办发〔2017〕78 号文件和全国加快推进粮食产业经济发展滨州现场经验交流会精神，江苏省粮食局结合江苏实际，2018 年 1 月提请江苏省政府出台了《关于大力发展粮食产业经济　加快建设粮食产业强省的实施意见》，提出建设成为千亿级油脂、千亿级优质稻麦加工中心和世界级粮食机械装备研发制造高地，坚持通过创新驱动江苏由粮食产业大省向粮食产业强省迈进。

## 一、创新实施“优质粮食工程”

抢抓国家“优质粮食工程”首批支持省份的机遇，把推进“优质粮食工程”作为厚植产业优势、增创发展亮点、推动粮食产业高质量发展重要载体，抓紧抓好，抓出特色。全省总投资 5.7 亿元，支持建设 7 个“中国好粮油行动示范县”、2 个省属国有和 2 个央企示范企业、18 个县 58 个粮食产后服务中心和49个县级粮食质检机构，目前进展顺利，2018年将确保完成建设任务。一是“一号工程”突显地位。各级党委政府高度重视，将“优质粮食工程”作为地方粮食工作的头号任务来抓。其中，江苏省“优质粮食工程”的首要任务——“苏米”品牌创建工作被写入省委2018年一号文件《中共江苏省委江苏省人民政府关于贯彻落实乡村振兴战略的实施意见》。同时，将各地“优质粮食工程”实施情况纳入省政府真抓实干绩效考核和粮食安全省长责任制考核的指标体系。二是因地制宜突显特色。在“中国好粮油行动”示范县创建上，不搞大而全，力求专而精，体现区域特色。一方面打造特色产品，着力推进沭阳高墟碱米、盱眙龙虾米、阜宁大米、宝应大米、如东小品种食用油等地方特色粮油产品培育提升，扩大品牌影响，带动农民增收；另一方面打造特色服务，着力推进泗洪稻米小镇、兴化戴窑米市等建设，构建行业特色服务新平台。推广盐城、南通、苏州等地粮食部门在国家“五代”基础上延伸行业服务功能，提供“代供种”“粮食银行”等服务特色经验，支持建设的质检机构和粮食产后服务中心通过验收后统一形象标识，统一编

**纵向一体化全产业链运作 质量全程可追溯**

**引领现代农业 奉献安全食品 打造中国好粮油**

好粮油——苏垦米业

号，接受社会监督。三是规范推进突显绩效。在严格落实国家规定基础上，结合江苏实际，省粮食局合同省财政厅出台了“优质粮食工程”实施方案、管理制度和绩效评价办法，各地实施绩效作为下一年度“优质粮食工程”项目、省级粮食仓储物流设施建设资金安排和其他扶持政策方面给予倾斜的重要参考。建立“优质粮食工程”联系点制度，加强工作指导。会同省财政厅召开“中国好粮油”示范项目视频推进会、全省“优质粮食工程”现场推进会等，下发督查通报，加快建设进度。按年度编制《江苏省“优质粮食工程”发展报告》，与南京财经大学、江苏省粮食集团共同建设优质粮食工程中心，开展重大课题、重大科技项目等研究活动，为各级政府决策提供参考。

## 二、创新推动粮食产业高质量发展

2017 年年底，编制出版的《江苏粮食产业发展报告》，分析产业发展现状，研究各地发展特点和产业政策，加强面上指导。一是加快推动省域粮油公共品牌创建。为彻底解决江苏大米产业小而散、品牌影响力不强的现状，2017 年年底启动“苏米”品牌创建工作，并被列入省政府 2018 年度十大主要任务百项重点工作。在省委、省政府召开的全省农村工作会议上，吴政隆省长特别强调要大力实施品牌强农行动，聚力打造“苏米”等金字招牌。已启动商标注册申请，编制好“苏米”全产业链团体标准，具体包括“苏米”的种植、储藏、加工、产品标准四个方面。即将按照《“苏米”品牌管理办法》和《“苏米”产业联盟章程》有关规定开展“苏米”核心企业评审，下一步将根据“苏米”发展规划开展“水韵江苏、好吃苏米”的相关推介、营销工作。二是加快推动粮食一二三产业融合发展。以“中国好粮油”质量标准为引领，加强质量控制，实现优质品牌体质增效和转型升级。至 2020 年，计划将在每个省辖市重点培植 1 个包括粮食种植、购销、仓储、物流、加工、销售全产业链运行的产业化经营示范企业，总结推广其发展模式，为调整江苏省产业结构，扩大产业规模探索可行路径。三是加快推动粮食产业（物流）园区建设。《江苏省粮食流通“十三五”发展规划》提出，将集中建设32个粮食物流产业园，在功能配套、产业链完善、龙头企业培育、科技创新等方面寻求突破。会同省发展和改革委员会联合出台江苏省级粮食产业（物流）园标准。2017—2018年，江苏省将着重打造省级粮食产业（物流）园区8个，入选后省财政将给予资金支持。

苏粮集团张家港物流码头

## 三、创新贯彻国家科技兴粮战略

江苏省“优质粮食工程”建设总投资5亿多元，其中仅用于科研、技改、信息化建设等方面的资金就达2亿多元，占比40%。一是大力整合创新资源。充分利用江苏省涉粮高等院校和科研院所较多的优势，加强产业技术创新战略联盟、技术研发中心建设，攻克粮食科技难题，提升产业核心竞争力。目前，江苏省已成立国家级研发中心6家、省级研发中心31家，创建食用植物油、优质小麦、优质稻米、粮机装备、新型饲料5家国家级、省级产业技术创新战略联盟，通过合作开展新产品、新科技研发，努力培育江苏省粮食产业经济新的增长点。二是大力推广科学储粮。仓储环节承前启后，是粮食产业高发展的关键环节。近年来，江苏省在加大仓储设施建设力度、改善仓储设施条件的基础上，积极研发和推广应用绿色生态、节能环保的储粮新技术、新工艺。气调储粮、食品级惰性粉防虫、粮库屋顶光伏发电、水源热泵低温储粮等技术工艺在众多库点投入应用。截至 2017 年年底，全省实现气调储粮仓容 238 万吨，实现低温准低温储粮仓容 1651 万吨，占全省完好仓容的 50%。三是大力发展科技服务。率先建成省级智慧粮食云平台和 13 个设区市市级综合信息管理平台，建成不同层次的数字化粮库近 800 家，实现省市平台与基层粮库的网络互联和数据共享，有效提升了行业管理效能。组建省级粮食大数据实验室，开展粮食大数据挖掘与应用。2017 年，研发了国内首款省域推广、专门为种粮大户服务的满意苏粮手机 App（手机软件），主要包括政策信息、收购库点、质价标准、价格测算、预约售粮等功能，覆盖全省种粮大户 3 万余户，农民卖粮迈入“指尖”时代。

# 聚力创新发展　加快转型升级
# 谱写粮食产业经济发展新篇章

浙江省粮食局

大力发展粮食产业经济，是兴粮之策、富农之道、惠民之举。去年滨州会议以来，浙江省深入贯彻习近平新时代中国特色社会主义思想，坚持以“八八战略”为指引，牢固树立大粮食安全观，大力推动粮食产业创新发展、转型升级和提质增效，为浙江实施乡村振兴战略和高水平全面建成小康社会、高水平推进社会主义现代化建设提供坚实的粮食安全保障。2017 年，全省粮食产业总产值达到 549.31 亿元，比上年增加 88.83 亿元，增幅 19.3%；培育省级以上农业龙头企业达 57 家，创建“放心粮油示范县”20 个。

## 一、助力乡村振兴，明确目标任务

为进一步加快浙江省粮食产业经济发展，构建高质量高标准的粮食安全保障体系，根据《国务院办公厅关于加快推进农业供给侧结构性改革大力发展粮食产业经济的意见》等精神，2018 年 4 月，省政府办公厅印发了《关于加快推进农业供给侧结构性改革大力发展粮食产业经济的实施意见》（以下简称《实施意见》）。这是浙江省在 2016 年 10 月出台 133 号文件后，时隔不到两年，省政府出台的第二个关于发展粮食产业经济的文件。《实施意见》是 133 号文件的升级版，在发展目标上更加突出高质量发展、创新发展和绿色发展；在任务举措上更加系统完整，提出了4个方面11项重点任务和5个方面的保障措施；在责任分解上更加明确，将每项任务具体分解落实到相关部门。主动融入乡村振兴战略，将“培育以粮食、食用油、饲料加工加工为重点的千亿级粮食产业经济”纳入《浙江省全面实施乡村振兴战略高水平推进农业农村现代化行动计划（2018—2022年）》，进一步明确任务目标。同时，把粮食产业经济发展主要指标分解到市县，列入粮食安全市县长责任制考核和乡村振兴考核，层层压实责任，形成上下联动的氛围。

## 二、培育龙头企业，发挥引领作用

全面实施粮食产业化龙头企业培育工程，全省21家粮食企业被国家认定为重点支持粮油产业化龙头企业；省级以上农业龙头企业达到57家，其中国家级5家、省级52家。一是建立联系制度。省、市、县三级粮食局领导联系重点培育企业126家，其中省局领导联系企业15家。通过一对一联系，及时了解情况，宣传政策，协调解决问题。二是落实扶持政策。全面落实了大米加工企业享受农业生产用电价格的政策，企业用电成本下降近1/3。支持企业参与储备粮业务，省本级安排33万吨储备规模开展动态储备试点。有关市、县设立涉粮企业成长专项扶持资金，支持企业发展。三是加大招商力度。创新招商引资方法，突出引进战略投资者和国内外大粮商。近年来，先后引进了中粮面业（海宁）有限公司、浙江益海嘉里食品工业有限公司等国内外大粮商。四是开展考察对接。组织粮食企业负责人参加专题培训、赴省外考察和开展银企、科企对接等活动，积极为企业牵线搭桥。

## 三、坚持创新驱动，加快转型升级

**1. 突出品牌创新**。加大扶持力度，着力培育一批具有浙江区域特色的粮食名牌产品，联合打造区域品牌，不断扩大浙江省粮食品牌影响力和市场占有率。2017年以来，衢州山茶油、金华酥饼、缙云烧饼、奉化千层饼、东阳红曲酒等一批产品获得国家地理标志证明商标。浙江省粮食集团醇鲜五常香米和杭州富义仓米业有限公司富义仓壹号大米入选全国首批“中国好粮油”产品名录，第二批又推荐上报5家企业、6个产品。组织20个县（市、区）开展“放心粮油示范县”创建试点，并给予38家示范企业和357个示范供应点专项补助。

富义仓米业

2. **突出科技创新**。鼓励和支持粮食企业与高校、科研院所加强合作，开展粮食精深加工关键技术攻关和研发。浙江科盛饲料股份有限公司成立科技研发中心，与浙江大学、江南大学、苏州大学等高等院校合作完成8个产学研项目，其中3个国家星火和火炬项目，获得2项发明专利、2个省级新产品、2个省级高新技术产品。杭州富义仓米业有限公司设立了粮食技术研究院，与武汉轻工大学等高校合作，完成国家星火项目《大米深加工关键技术应用与示范》1项、市级农业科研项目《留胚米的开发及其产业化研究》等3项。浙江三禾生物工程有限公司与浙江大学等科研院校合作，研发出了以早稻为原料莫纳克林K含量高达3%的功能性降脂红曲产品，该产品先后通过了浙江省新产品鉴定，被省科技厅授予高新技术产品，并通过欧盟有机产品认证，产品远销欧美及东南亚等国家和地区。

3. **突出融合发展**。大力实施“建链、补链、强链”工程，推广全产业链经营等模式。浙江省粮食集团有限公司依托贸易优势，全力打造“产加储运贸”粮油全产业链，在东北三省 7 个地市 19 个县区建成粮源基地 150 多万亩，在省内通过股权收购和自建加工生产线，形成了年产 10 万吨成品粮、年加工大豆 30 万吨、年产成品油脂 10 万吨的生产能力，初步形成上控粮源、中控渠道、下控终端的从田间地头到餐桌的粮油全产业链。2017 年实现粮油销售收入 39.9 亿，实现粮油业务经营量 262.82 万吨，分别增长了 73.48% 和 46.83%。浙江五芳斋实业股份有限公司加强东北粮源基地建设，加快中式快餐门店布局，精心打造米制品行业领导品牌和中式快餐连锁品牌，形成大米加工、粽子产业、快餐门店、电子商务四大板块，目前已开设了 430 多家连锁门店和 600 多个放心早餐网点，2017 年公司实现销售收入 19 亿元，比上年增长 18%。浙江衢州东方集团股份有限公司不断深化“互联网 + 多业态 + 创新发展”模式，依托阿里巴巴平台，建立了由农超对接体系、中央厨房食品加工体系、配送中心食品配送体系组成的主食产业化系统，2017 年实现销售额 12.22 亿元，同比上年增长 9.55%。

4. **突出集聚发展**。通过加强粮食产业园区、物流园区、电商园区建设，着力推进粮食产业集聚发展，初步形成了舟山的油脂加工、嘉兴的饲料加工、杭州的食品加工、绍兴的黄酒加工、台州的粮机制造等为代表的地区特色产业集群。舟山国际粮油产业园区已经成为我国东部沿海地区重要的进口粮食集散中心和油脂加工贸易基地，2017 年进口粮食接卸量达到 419 万吨，实现工业总产值 40 多亿元。杭州粮油物流中心入驻中央和地方粮食企业 12 余家，经营户 240 家，2017 年粮食经营量达到 360 万吨，形成了粮食加工、贸易、仓储、物流、信息为一体的产业集聚区。衢州东方粮食电商产业园以“大粮食 + 健康 + 互联网 + 金融”为战略引领，

绍兴黄酒生产现场

通过理念引领、标准构建、品牌培育、安全保障、业态孵化、产业集聚，致力于打造“粮食市场生态体系圈”，构建的粮网“加盟市场”目前已延伸到了11个省份的34个城市。

# 加快创新发展<br>着力打造粮食产业发展“安徽品牌”

安徽省粮食局

自2017年全国加快推进粮食产业经济发展现场经验交流会以来，安徽省粮食产业经济呈现政策推动、科技驱动、市场拉动的良好发展态势。**一是增长趋势明显**。2017年全省粮油加工业总产值达2716亿元，增幅达8%，稳居全国第4位；至2018年5月底，粮油加工产值1073亿元，较上年同期增长7.5%，继续保持较高水平增长。**二是规模质量提升**。产值10亿~50亿元企业42家，33家企业荣登2017年度全国粮油加工业“50强”“10强”榜。**三是结构布局优化**。已形成宿州和亳州的小麦加工产业集群，六安和滁州的稻谷加工产业集群，蚌埠、芜湖的玉米、糯米加工产业集群，合肥、淮北和芜湖的主食产业集群，合肥和阜阳的粮油机械加工产业集群。**四是创新能力增强**。全省高新技术粮油企业52家，2017年取得30多项国家级发明专利。**五是品牌建设推进**。全省拥有粮油类国家级农业产业化龙头企业23家、省级农业产业化龙头企业283家，中国驰名商标28个、安徽名牌131个。**六是融合发展加快**。全省80%以上粮油加工企业与小农户、家庭农场和专业合作社建立了粮食产业联合体等股份合作制利益联结机制，催生了一批新业态、新产业、新模式。

合肥市粮食局第二仓库光伏项目

## 一、强化政策支撑，坚持高质量发展

立足省情实际，2017 年 12 月 1 日省政府出台《大力发展粮食产业经济的实施意见》，为全省粮食产业经济发展奠定了坚实的基础。2017 年 12 月 19 日省政府在亳州市召开全省推进省农业产业化暨粮食产业经济发展现场会，要求各地要坚决打赢发展粮食产业经济攻坚之战，切实把粮食产业经济这篇大文章做实做好。统筹商品粮大省奖励资金及其他有关资金近 8000 万元，用于支持粮油产业经济发展。2018 年 3 月，省粮食局会同省财政厅修订《安徽省省级粮食产业化财政专项资金管理办法》，从粮油加工技术改造、企业设备购置、新产品新技术研发、主导制定行业标准、获得专利、设立销售网点、品牌宣传、构建稳定的原料基地八个方面予以重点支持。截至 6 月 15 日，全省共审核通过粮油加工企业 145 家，奖补资金近 5000 万元。同时引导各地投入“真金白银”，全力加速粮食产业化发展。设立市场化收购粮食贷款担保基金和粮油产业化发展基金，帮助企业加快品牌建设，发展精深加工，缓解企业融资难、融资贵等问题。

## 二、强化主体培育，着力扶优扶强

出台《安徽省省级粮油产业化龙头企业评选认定管理办法》，加快粮食产业创新发展，促进龙头企业做大做强，发挥粮油产业化龙头企业带动产业集聚发展。通过政策资金扶持、产业园区转型升级、创新体制机制等措施，支持粮油龙头企业加快发展。依托大型粮油加工龙头企业、“甲级队”龙头企业和招商引进大企业的牵引辐射，带动一批中小型企业的快速发展，构建全省粮油加工骨干支撑体系。加大与中粮、中化、中航、益海嘉里等央企外企合作，支持企业发展壮大。进一步拓展融资渠道，积极推进企业在主板和中小企业板上市。在“中国好粮油”行动计划实施中对光明槐祥、凤宝面粉、燕庄麻油各支持1400万元用于企业发展。燕庄芝麻油、王仁和米线销量在全国遥遥领先，燕之坊在全国200多个大中城市商超设立3000多个独营专柜，成为全国领先的杂粮经营企业。

## 三、强化科技支撑，加快成果转化

联合省发展和改革委员会、省科技厅出台《关于大力推进“科技兴粮”的实施意见》，重点加强粮油储藏技术、粮油精深加工、副产物高效利用、粮食质量安全、节粮减损、现代粮食物流、粮食机械装备制造、粮食智能化和信息化等领域的科技研发与推广应用。力争到2022年，实现科技贡献率提高3个百分点；依靠科技进步，粮食加工转化率达到90%，主食品工业化率提高到27%以上，实现粮食加工业产值突破5000亿元。制定下发《安徽省粮油制品研发基地建设管理规定》，引导企业全力提升粮油科技创新能力，促进粮油加工业转型升级。积极推进与中国科技大学、合肥工业大学等科研院校的战略合作；建立了安徽米制品、面制品研发基地，筹建杂粮研发基地和粮油产品研发中心。

## 四、强化品牌战略，提升产品质量

鼓励支持粮油企业产品商标注册和加强品牌认证工作，重点开展好中国驰名商标、地理标志证明商标、中华老字号、安徽名牌粮油产品的培育、申报和评审等工作。积极为企业提供优质粮油供需信息，引导企业建立优质粮油种植基地，制定符合企业和产品特点的商标标志，提升皖粮产品认知度。充分利用各类媒体和政务网、微信公共平台大力宣传粮油产品品牌，挖掘皖粮品牌内涵，拓展皖粮品牌市场。制订出台“安徽好粮油行动计划”和加快建设放心粮油工程、推进主食厨房工程、皖人食皖粮工程、皖粮销全国工程和皖粮产后服务工程五个配套实施方案，再造粮油全产业链。建立放心粮油产品目录库，并实行动态管理，全面提升安徽粮油产品质量、美誉度和市场占有率。市面涌现出了颍上大米、南陵大米、凤台马店糯米、金寨高山米、怀远白莲坡贡米和宣城木榨菜籽油“国家地理标志保护产品”，光明槐祥、丰大、金润、家乐等知名粮油品牌，联河、皖神、安特等深加工领域翘楚，同福碗粥、青松食品、徽

安徽省联河米业有限公司烘干设备

香昱原等走进千家万户的主食产品。美亚光电、泰禾光电、捷迅光电、中科光电等合肥造色选机享誉全国、出口全球，泰禾光电还荣获了 2018 年“中国驰名商标”。

## 五、强化行业指导，服务产业发展

省粮食局印发了《安徽省粮食局 2018 年五大发展行动计划工作要点》，紧紧围绕加快发展粮食产业经济、实施好粮油行动计划、推进粮食收储市场化改革、深化与沪苏浙一体化发展、大力实施乡村振兴战略和现代农业示范工程等重点目标任务，上半年召开全省粮食产业经济视频调度会，下半年举办现场会，局领导定期深入基层调研指导。开展送新发展理念、送支持政策、送创新项目、送生产要素，服务实体经济“四送一服”活动，建立定期走访制度，指导并帮助粮油企业做强做优、做出特色，帮助粮油企业协调和解决实际问题。开展银企、科企、信企、校企、园企对接活动，努力为企业解决资金、科技、信息、人才等需求服务。积极参与办好合肥、上海农交会，组织企业参加中国国际粮油产品及设备技术展示交易会和福建、黑龙江、山西、广东、甘肃等粮油展示交易会，帮助企业开拓市场，扩大粮油品牌效应，提升市场竞争力。巩固长江三角洲、珠江三角洲粮食产销合作成果，加快皖粮“西进南下”步伐。提炼联河米业、同福碗粥等企业的电商经营经验，着力推广“互联网 +”经营模式。全省粮油类农民合作社 27440 个，占合作总数的 30.8%。粮油类家庭农场 24152 个，占家庭农场的 31.4%；粮油类产业化联合体占现代农业产业联合体 1500 家的 50% 左右。

以上是安徽省在粮食产业经济发展工作中的一些做法，下一步，全省粮食系统将按照国家粮食和物资储备局的部署，学习借鉴兄弟省市先进的经验做法，着力推进粮食产业经济跨越式发展，着力打造粮食产业“安徽品牌”。

# 加快机制创新　推进粮食产业发展

福建省粮食局

福建是一个缺粮大省，随着社会经济发展、人口增加以及城镇化进程的加快，产需缺口逐年扩大，年粮食缺口达1100多万吨，粮食自给率仅为36%左右。加快培育新型粮食市场主体、促进粮食产业发展、保障粮食安全历来是福建省粮食流通工作重点。为贯彻落实《国务院办公厅关于加快推进农业供给侧结构性改革　大力发展粮食产业经济的意见》文件精神，福建省从省情、粮情出发，以“深化改革、转型发展”大讨论为契机，加大政策扶持、强化科技支撑、深化产销合作、实施品牌带动，进一步推动粮食产业经济发展。

## 一、加大政策扶持，培育壮大产业主体

为加快新型粮食市场主体培育，推进粮食产业发展，福建省出台了一系列的粮食产业发展扶持政策和保障措施。2016年11月省政府出台了《关于培育新型粮食市场主体促进粮食产业发展的意见》（闽政〔2016〕49号），明确提出：要深化国有粮食企业改革，推进县域内国有粮食企业兼并重组，培育区域性粮食集团，发展混合所有制经济，建立现代企业制度；做大做强粮食产业，支持粮食企业联合发展，发展粮食精深加工，发展绿色粮食产业，加快技术升级改造，实施粮食品牌战略，推

进放心粮油供应体系建设；加大财政及政策扶持力度。2017 年 12 月省政府办公厅转发了《国务院办公厅关于加快推进农业供给侧结构性改革　大力发展粮食产业经济的意见》(闽政办〔2017〕149 号)文件，在支持主食产业发展、强化行业监管服务、创新储备管理机制、加快物流体系建设、落实用地用电政策等方面做出具体规定。省粮食局、财政厅联合制定了《福建省引粮入闽奖励办法》(闽粮法〔2016〕245 号)，鼓励和支持省内粮食企业到粮食主产省建立粮食生产基地、建设粮食仓储物流设施及粮食加工企业，巩固和拓展粮食产销协作，促进粮食产业发展，增加省内供应粮源。2017 年 9 月省粮食局、财政厅又联合印发了《福建省粮食产业发展资金管理暂行办法》《粮食产业发展专项资金 2017 年重点支持项目申报指南》，省级财政安排专项资金补助粮食应急加工体系建设、粮食加工企业技术改造、"放心粮油"供应网络建设、创建粮食品牌和粮食产业化发展。近几年来，省级财政支持力度进一步加大，每年安全引粮入闽奖励资金，已累计安排 1 亿元用于支持企业开展省间粮食产销协作和产业化经营；从 2017 年开始每年安排 2000 万元粮食产业发展资金，扶持粮食应急加工企业项目及粮食加工企业技术改造；根据增储后福建省仓容缺口问题，新一轮粮库建设安排 13 亿元，用于省

福州松下港粮食物流园区

级粮库建设和市县粮库建设补助，新建254万吨仓容预计2018年年底前基本建成。

## 二、强化科技支撑，推动产业转型升级

根据省情和粮情，坚持每年举办粮食产销协作福建洽谈会（简称福建粮洽会），建立产销衔接平台，并主动适应粮食供给侧结构性改革需要，推动省际粮食产需平衡，加速粮食科技成果转化落地，促进福建省粮食产业升级。**一是建立科技战略合作**。与国家粮科院、河南工业大学、武汉轻工大学、南京财经大学、江南大学，建立了科技合作关系，并签订了粮油科技战略合作协议，在粮油科研合作、项目推介、平台建设、人才培养、信息通报等方面加强合作。**二是组织科技项目推介**。利用产销协作洽谈会平台发布科学研究成果、推介粮油设备技术，组织开展粮食科技产学研对接，加速粮食科技成果转化落地。近两年就征集到粮食科技项目498项，成功对接46项。充氮气调、惰性粉防虫、光电色选机、自动垛粮机、智能烘干机等一系列仓储和加工新技术得以落地转化到粮食企业，有效推进了粮食科技产学研结合，提高了福建省储粮和粮食加工科技水平。**三是推广绿色储粮技术**。结合储备增储后的新一轮建库和“危仓老库”维修改造，大力推广绿色储粮技术，促进粮食仓储技术升级。省发展和改革委员会、省财政厅、省粮食局印发的《省级粮食储备库建设实施方案（2015—2018年）》，将粮库低温储粮、充氮气调等纳入粮食建设内容，提高粮库投资定额标准。在省局的指导下，各地也结合本级中心粮库建设和“粮安工程”危仓老库功能提升，相应安排资金支持粮油仓储企业开展绿色储粮设施设备建设，做到同步设计、同步实施、同步验收，取得较好效果。全省国有仓容应用“四合一”技术仓容448万吨，占比72.4%；应用气调储粮技术仓容103万吨，占比16.6%；达到低温准低温标准的仓容150万吨，占比24%，为优质粮食储存提供了技术支撑。

## 三、深化产销合作，推动产业融合发展

福建省先后制订出台多项政策支持产业发展，每年省级财政安排引粮入闽资金，支持鼓励省内粮食企业“走出去”“引进来”，到产区建设生产基地、仓储设施和加工企业，推动引粮入闽。**“引进来”方面：**①福建省粮油贸易企业永辉超市与中粮集团、北大荒集团签署战略合作协议，共同推进优质大米的定制生产，在东北“黄金水稻带”建设2万多亩优质稻田——田趣东北大米基地。②福建省餐饮企业沙县小吃集团与中粮集团合作，由中粮集团为沙县小吃集团提供优质粮油产品，提高食品安全的公信度。**“走出去”方面：**①厦门象屿集团近年来在东北粮食主产区投资180多亿元，建设仓容1700多万吨；与420家农业合作社组成联社，带动土地规模经营500多万亩；建成投产160万吨玉米深加工项目。②省粮食局下属三家粮食企业在江苏和东北等粮食主产区建立了20万吨粮食储备仓容，在黑龙江省汤原县建立了5万亩绿色水稻种植基地，不仅密切了产销省合作关系，而且进一步推进了产销省粮食产业的融合。

*2017年“放心粮油”示范企业*

## 四、实施品牌带动，提升粮油产品质量

以粮食加工龙头企业为重点，鼓励支持粮油企业产品商标注册和加强品牌认证工作，重点开展好中国驰名商标、地理标志认证、福建名牌粮油产品的培育。如福州市实施国有粮食知名品牌战略，组建混合所有制市稻花香米业有限责任公司，吸收社会资本，建立现代企业制度，组建有力经营团队，积极融入市场竞争，加大品牌建设力度，打造“稻花香”商标一颗星、三颗星、五颗星大米，进一步提升产品档次和品牌效应，满足百姓优质健康用粮需求，实现经济效益和社会效益双赢。截至目前，全省粮油类企业获中国驰名商标 7 个，福建名牌 31 个，省级以上农业产业化龙头企业 36 家，品牌影响力与日俱增。同时，推进放心粮油供应体系建设，走品牌化道路，提升产品质量和服务水平，保障人民群众放心消费、安全消费、健康消费。截至目前，全省“放心粮油”示范企业共有 272 家，其中：放心粮油示范加工企业 62 家，示范配送中心 2 家，示范批发市场 1 家，示范销售店 13 家，“放心粮油”经销店 194 家，为开展“中国好粮油”行动奠定了基础。

# 突出“五新”举措 推动产业转型 促进粮食经济高质量发展

江西省粮食局

为贯彻国办发〔2017〕78号文件精神，江西省粮食系统坚持以习近平新时代中国特色社会主义思想为引领，坚持突出“五新”举措，深化粮食供给侧结构性改革，加快推进粮食产业经济发展，全省粮食经济高质量发展呈现良好开局。**一是结构优化**。全省粮食主食产品和粮油深加工产品的企业数量和产品产量均稳步增加，发展后劲增强。2017年度全省完成工业总产值902.1亿元，较上年增加14.9亿元。**二是效益提升**。全省粮油加工业实现利润总额32亿元，较上年增加8.2亿元，增幅为34.5%。**三是提质转型**。全省优质粮食工程和智能粮库各项建设稳步推进，产业业态和企业经营方式等不断适应经济发展新常态。主要做法有：

## 一、厘清发展新思路，全面谋划产业经济大格局

1. **提升政治站位，完善产业布局**。习近平总书记视察江西时做出了“新的希望、三个着力、四个坚持”重要指示，要求坚持做好农业农村农民工作，巩固江西粮食主产区地位。为贯彻总书记指示精神，江西省立足国家总体安全观的新要求，提升政治站位，着眼更高层次保障国家粮食安全，在“十三五”粮食产业发展规划基础上，省政府办公厅又出台

了大力发展粮食产业经济的意见，明确围绕传统粮食主产区、油茶种植区和粮食加工区，重点推动大米、米粉、稻米油和山茶油加工的产业布局，坚持以发展混合经济为动力，以绿色优质产品为重点，以打造名牌为先导，以创新发展为突破口，推动粮食产业转型升级，促进农民增产增收，进一步巩固粮食主产省地位。

万年贡

建设中的国米文化生态产业园

建设中的万年贡国米文化生态产业园

2. **加大有效供给，增加优质产品**。立足江西绿色生态优势，按照“稳粮、优供、增效”的总体要求，大力发展优质大米、富硒功能大米、有机大米等优势品种。宜春市粮食局充分发挥本地生态环境优势，大力发展绿色有机富硒农业，打造绿色食品原料基地、有机农产品认证、富硒农产品基地，大力改造传统优势产业，培育了以丰城梅林、高安盛发、上高绿万佳和圣牛米业等一批建设富硒功能农业基地与富硒米制品生产的加工龙头企业，产品优质品率逐年提高。

## 二、转换发展新动能，推动产业经济高质量运行

1. **大力发展粮食主食加工**。重点发展以米粉、面条和早餐主食为主体的粮食主食产业化，构建适应多元化、多层次、个性化消费需求的主食产业体系，提升主食产品社会化供应能力。江西会昌五丰米粉出口量占全国出口市场份额的60%。江西省益家食品投资五千万元建设速冻主食品产品深加工企业，产品包括馒头、蒸包、干鲜面、烧卖等几十种产品。

2. **大力发展粮食深加工**。利用粮食加工副产物，开发食品、医药、保健、化工等新型产品。江西金农米业集团有限公司和德兴市百勤异VC钠有限公司利用碎米生产大米蛋白、大米淀粉、大米糖浆以及食品添加剂，极大提高大米产品附加值和企业经营效益，产品畅销欧美等地。

3. **大力发展副产品综合利用**。江西金佳谷物股份有限公司和江西圣牛米业有限公司利用稻壳为燃料，燃烧产生的蒸汽一方面用于发电和供应热源用户；另一方面稻壳燃烧产生的灰，可再加工生产建筑材料及炭黑等，不仅节约了标准煤消耗、减少了二氧化碳排放，还增加了市场有效供给，实现了再生资源的有效利用，形成了较为完整的循环经济产业链条。

## 三、打造业态新模式，促进产业经济转型发展

1. **扶持龙头企业**。全省入统龙头企业184家，其中国家级龙头企业40家。既有江西省粮油集团有限公司这样跨县域的大型企业集团，也有万年贡米集团这样的整县制的区域性企业集团；既有江西金农米业、圣牛集团这样的专注粮食及其衍生产品生产的粮油类企业，也有江西维尔宝食品生物有限公司、江西恒顶食品有限公司这样的食品类生产加工企业。

2. **完善产业业态**。一是创新企业形式。加工企业积极参与和主导组建专业合作社，推行“公司+基地+农户”的产业化模式。江西粮油集团分别在泰和县、新干县建设种植基地。江西金农米业集团组建了70个

江西省粮油集团有限公司厂区全貌

水稻种植专业合作社。二是拓展产业门类。宜春油茶产业已扬优成势，产值突破8亿元，成为全国油茶产业发展重点地区。宜春元博山茶油科技农业开发有限公司在伦敦证交所挂牌上市，成为国内首家在海外成功上市的油茶企业。三是融合营销体系。建设应急配送中心113个，确认粮食应急加工点235个，粮食应急供应网点1535个，形成覆盖城乡的"放心粮油"、应急配送、军粮供应、成品粮储备和主食产业化"五位一体"的营销体系。开辟电商营销途径，江西米粉、碱水面、纯粗粮产品等特色产品纷纷"触网"，拓展网上营销新领地。

3. **培育知名品牌**。全省目前已有"金佳""玉珠"牌大米、"春丝"牌面条以及"大观楼"牌腐竹等品牌获"中国名牌产品"称号或中国驰名商标；万年贡米、奉新大米、高安大米等产品成功申报了地理标志保护品牌和著名商标，宜春大米、鄱阳湖大米等九个品牌被评为区域性地方公共品牌，提高了赣产粮油品牌的市场美誉度和综合竞争力。

## 四、推广行业新技术，助推传统产业上等升级

1. **积极推广应用绿色生态储粮技术**。结合"危仓老库"维修改造工程和中央预算内投资建仓项目，指导基层粮食部门通过退城进郊、原址改扩建等形式，建设了一批高标准现代化符合现代粮食流通发展需要的粮食储备库，各地根据自身条件选用智能充氮气调、低温储藏、地表浅能等新工艺，大力推广绿色生态储粮技术。

2. **加快实施“智慧赣粮”工程**。在全省5个示范库、125个储备库以及697个收纳库中分层级推广粮食基础数据采集、多参数粮情监测、储粮数量在线监测、能耗在线监测、智能通风、智能精准干燥、入仓水分控制等智能仓储技术装备，以及储粮云服务系统，推进智能仓储信息集成技术与应用示范，实现粮食流通总体情况更明晰、监管更到位、调控更有力。

## 五、打造服务新载体，实现粮食产业可持续发展

1. **提升粮食质量检验检测能力**。按照“机构成网络、监测全覆盖、监管无盲区”的粮食质量安全监管总体要求，加强省、市、县三级粮食质量检验监测机构建设，推进地方国有粮食收储企业质量安全保障能力升级改造，提高常规质量、储存品质、卫生安全、添加剂和非法添加物、微生物等方面的综合检验监测能力，为全省粮食产业健康有序发展保驾护航。

2. **推进“优质粮食工程”建设**。重点打造粮食产后服务中心，三年拟安排400个点，建设集“五代”业务于一体的粮食产后服务中心，2017年105个点的建设工作已有条不紊地推进。“中国好粮油”示范行动取得积极进展，7个产品获首批“中国好粮油”称号。2个示范县优质粮食种植面积同比增加5.7万亩，2个省级示范企业订单粮食面积同比增加30万亩。示范县预计优质粮食产量同比增加2.25万吨，示范企业预计优质粮食收购量同比增加4万吨，销售量同比增加1.7万吨。

# 打好河南粮食这张王牌　做大做强粮食产业经济

河南省粮食局

2014 年 5 月 9 日，习近平总书记在河南考察时指出，河南粮食这个优势、这张王牌任何时候都不能丢。近几年来，河南省牢记总书记嘱托，制定政策，强化措施，加大力度，狠抓粮食资源优势向商品经济优势的转化，实现了以面米主食为代表的粮食产业经济跨越发展，打造了河南粮食新王牌。

## 一、以“四个一”为抓手，厘清全省粮食产业经济发展思路

2017 年全国加快推进粮食产业经济发展滨州会议一结束，省粮食局即向省政府做了专题汇报，提出了“四个一”的发展思路和建议。王铁副省长对此高度重视，除口头指示外，还先后两次做了重要批示，要求省粮食局务必认真贯彻落实国务院 78 号文和滨州会议精神，“真正把粮食产业经济这件实事抓上去”，切实将“四个一”落实到位。

**一是**出台一个文件。省粮食局在深入调研和广泛征求意见的基础上，起草了《河南省人民政府关于大力发展粮食产业经济加快建设粮食经济强省的实施意见》（以下称《实施意见》），历经 16 次修改，省政府印发全省遵照执行。**二是**开展一项活动。2017 年 10 月，省粮食局会同省财政

厅带领市县粮食局局长等50余人，赴滨州学习考察。随后，在全系统部署开展了“比先进、找差距、订措施、促发展”主题讨论活动，引起强烈反响。**三是**开好一个会议。省政府《实施意见》印发后，省粮食局在永城市召开了“加快推进全省粮食产业经济发展现场经验交流会”，分析问题，研判形势，典型引路，示范带动。**四是**实施一项工程。利用三年时间，总投资近40亿元，精心组织实施包括“中国好粮油”行动计划、粮食产后服务体系和粮食质检体系建设在内的“优质粮食工程”。重点扶持“好粮油”示范县、示范企业，做大做强河南粮油品牌；打造1000余个粮食产后服务中心，强化“五代”服务，为粮食产业经济发展奠定优质原料基础；构建全方位、无死角的粮食质检体系，打造从田间到餐桌的粮食质量安全“防护网”。

## 二、坚持“四个结合”，持续推动全省粮食产业经济发展

近年来，河南省坚持粮食产业经济发展与主食产业化、粮油深加工、“放心粮油”工程、“中国好粮油”行动计划紧密结合，探索出了一条自身发展路子，巩固了河南“国人厨房”地位，实现了粮油供给从“吃得饱”到“吃得好”的转变。

### （一）坚持与主食产业化相结合，做大做强主食加工业

为扎实推进主食产业化发展，省政府在全国率先出台了主食产业化指导意见和发展规划，明确了主食产业化的发展思路和目标措施。2017年，筹集财政资金4500万元，对48家主食产业化企业进行了贴息扶持。自2012年起，累计对225家主食产业化和粮油深加工企业，给予了4.33亿元的贴息支持，带动了总投资340亿元的主食产业化项目建设。截至2017年年底，全省以主食加工为主的粮油加工业总产值2016亿元，主食产业化率达42%，小麦粉及工业化馒头、挂面、方便面等年产量均占全国1/3以上，速冻食品年产量占全国2/3以上。兴泰科技公司建立了国家级面制食品工程研究中心，拥有70余项国家专利，研发出国内外首条可替代传统手工工艺的主食馒头生产线，突破了机制馒头优质化的装备瓶颈。

中原粮食集团多福多馒头生产线

## （二）坚持与粮油深加工相结合，促进粮食资源转化增值

为推动全省粮油深加工，积极探索创新，2017年河南省在全国率先建立了总规模5亿元的粮油深加工企业扶持基金。在省政府统一领导下，省粮食局会同财政厅制订了扶持基金实施方案和申报指南，对企业扶持范围、入库条件、申报程序等都提出了明确要求，并向社会公开发布。通过专家评审方式，建立了由123家粮油加工企业组成的基金项目库。充分发挥扶持基金作用，引导粮油加工企业向化工、医药、保健等精深加工领域延伸，在做大做强龙头企业的同时，促进全省粮食资源的转化增值。2017年年底，全省粮油加工转化率达到84%。漯河南街村集团大力发展粮油精深加工，产品涉及面粉、方便食品、休闲食品、医药等15大类近200个品种，企业年产值达22亿元，在建鲜湿面生产线10条。

## （三）坚持与“放心粮油（主食）”相结合，提高粮油食品安全水平

省委省政府高度重视粮油食品安全工作，持续推进“放心粮油”“放心主食”工程，并制订了实施意见。力争到2020年，逐步建成覆盖城乡、连接产销、设施完善、服务规范的“放心主食”“放心粮油”服务体系。2017年以来，省粮食局组织专家科学制定了“河南放心粮油（主食）”遴选条件和产品标准，通过层层申报、筛选、审核、评审方式，认定了74个河南放心粮油（主食）产品和52家河南省放心粮油（主食）加工企业。

统一制定“河南放心粮油（主食）”产品标识，不断扩大“放心粮油”“放心主食”影响力。在2016年度和2017年度的国务院食品安全考核中，省粮食局负责的粮油食品安全考核项目，不仅赢得了满分，而且还得到了额外加分。2018年7月24日，经省政府批准，继2012年之后，省粮食局与省食安办一起，再次联合承办了“河南省食品安全周主场活动暨河南好粮油河南放心粮油宣传周启动仪式”。除省粮食局领导做主旨发言外，还组织全省相关市县粮食局及36家粮油加工企业干部职工近300人参加了活动，设置“河南好粮油河南放心粮油”展位40个，省内各主流媒体开展了集中宣传报道，扩大了“放心粮油”的影响力。

**（四）坚持与“中国好粮油”行动相结合，推动粮食产业经济提档升级**

坚持以“中国好粮油”行动计划为抓手，进一步做大做强做优全省粮油加工业。

**一是实施示范工程**。2017年安排财政资金7820万元，支持“中国好粮油”行动计划示范县、示范企业和示范项目等示范主体发展，辐射带动周边区域优质粮油产业发展。作为“好粮油”示范县的临颍县，坚持做大做强休闲粮油食品产业，其中休闲食品、烘焙食品、膨化食品等涉粮产品产量，在全国县区排名中均名列前茅。

**二是遴选河南好粮油产品及加工企业**。组织省内知名专家制定了“河南好粮油”产品标准和企业遴选条件，通过申报、审核、推荐、评审等规范程序，2017年度遴选出首批41个“河南好粮油”产品，同时认定、授牌29家河南省好粮油加工企业。

**三是打造河南好粮油品牌**。通过全社会公开征集等形式，制定了“河南好粮油”标识，允许相关企业在该产品的包装物上印制和使用。实行“河南好粮油”产品及示范企业动态管理，对抽检不合格产品，随时取消“河南好粮油”称号。安排500多万元专项资金召开“2017郑州·中国好粮油产销对接博览会”。充分利用科技活动周、食品安全周等重要活动载体及《河南日报》《粮油市场报》等重要媒体，重点开展了“好粮油”品牌及产品的宣传和推广。例如，2017年9月16日《河南日报》以一个多整版的篇幅、2018 年 7 月 3 日《粮油市场报》以 4 个整版的篇幅，对河南省实施“中国好粮油”行动计划和“好粮油”示范县、示范企业的做法和经验等，分别进行了全面深入的报道。

**四是实施贴息扶持政策**。安排财政资金 8000 万元，对遴选的首批河南省好粮油加工企业，给予财政补贴和贴息支持，助力企业发展。拥有专利 304 项的河南省“好粮油加工企业”——思念集团，已发展成为国内速冻食品生产的龙头企业，国内市场占有率接近 30%，已进入美国、加拿大、法国等四大洲 17 个国家和 70 多个地区。

## 三、突出“四个注重”，激活全省粮食产业经济发展活力

坚持“四个注重”，引导企业拉长产业链，创新发展方式，激发内生动力，为全省粮食产业经济发展注入新活力。

**一是注重粮食基础设施建设**。2017 年以来，全省共投资 28.7 亿元，实施仓储、物流、粮食产后服务中心、仓储智能化升级等基础设施建设，为粮食产业经济发展奠定了坚实基础。**二是注重粮食产业园区建设**。争取财政补贴，支持粮食产业园区建设，逐步实现粮食收购、加工互联互通，生产链、供应链、服务链无缝对接。大程集团投资 33.5 亿元，建设驻马店市天中食品和大程泉谷坊食品产业园，产业园建成后将实现年产值 34 亿元，预计将为企业增加利润 2.6 亿元。**三是注重粮食全产业链发展**。支持粮食企业发展“产购储加销”一体化模式，逐步实现粮源基地化、加工规模化、产品优质化、服务多样化。豫粮集团以全产业链模式为重点，建设优质小麦种植基地近 60 万亩，开设了中国好粮油网上商城及线下专卖店，已成为集现代农业、食品加工、餐饮服务等多产业融合发展的大型企业集团，企业拥有 54 家子公司，资产达 237 亿元。**四是注重粮食新业态发展**。积极推进“互联网 + 粮食”行动，支持企业发展电子商务，推广“网上粮店”“主食厨房”等新型粮食零售业态，实现从田间到餐桌的“一站式”服务。2017 年，全省粮油加工企业互联网销售收入达到 4.05 亿元，比 2016 年翻了两番。“好粮油”加工企业——南阳想念集团积极

发展新业态新模式，2017 年“双 11”当日挂面类目电商交易指数排名首位，企业工业总产值从 2012 年的 8000 万元增长到 2017 年的 7.6 亿元，5 年间增长了近 10 倍。

河南茂盛粮机生产车间

总之，在国家局和省政府的正确领导与大力支持下，河南省粮食干部职工牢牢把握习近平总书记视察河南时的重要讲话精神，团结一致，扎实工作，粮食产业经济发展取得了可喜进步。省局全体干部职工将以这次会议为契机，进一步学先进，找差距，再接再厉，开拓进取，深入推进粮食供给侧结构性改革，推动粮食产业经济持续健康发展，助力企业增效、农民致富、乡村振兴。

# 以“优质粮油工程”为抓手促进粮油产业兴旺

湖南省粮食局

《国务院办公厅关于加快推进农业供给侧结构性改革大力发展粮食产业经济的意见》(国办发〔2017〕78号)文件出台以来，湖南省以更大、更有力的举措推动粮油产业发展，取得了可喜的成绩。截至2017年年底，全省粮油类国家级龙头企业达到18家、省级龙头企业141家，11家企业跻身全国米面油食品50强，全省粮油类上市企业达到10家。2017年全省粮油加工业实现总产值1362.9亿元，同比增长6.9%；实现利润总额48.8亿元，同比增长13.2%，较好地实现了速度和质量的双提升。主要做法如下：

## 一、实施“优质粮油工程”，推动粮油产业提质升级

针对后劲不足、质量不优、基础不牢等制约湖南省粮油产业持续健康发展的突出问题，从2017年开始，根据国家局的部署，全省粮食行业实施了“优质粮油工程”，分3个子项建设，分别为：“中国好粮油”行动计划、开展粮油质量安全检验监测体系与粮食产后服务体系建设。项目首年总投资127640万元，其中：“中国好粮油”行动计划70184万元，粮食产后服务体系建设46056万元，粮食质量安全检验监测体系建设11400万元。

**1. 抓示范引领**。“中国好粮油”行动计划按照有产业基础、有工作热情、有发展潜力的要求，通过竞争性遴选，首批确定了10个县市区为“中国好粮油”行动计划示范县，两家大型企业为省级重点示范企业，3个产粮大县为探索建设现代粮油产业发展体系重点示范县。各示范县依托有品牌影响力、有经营规模、有带动能力、有特色产业的龙头企业，在县级政府统筹协调下，充分利用企业自身收储加工及品牌优势，以市场为导向，通过发展优质特色粮油订单生产，与种粮大户、合作社等新型主体结成利益共同体，带动粮油生产方式从分散碎片化向适度规模转变，构建运行通畅、链条完整、管理优良的“产购储加销”一体化产业融合发展经营模式，实现粮油优质品率和市场占有率逐年提高，粮油产业总量和质量逐步提升，种粮农民增收增效得到有效保证，示范引领效果良好。

**2. 抓标准引领**。积极推进粮油标准化工作实施，经过反复调研，多方听取意见，召开专家论证会，首期制订并发布了“优质油茶籽油”“富油酸菜籽油”“富硒大米”“虾稻米”4个“湖南好粮油”团体标准，借助标准的引领作用推进质量强粮。

**3. 抓政府统筹**。省委省政府对粮油产业发展高度重视，继2018年4月省政府出台《关于深入推进农业“百千万”工程促进产业兴旺》后，省政府办公厅又将出台《关于加快推进粮食产业经济发展的实施意见》，要求全省各级政府从政府层面厘清发展思路，统筹发展目标，明晰发展责任。

## 二、加强粮油品牌宣传，力促品牌兴粮强粮

贯彻落实习近平总书记“要把增加绿色优质农产品供给放在突出位置，狠抓农产品标准化生产、品牌创建、质量安全监管，推动优胜劣汰、质量兴农”重要指示，围绕打造“湘字号”粮油产品品牌，积极开展品牌宣传，切实提升湖南粮油知名度和美誉度。

**1. 抓“湖南粮油”形象宣传的部署**。组织拍摄“湖南粮油”形象宣传片，向全社会公开征集“湖南粮油”徽标和宣传词，扩大“湖南粮油”品牌

影响力。

2. **抓“湖南粮油”形象宣传的投放**。采取多种形式广泛传播“稻作文化发祥地，伟人故里一品粮”这一“湖南粮油”公共品牌宣传词，推动湘米、湘油外销。在中央和地方等媒体投放“湖南粮油”形象宣传片，在机场、高铁、地铁等人流较大的场所投放“湖南粮油”平面宣传广告，增强国人对湖南优质粮油产品的信任度。

3. **抓“湖南粮油”的营销**。加强省际联系，推动粮油产品外销；利用各种展销平台，大力推介湖南优质粮油产品。每年在省内外组织多场次粮油产品展示展销和产销衔接活动，力推湖南粮油产品，力促湘品出湘，引导和支持企业紧盯市场、积极营销。通过这些举措，糊省省粮油产品销售初步实现从销原粮向销产品、从销普通产品向销优质产品、从省内储备粮食向引导销区到湖南省异地储备粮食、从线下销售向线下线上有机结合销售四方面的根本性转变。

## 三、始终坚持创新引领，培育龙头企业

牢记习近平总书记“藏粮于技”的重要指示，把科技创新摆在最突出、最重要的位置；强化龙头企业的培育，发挥市场的决定性作用。

1. **抓行业发展新动能的培植**。在省级粮油产业专项资金中设立科技

金健米业股份有限公司粮食工业城

创新子项，积极引导和鼓励粮油企业开展新技术、新工艺、新产品、新设备开发，引领粮油企业走依靠科技创新加快发展的内涵式增长之路。实施以“扶大扶强扶优扶特色扶品牌”为主要内容的“五扶”工程，每年筛选 20~30 家发展起点高、品牌影响大、创新能力强、产业融合好、市场认可度高、带动作用突出、规模排名靠前的优质龙头企业，利用各种政策手段重点扶持，着力培育龙头企业，激发市场活力。通过政策引领、资金扶持等综合施策，全省粮食行业创新发展取得积极成果，推动了一批粮油产业项目走在全国同行业前沿。**湖南粮食集团**把稻壳和秸秆等农副产品转化为高质量、零甲醛排放的环保健康的“禾香”人造板材，有力地拓展了粮油产业的增值空间。**道道全油脂**加大技术创新力度，研发投入逐年增加，经营规模、经济效益持续增长，成为国内油脂加工企业高质量发展的典范。**汇升生物科技公司**用大米生产海藻糖技术取得突破性创新，产品远销日本和欧美。**奇异生物**用茶油加工生产纳米油和医用溶媒，大大提升了茶油附加值。**克明面业**专注面业加工 30 多年，组建食品研究院，多项技术获国家科技进步奖，成为国内高端挂面领先品牌。**大三湘茶油**的“油料功能脱质高效制备关键技术与产品创新”项目获国家科技进步二等奖。

2. **抓行业发展新空间的重塑**。**一是推进产业与资本的深度融合**。鼓励粮油企业与金融资本全方位、宽领域深度对接，扩宽融资渠道，激发企业内生动力。全省现有金健米业、克明面业、道道全粮油、贵太太茶油、浏阳河农业等 10 家粮油上市企业，成为引领行业发展的翘楚。**二是探索组建产业联盟**。有序推进油茶、挂面、菜籽油、米粉、杂粮、优质大米产业等联盟组建工作，以联盟促融合。首个以“浏阳河山茶油品牌”为依托的茶油产业联盟已于 2018 年 4 月成功组建，标志着湖南省独具特色的茶油产业已步入创新发展快车道。**三是打造产业园区**。以产业链为纽带，以技术创新为推动力，以龙头企业为载体，全省重点支持建设 6~8 个技术水准高、产业链完整、产品层次高的现代粮油产业发展示范园区。**四是全力打造粮油加工优势产业链，推动新增粮油产业 1000 亿元产值**

**计划**。以骨干龙头企业为依托，以核心技术和关键产品为引领，以建立现代企业制度为动力，集中优势资源，突破粮油加工关键技术瓶颈，打破所有制界限，按照全产业链一体化经营模式，重点打造和扶持产值年均增速在 20% 以上的稻谷精深加工与副产物循环利用、面制食品、大宗油脂油料精深加工、油茶精深加工、绿色优质大米、湖南特色主食、香油加工 7 个现代粮油加工优势产业链，确保在五年内全省粮油产业新增 1000 亿元产值。

金健米业股份有限公司大米生产加工可视化监视系统

3. **抓行业发展新活力的打造**。引导企业与科研院校建立良好、稳定的合作关系，促进科技与产业的深度融合，推动科技成果转化为高质量发展的现实生产力。全省现拥有稻谷及副产物深加工国家工程实验室、国家局工程技术研究中心和省级以上重点实验室等重要研发平台，187 家粮油企业建立了企业研发中心，11 家企业建立了博士后工作站，40 多家粮油企业认定为省级高新技术企业。一批粮油企业致力于打造具有国际水准的创新发展平台，行业发展后劲不断增强。

# 抓项目　建园区　突亮点<br>加速重庆粮食产业经济提档升级

重庆市粮食局

重庆是粮食产销平衡区，粮食产业经济历来基础薄弱，粮油加工企业规模小、散、多，竞争力、带动力不强，严重制约了粮食产业经济的发展。自滨州现场会议以来，重庆以实施“优质粮食工程”为契机，以抓项目、建园区、突亮点为导向，助推一二三产业深度融合，有效提升粮食产业经济发展质量，取得一定实效。具体做法如下：

## 一、以政策为引领，为粮食产业经济发展提供支撑保障

全市上下积极行动，认真贯彻落实国办发〔2017〕78号文件精神，市政府办公厅及时出台《关于大力发展粮食产业经济的实施意见》（渝府办发〔2018〕18号），各区县人民政府纷纷响应，因地制宜主动制订实施方案，为粮食产业经济发展提供政策保障。一是加大政策支撑扶持力度。制定支持粮食产业经济发展的财政税收、土地资源、金融信贷、科技创新、用电用气等积极政策，有效破解政策障碍。二是充分鼓励利用现有各类资金渠道，大力实施“优质粮食工程”建设，支持粮食仓储物流设施、国家现代粮食产业发展示范园区（基地）建设和粮食产业转型升级。

## 二、以项目为带动，为粮食产业经济发展提供示范效应

秉承“以安全保优质，以优质促发展”的理念，认真组织实施“优质粮食工程”，将示范项目打造成发展壮大粮食产业经济的引擎、提升粮食安全保障能力的重器。目前共实施45个示范项目，总投资近5亿元，项目总体建设进度达70%，资金到位率达90%，按时间进度均达到市预算执行要求。一是各级领导重视。市政府分管副市长刘桂平指示要“抓住机遇，积极作为”，多次亲自率队赴垫江、江津等项目区县实地指导督查项目实施进度；忠县、永川等区县召开政府常务会议专题研究项目落地情况。二是加强顶层设计。通过市粮食局、市财政局等市级部门会商并报市政府同意，确立按照促进“产、收、储、加、销”全产业链兼顾发展，以“看得见、摸得着、见效快、能验收”的思路，实现“树亮点、补短板、夯基础、强产业”的目标原则，搞好顶层设计，把好项目源头关，有效确保项目质量。三是狠抓项目落实。在国家计划下达后，市粮食局、市财政局立即对原申报方案的项目进行优化，多次召开专家评审会，对申报项目进行严格筛选和研究，有效促进示范项目全部落地。四是加强督查跟踪。为确保项目实施不拖堂、不走样，市粮食局、市财政局等相关领导带队，深入项目实施区县和企业进行督查指导，对重点、难点问题主动与所在区县政府交换意见，协调解决，督促落实问题整改，确保项目建设达到预期效果。五是加强统筹协调。多方沟通协调，充分调动各区县政府、项目实施单位的积极性，确保项目资金区县财政配套、企业自筹部分落实到位。

## 三、以园区为龙头，助推粮食产业经济集群化发展

主动融入“一带一路”倡议和“长江经济带”发展战略，依托150万吨粮库建设，优化粮食物流节点布局，建成2个一级粮食物流节点、5个二级节点，构建内陆型的粮食陆路物流通道和开放型的粮食长江黄金

水道，充分发挥寸滩港国家进口粮食指定口岸作用。一是科学谋划粮油产业园区。巩固江津德感粮油加工园区、涪陵蔺市临江粮油加工园区、重庆西部（白市驿）粮食物流园区、粮油仓储港口物流园区（江北区寸滩、南岸区鸡冠石、万州、永川区朱沱、丰都县等）的粮油加工企业同粮油仓储物流企业联盟，建设战略合作伙伴关系，形成以粮食加工企业为核心节点的粮油供应链，实现粮油及其加工品的供应链条管理。二是做强江津德感粮油产业园区。中粮粮油、益海、市储备粮公司、鲁花、重庆红蜻蜓、广州双桥、中储粮、福达坊等粮油企业纷纷入驻江津德感工业园区，形成以循环经济为引领，积极调整产业结构，增加科技含量，逐渐形成产业集群规模化优势，力争实现国家挂牌。三是完善涪陵蔺市临江粮油加工园区。重庆新涪食品、中储粮、道道全、金健米业等先后落户涪陵蔺市临江粮油加工园区，遵循循环经济内涵发展思路，摒弃高消耗、低效率、重污染的粗放经营方式，实现精细化管理、科学化生产、可持续发展良性循环。四是加速重庆西部粮食物流园区的提档升级。以延伸产业链条，提高产品附加值为主导，重点支持重庆人和产业集团、重庆龙泉食品、重庆可可香粮油、重庆人和健康产业等提升面粉、鲜湿面条、挂面、大米、杂粮等生产线产能质量，从园区入手打破原有粮食粗加工、大包装、大路货的水平，既可面对高消费群体市场，走精品路线；又可面向大众普通消费群体，以供应市民口粮消费为目标。

德感工业园（重庆粮油产业加工基地）全景

## 四、以亮点为突破，促进粮食产业经济发展提档升级

大力实施一二三产业融合发展，积极培育“重庆制造”粮油品牌，着力增品种、提品质、创品牌，培树产业新亮点。开展“互联网＋粮食”行动，发展粮食产业经济新型业态，加快线上线下有效整合，促进粮食产业提档升级。一是建优质粮油基地。重点扶持江津和龙潭富硒水稻，綦江有机稻，南川、涪陵和万盛等地区的生态稻等优质绿色品种发展，为大米产业发展提供更好更优的原料。重庆健康产业集团大力发展核心示范基地，先后在重庆本地、东北以及柬埔寨等地建立优质粮油示范基地4个，总面积1万亩。重庆红蜻蜓油脂公司在重庆潼南区建设近万亩生态油菜籽种植基地，发展订单油菜籽30万亩。二是抓创新驱动发展。重点支持万州、长寿、梁平等新建粮库和民营企业精准配套建设节能高效、自动控制、低碳环保、谷物搭配的大米加工生产线。重庆红蜻蜓油脂公司与江南大学共建西南菜籽油营养与健康联合研究中心，深入推进产学研一体化建设。三是实施品牌建设。支持桃片、腐乳、米花糖、豆豉等传统特色粮油产品做大做强。江津区的“福音”“硒客莱”“石蟆硒”等本土粮油品牌市场影响力不断提升。2018年5月，重庆红蜻蜓隆重举

重庆红蜻蜓油脂公司在潼南区建立生态油菜籽种植基地近1万亩

行以“破壁爆香　味在家乡”为主题的菜籽油新品发布会，投用食用油质量追溯系统，创建“一瓶一码”识别方式，提高追溯精准度和信誉度，提升品牌认知度和影响力，打造优质粮油区域公共品牌。重庆健康产业集团为实现产品分类定位，实现“重粮”“人和”等品牌差异化发展。四是创新业态发展。鼓励企业积极发展“互联网 +”，重庆健康产业利用“互联网 +”和实体商超渠道结合，建设线上“有机商城”销售平台，拓展新世纪、重客隆等商超渠道，效果显著。江津区通过建设线上销售平台和线下实体专卖店，提升粮油销售能力。

# 多轮驱动　质效并提
# 全力推进粮食产业新旧动能转换

滨州市人民政府

滨州位于山东省北部、黄河三角洲腹地，人口 391 万，2017 年粮食总产 355.5 万吨，年粮食加工转化量 1437 万吨，为粮食产量的 4 倍以上。自首次全国加快推进粮食产业经济发展现场经验交流会召开以来，滨州市委、市政府深入贯彻落实会议要求，以深化供给侧结构性改革为主线，以加快新旧动能转换为重点，在统筹全市高端铝业、新型化工、粮食加工、家纺纺织、畜牧水产五大千亿级产业集群发展基础上，突出对粮食产业的重点支持和培育。2017 年，全市粮食产业实现主营业务收入 1186 亿元、利税 59 亿元，同比分别增长 11%、18%，粮食产业发展势头向好。滨州市持续发挥“全国粮食产业经济发展示范市”和“滨州模式”带动作用，坚持多轮驱动、质效并提，在推动粮食产业创新发展、转型升级和提质增效上，积累了一些新的经验。主要体现在“三个更加注重”上：

## 一、更加注重思路创新，突出核心驱动力

**1. 坚持创新引领**。深刻把握创新是引领发展的首要动力，把科技创新摆在突出位置，率先建立国家粮食产业科技创新（滨州）联盟，建立起了粮油企业与科研机构之间更为紧密的联结关系，进一步激发了科研人才的创新活力。充分发挥企业技术创新主体作用，西王、三星等 6 家

企业承担863计划、星火计划等国家级科研项目17个，拥有4个国家级实验室。全市粮油加工行业获得国家科技成果专利319项，同比增长41.8%。其中，西王集团经过11年技术攻关，投入10余亿元研发了果糖生产新技术、新工艺，成功掌握了玉米果糖生产核心技术且实现了规模化生产；中裕食品的青贮玉米乳酸发酵饲料技术应用水平达到国内领先水平。

原国家粮食局科学研究院与滨州市联合共建粮食产业技术创新中心签约仪式现场

2. **坚持三链协同**。依托产业链布局创新链，依靠创新链提升价值链，着力塑造绿色有机粮食供应链和“新六产”增值链。中裕食品积极探索三次产业融合发展新模式，形成了国内领先的小麦循环闭合产业链条，实现了产业链延伸、价值链提升和供应链贯通的协同发展新格局；西王集团在成功取得一水、无水药用葡萄糖和结晶果糖生产技术突破的基础上坚持全产业链发展，2017年公司实现销售收入435亿元、利税26亿元，分别同比增长28%、69%。

3. **坚持精细管理**。将精细管理贯彻企业发展始终，扎实推进制度建设、流程再造、风险防控等，实现经济效益、社会效益的全面提升。香驰控股探索实施“划小核算单位”精细化管理办法，将生产车间的水、电、汽消耗和产品出品率、合格率、安全生产操作规范、现场卫生等定量、定性指标层层分解，量化考核到人，取得了良好的管理效果和经济效益，仅2018年一季度就盈利2亿余元，所有工厂持续保持零库存；玉杰面粉从原粮种植开始控制，确保了整个产品的安全性和可追溯性。

## 二、更加注重载体创新，突出内在牵引力

**1. 强化示范带动。一是充分发挥“全国粮食产业经济发展示范市”样板作用**。首届全国粮食产业现场会以后，滨州市在进一步深化模式提炼、发挥示范效应、优化发展结构上做了大量富有成效的工作。截至目前，累计接待参观考察团队33批次、700余人次，不仅给全国粮食产业发展提供了示范，也扩大了粮食经济发展“滨州模式”的知名度和影响力。**二是充分发挥龙头企业带动作用**。现有全国500强企业1家，全国农产品加工示范企业3家，全国“放心粮油”示范加工企业10家，国家级农业产业化重点龙头企业5家、省级10家、市级16家。**三是充分发挥重点经济园区示范作用**。作为全国粮食物流规划“两横、六纵”八大物流通道沿京沪线上的重要物流园区——滨州粮食仓储经济园区成为国家级综合性粮食经济园区。**四是努力形成打造国家级粮食产业融合循环经济示范区的综合效应**。深入贯彻落实国办发〔2017〕78号、鲁政办发〔2018〕2号文件要求，出台《滨州市人民政府办公室关于加快新旧动能转换打造国家级粮食产业融合循环经济示范区的实施方案》(滨政办字〔2018〕74号)，为推进以“四新”促“四化”、实现高质高效发展、形成协同创新产业格局，提供了重要遵循。

**2. 强化品牌带动**。实施粮食品牌战略，打造一批国内外知名的滨州粮食产品品牌、企业品牌、产业品牌。目前，全市粮油行业拥有中国驰名商标6个、中国名牌3个、山东著名商标10个、山东名牌10个。重点培育壮大了西王、长寿花、天下五谷、美食客、中裕、玉杰、龙凤、

十里香等粮油品牌。2017 年，全市粮油加工企业销售收入过 100 亿元的有 4 家。大力实施“优质粮食工程”，提升“中国好粮油示范市”品牌内涵，2017 年全市入列“中国好粮油”企业 10 家，累计争取补助资金 5000 万元，为助推企业发展提供了有利条件。同时，创新思路举措，在市内外大型超市打造“中国好粮油”展销专柜，为保障绿色优质粮油产品供给提供了新的方法和路径。

“中国好粮油示范市”粮油品牌

3. **强化项目带动**。立足于长期规划，紧紧围绕新旧动能转换，建立了滨州市粮食系统项目储备库，目前共包含 4 大类 100 个项目，总投资 295 亿元。围绕打造国家级粮食产业融合循环经济示范区，“十三五”期间，全市将分别以西王集团投资 60 亿元年产 100 万吨的玉米果糖项目、香驰控股非转基因大豆建设项目、中裕食品三产融合发展示范园建设项目为基础，重点培育建立国家级玉米、大豆、小麦三个融合循环经济示范基地。其中，中裕食品三产融合发展示范园建设项目成功入列山东省新旧动能转换 100 个重点项目，为助推滨州粮食产业发展提供了重要支撑。

## 三、更加注重模式创新，突出要素支撑力

1. **突出集聚发展**。**一是强化聚才聚智**。多元发挥国家粮食产业科技创新（滨州）联盟作用，积极强化人才培育引进，聚集各方面人才。经联盟搭桥，香驰控股、三星集团、渤海实业等分别与国内粮油行业顶尖人才签署了合作协议。2018 年 4 月，国家粮科院分别与西王集团、香驰控股、中裕食品签订了联合共建玉米、大豆、小麦产业技术创新中心合作协议，为粮食产业经济发展注入了新生活力。**二是强化聚物聚力**。滨州作为唯一一个国家级粮食产业融合循环经济示范区，列入了山东省新旧动能转换实施规划；滨州粮食仓储经济园区成为规模领先全省的集粮食仓储、物流、贸易、食品加工为一体的综合性粮食经济园区，经营能力显著提高、资产规模迅速扩大，为推动粮食产业经济发展提供了强力支撑。

2. **突出循环发展**。在产业链各环节间建立紧密联结关系，实现粮食资源深度开发和副产品综合利用。围绕“减量化、再利用、资源化、零排放”的发展理念，强化原料加工纵向串联、产品研发横向并联，构建了多个层级的循环圈，提高了粮食综合利用率，达到了绿色循环、节能减排、提质增效的目的。目前，全市小麦、玉米、大豆原料综合利用率均达 98% 以上，初步形成了粮食产业的大循环、全利用、可持续发展。香驰控股建成了原料、副产品、水、废弃物、能量五大循环利用圈，仅污水处理一项年增加效益就达 2000 余万元；西王集团无皂精炼工艺的优化，研发了水化脱胶替代碱炼脱酸，减少了皂脚产生，提高了副产品的附加值。

3. **突出融合发展**。**一是聚焦三产融合**。中裕食品探索出了涵盖一二三产业 9 大板块间的循环闭合发展，全面实现了绿色种植、循环加工、高效利用；香驰控股在黑龙江等地、三星集团在锦州、通辽等地建立原料（加工）基地，降低了成本，带动了东北地区玉米“去库存”。**二是聚**

**焦产学研融合**。积极创立创新“共享”平台，推进科技资源集聚共享和科技成果的转化应用。香驰控股在现有科研力量基础上，投资6000万元新建一处研发中心，预计2018年年底完工。同时，积极推动国家粮科院共建粮食产业技术创新中心项目，促进粮食产业持续发展。**三是聚焦军民融合**。放大“滨州军粮”品牌功能，推进军粮协同发展，滨城区军粮供应站区域性成品粮油应急配送中心建设军民融合项目稳步推进，十里香探索出军民融合的高品质冻烫伤芝麻油及制品生产技术，托福实业生产的高钙馒头实现了与滨州舰官兵的对接供应。

成绩属于过去，前路仍待开拓。“十三五”期间，滨州市将深入贯彻落实此次会议精神，围绕习近平总书记“大力培育创新优势企业，塑造更多依靠优势创新驱动、更多发挥先发优势的引领型发展”要求，立足产业优势，推动协同创新，以“一往无前、奋勇前进”的铿锵气魄和“精益求精、新益求新”的工匠精神，全力打造国家级粮食产业融合循环经济示范区，加快粮食产业新旧动能转换步伐，为建设粮食产业经济强国做出新的积极贡献！

企业创新

# 企业发展粮食产业经济的典型做法综述

近年来，国内粮食企业积极贯彻落实国办发〔2017〕78号文件精神，围绕四个坚持（坚持因地制宜、坚持产业融合、坚持创新驱动和坚持市场主导），加快推进农业供给侧结构性改革，大力发展粮食产业经济，大型农业产业化龙头企业和粮食产业集群辐射带动能力持续增强，粮食科技创新能力和粮食质量安全保障能力显著提升，呈现出诸多典型做法和经验。

## 一、培育壮大粮食产业主体

**1. 创新举措，增强企业能动性**。**深圳市粮食集团**建立了“企代政储、费用包干、动态轮换”的动态储备模式和“以EVA（经济增加值）为主，以KPI（关键绩效指标）为辅”的考核激励机制，克服了传统国有企业吃“大锅饭”的通病。**重庆重粮健康产业股份有限公司**以机制、体制创新为保障，于2015年启动了员工持股试点改革。经过两次增资，公司注册资金从最初的1000万元增加到4424万元，其中核心员工持股10%，健全了现代企业制度，推动了企业的可持续发展。

**2. 引入社会资本，促进多元主体发展**。**深粮集团东莞粮食物流园区项目和东北粮食基地项目**均引入社会资本，分别与东莞果菜副食交易市场有限公司和哈尔滨谷物交易所有限公司组建了“东莞市深粮物流有限公司”和“双鸭山深粮中信粮食基地有限公司”，深粮集团均占股 51%。深粮集团出资 70% 与**深圳宜家食品电子商务有限公司**合资成立深粮贝格厨房食品供应链有限公司，负责大型餐饮和终端渠道的粮油供应业务拓展，致力于打造“厨房食品供应电子商务平台”。

## 二、创新粮食产业发展方式

1. **促进全产业链发展**。**陕西粮农集团有限责任公司**积极推进集团一二三产业深度融合，建立种业基地，扩大订单农业，开展分类收储，推动加工升级，完善营销体系，健全追溯体系，打通“从田园到餐桌”的全产业链，带动陕西粮食产业经济实现跨越式发展。五年来，集团粮油经营量扩大到 1000 万吨，粮油仓储规模扩大到 206 万吨，粮油加工规模扩大到 155 万吨，跻身全国地方国有粮食企业前列。**河南省豫粮粮食集团有限公司**深入推进农业一二三产业融合，建设优质小麦种植基地 60 万亩，形成年粮油精深加工能力 120 万吨和粮油仓储能力 300 万吨，建立了“从田间到餐桌”的全产业链，形成了现代农业、粮油精深加工、粮食仓储物流、金融及类金融“四大业务板块”。

2. **推动产业集聚发展**。**象屿集团黑龙江总部**着力建设玉米深加工产业集群，项目投资预计超 100 亿元，项目全部投产后年产值约 60 亿元，年可消耗玉米总量 300 万吨，年运输总量 800 万吨，形成以淀粉、燃料乙醇、结晶葡萄糖、氨基酸、生物饲料为主的五大产品链。**想念食品股份有限公司**积极建设集收储、加工、销售和智能仓储物流为一体的多功能食品产业集聚区，涵盖 30 万吨的小麦收储智能化仓库、日处理小麦 3000 吨的面粉生产线和日加工 2000 吨的挂面生产线。**张家口粮食集团有限公司**集中市属三家粮食企业资源，投资约 7 亿元，建设具有粮油储备、综合检验、军民融合、光伏发电和对外合作等功能的“冀北粮油物流园区”，目前 15 万吨原粮仓已部分装粮，仓顶阳光工程完成 2.8 兆瓦光伏装机容量，2 万吨成品粮仓房和质检楼已完成主体建设。

3. **发展粮食循环经济**。**安徽联河集团**建成总发电4000千瓦时的稻壳气化发电机组，将稻壳变废为宝，年节约生产成本480万元；进行副产品——碎米精深加工，制备大米蛋白粉、米淀粉等高附加值产品，获得“安徽省科学技术三等奖”；“纯物理工艺提取大米蛋白及淀粉的方法”为国家发明专利。**江西省粮油集团有限公司**大力发展粮食综合加工，投资3亿多元兴建年处理稻谷及其副产品30万吨的综合加工项目，形成优质大米18万吨、淀粉糖浆6万吨、稻壳发电4200万度和粮食物流量80万吨的年产能，成为全国首个将稻谷“吃干榨尽”的企业。**齐齐哈尔龙江阜丰生物科技有限公司**玉米深加工一期项目于2017年年底投产，其总投资为29.14亿元，年加工玉米100万吨，年产苏氨酸10万吨、结晶糖20万吨、玉米单一饲料30万吨。阜丰生物生产全过程引入多项新技术，其中“发酵废水梯度利用及中水回用技术”“生物吸附与等离子偶联净化发酵废气新技术”等为自主创新技术，达到国际先进水平并完全拥有自主知识产权，在节能减排、资源综合利用和循环经济等方面具有行业示范作用。

4. **积极发展新业态**。**安徽燕之坊食品有限公司**积极推进“互联网+粮食”行动，大力发展粮食电子商务，公司入驻阿里巴巴、天猫商城和京东商城等主流电商平台，并于2017年实现电商销售额9800万元，形成了立足华东、辐射全国的线上线下销售服务网络。**陕西周大黑电子商务有限公司**立足陕西洋县及周边县区地方特色有机食品，采用线上到线下模式，将线下体验馆与移动互联网有效结合起来，让客户真正感受到“线下体验，线上下单”的便捷。2017年体验馆入驻企业和商家20家，上架产品160余种，销售额突破2000万元。**辽宁粮食电子交易有限公司（东北粮网）**以落实国家“一带一路”倡议和“互联网+”战略为宗旨，全面构建粮食流通发展新业态、新模式，逐渐打造“大贸易依托大物流，大物流促进大贸易，线上电子交易，线下物流协同”的新格局。截至2018年5月底，东北粮网会员注册累计76家，通过平台签订粮食购销合同累计7万余吨；通过物流服务平台，完成集装箱多式联运130余个。

5. **发挥品牌引领作用**。**云南八宝贡米业有限责任公司**坚持全种植过程精选土地，尊崇自然，顺势而为，培植有道，构建产品的绿色品牌形象，致力于国家级名贵米种“八宝贡”的传袭。八宝贡种植面积达13.07万亩，产值2.7亿元。**松原粮食集团有限公司**依托“北纬45°世界黄金粮食生产带”这一得天独厚的地域优势，坚持绿色发展不动摇，积极实施“品牌+”发展战略，将“查干湖大米”打造成了“吉林省大米标志性品牌”，2016年“查干湖大米”品牌价值达4.03亿元。**福建金夏粮业有限公司**着眼于打造具有武夷特色的绿色粮食品牌，加强节点监管，提高产销质效，探索粮食加工企业品牌化发展路径。2016年公司“玉女峰”品牌成为“福建省著名商标”，2017年原生态籼米被福建省粮食局推荐为“中国好粮油”产品。**广西国泰粮食集团有限公司**积极参与“广西香米”行动，整合资源组建了“中国好粮油”示范企业“广西新发展米业有限公司”，致力于建立优质富硒香稻种植和综合加工基地。**江苏苏北粮油股份有限公司**努力挖掘苏北稻米文化资源，做大做强泗洪大米品牌。公司“家缘”和“蟹园”品牌均被评为“江苏省著名商标”，“蟹园”牌大米通过“中国好粮油”江苏省评选。**洮南市刘老三杂粮杂豆种植专业合作社**是国内首家以大学生为主体的创新型专业农业合作社，合作社坚持古法深耕细作，致力于吉林大米和吉林杂粮杂豆的品牌开发。

## 三、加快粮食产业转型升级

1. **增加绿色优质粮油产品供给**。**万年贡集团有限公司**将地域资源、文化传承、品牌效应和农业产业结构调整有机地结合起来；引进了4位水稻育种栽培院士，不断开发满足多层次、多样化消费需求的粳米和功能性大米等新产品。“万年贡”系列产品多次荣获“国家地理标志保护产品”，通过了中国有机食品、绿色食品双认证，入选了2017年度首批“中国好粮油”产品。**江西省一江秋粮油有限公司**自建1600亩有机富硒稻基地，打造了“从田间到餐桌”的产业链；通过产学研合作实现有机富硒大米的标准化生产，并取得国家有机产品认证、绿色食品认证、ISO 22000食品安全管理体系认证；在国内主流电商平台开设“一江秋”富硒大米旗舰店，将线上旗舰店与线下体验店完美结合。**福娃集团有限公司**坚持绿色发展，注重提升质量，引领标准化生产，积极探索“稻田综合种养模式”，从传统的农产品加工到做现代农业的生态两水文章，促进一二三产业融合发展。福娃集团建成“稻虾生态农业示范基地”3万亩，年产值1.5亿元；“福娃”系列大米中的6个产品通过绿色食品认证，2个产品通过有机食品认证，“福娃”被评为“中国驰名商标”。**湖北洪森实业（集团）有限公司**融合一二三产业，努力打造结构优化、功能完善、机制灵活、特色鲜明的高效生态农业产业园。“洪森”和“荆粮”品牌成为“中国驰名商标”和“湖北省著名商标”；洪森有机米、富硒营养米和稻米油等产品荣获“中国好粮油”“荆楚好粮油”等20多项荣誉，并通过了绿色食品、有机食品认证。

2. **大力促进主食产业化**。**北京东颐食品科技有限公司**积极应用新科技提升企业的竞争力，加快主食产业化进程，丰富主食品种，服务“早餐工程”。公司投入3000万元建设现代化早餐加工中心，早餐日供应量达600万份，主食产品覆盖北京90%的超市卖场及京津冀3000多家快餐连锁店，并获得农业部颁发的“全国主食加工示范企业”称号。**浙江衢州东方集团股份有限公司**以“互联网+多业态+创新发展”为目标，集成以中央厨房为核心的冷链生产和配送技术，建立起专业化、智能化、精细化的产业化系统，创新主食产业化发展新模式。2017年，实现中央厨房主食产品产值3400万元，配送中心辐射半径200公里，配送额达6511万元。**岐山臊子面文化产业园**重点推广“原产地食材基地+生产基地+中央厨房+品牌门店”和“生产基地+加工企业+商超+电商”的产销模式，突出品牌化、产业化、标准化、市场化定位，围绕臊子面产业化企业建立1万头涝川黑猪散养基地，培育出种植富硒小麦6000亩、鲁家庄小麦3000亩、高筋小麦2000亩，建成年产量40万盒岐山臊子干湿生鲜面生产线。**郑州思念食品有限公司**采取外部寻源、内部开发、设备改造等方式，加强技术交流，立足自主创新，不断研发贴近市场和消费者需求的主食新产品。目前思念公司年生产能力 70 万吨，主要产品涵盖 6 大类 400 多个品种，2017 年荣获“河南省好（放心）粮油（主食）加工企业”称号。**天津利达粮油有限公司**通过多年实践探索和科技创新，自主研发了规模化、自动化馒头生产线。目前，公司拥有两个现代化馒头生产车间、一个面条生产车间，全部实现主食生产工序自动化、数字化、全封闭，生产过程无污染、零接触。公司主食大厨房规模由日产放心馒头 30 万个提升到 200 万个，并且被商务部、财政部列为“全国主食加工配送中心试点单位”。**山西太行明珠实业有限公司**高度重视小米食品研发，专门设立专家工作站，致力于小米粥加工关键技术开发。目前，公司已完成投资 3.9 亿元，建成万亩生态庄园和方便小米粥的中试基地。2018 年，方便小米粥的生产能力达 2 亿杯。**韩城市金太阳花椒油脂药料有限责任公司**以推进放心主食产品（馒头、面条、豆腐等）为着力点，大力实施主食产业化。金太阳公司先后投资 8500 万元，建成现代化食品加工厂区，拥有日加工面粉 5 吨的面食制品加工生产线和日加工大豆 10 吨的豆制品生产线各一条、电动放心主食餐车 15 台、食品配送车多台以及“金太阳放心食品超市”1000 平方米，同时在各便民市场、超市布设金太阳食品销售点 40 多家，为消费者提供放心、健康、花样各异的主食产品。

3. **加快发展粮食精深加工与转化**。**北京粮食集团**以玉米精深加工为切入点，延伸农产品精深加工产业链，增强了企业盈利能力。集团旗下山东福宽公司拥有先进、完整的玉米精深加工工艺，年加工能力近 100 万吨。集团旗下曲阜药业公司投资 6000 多万元，主要进行玉米淀粉精深加工，年生产能力 2 万吨，销售收入 6000 多万元。**九三粮油工业集团有限公司**充分利用黑龙江地产大豆的独特优势，不断提高产品科技含量，建立了博士后科研工作站和食品安全检测中心，全力打造国际化的大豆精深加工产业链。集团每年可向市场提供优质大豆油 216 万吨，浓缩大豆磷脂 3.5 万吨，天然维生素 E100 吨，大豆异黄酮 80 吨，粉末磷脂 600 吨。**山西沁州黄小米有限公司**实施“山西小米”品牌战略，以小米深加工产品为主导方向，公司一期投资 1.07 亿元启动“谷之爱”婴幼儿营养小米米粉项目，开发生产了 2 大类别 20 个品项的红枣和钙铁锌等冲乳和调糊；二期投资 1.5 亿元建成年产 2 万吨“谷之爱”中老年营养小米粉和特殊医学用途配方食品项目。**西藏金谷集团公司**致力于发展粮食产业经济，增加优质高端青稞产品供给，为保障西藏粮食安全发挥了积极的作用。近年来，金谷集团积极培育青稞精深加工基地，加快青稞系列产品研发，合作入股建成年产 5000 吨青稞醋项目，投产后可加工转化 2500 吨青稞，实现利税 4500 多万元。

4. **统筹利用粮食仓储设施资源**。**江苏省粮食集团**通过优化粮食仓储布局，打造智慧粮食平台，提高仓储管理水平，完善粮食收储体系，建成集粮油中转、仓储、储备、保税、期货交割、油脂油料加工等多种功能于一体的粮油专业码头。集团现有 20 个收储库点，粮油总库（罐）容 160 万吨，集团张家港粮油产业园是全国进口油脂监管样板示范区，全国首批进口粮食指定企业，年物流吞吐量突破 800 万吨。**云南昆明国家粮食储备有限公司**积极开拓市场，建成了市级放心粮油配送中心，形成现代化城市配送网络。公司依托铁路专用线和现代化仓库的优势，为客户提供优质服务，提升了代中转业务盈利水平，利用定点白糖交割仓的优势，2017 年白糖仓储业务收入 824 万元，实现利润 482 万元。

## 四、强化粮食科技创新和人才支撑

1. **加快推动粮食科技创新突破**。**西王集团**聚焦玉米深加工产业，通过加强科技创新，加快转型升级，实施品牌引领，促使西王保健玉米油、果糖、运动营养保健品“三箭齐发”。西王集团拥有 100 多项自主知识产权，“结晶果糖生产关键技术研究与开发”等 30 余项科研成果均通过省部级科技成果鉴定，2 项科研项目被列入国家 863 计划。西王先后成立“国家认定企业技术中心”“中国葡萄糖质量检测中心”等国家级科研平台，并被认定为“国家重点高新技术企业”。**安徽海泉投资控股集团**与科研院校密切合作，成功研制出稻壳制取炭、气、液三类产品的技术设备。公司 3000 千瓦生物质气化发电联产项目可年利用稻壳 6 万吨、发电 2300 万度、产稻壳炭 2 万吨。稻壳发电的焦油收集利用技术居世界前列，并荣获“国家科技进步二等奖”。**北京首农食品集团有限公司**坚持科技和品牌双轮驱动，形成稻谷加工及副产品综合循环利用的产业链。集团 30 万吨 / 年稻谷加工及综合利用项目配套年处理 2.1 万吨米糠膨化和稻壳发电子项目。**青海江河源农牧科技发展公司**以科技创新为动力，立足青海生态畜牧业，谋划饲料产业发展新格局，研发生产出适合青藏高原寒冷、缺氧气候特点的浓缩饲料、全价配合饲料和牛羊精补料等，并拥有自主知识产权。江河源公司连续多年被评为省和全国饲料工业协会优秀会员，并被授予“全国饲料工业科技进步奖”。

2. **加快科技成果转化推广**。**香驰控股有限公司**已建成检验检测中心和科技创新公共服务中心等 6 个省级以上技术研发平台，为企业转型升级提供强大的技术和智力支撑。2017 年，香驰公司开展各类技术创新活动 200 余项，其中工艺创新类成果 24 项、产品开发类成果 10 项、专利成果 38 项，年可创造效益 7300 万元。**河南黄国粮业股份有限公司**与国内外高校、科研机构合作，成立了“国家稻米精深加工产业技术创新战略试点联盟”“河南省糯米制品工程技术研究中心”和“河南省糯米制品研发院士工作站”等科研平台，推进关键和共性技术攻关。近年来，公司先后获得“河南省科技进步三等奖”两次、“河南省省级科技成果”6 项、国家发明专利 7 项，承担国家、省级科技项目 10 余项。**贵州竹香米业有限责任公司**与贵州大学农学院、贵州省农业科学研究院水稻研究所合作，成立技术研究中心，加强新品种、新产品的研发，智慧改造有机水稻基地 1500 亩，实现水稻生产全程可追溯。公司开发的“名镇竹香”系列产品，荣获“贵州省名牌产品”“贵州省十大优质特色粮油”和“贵州好粮油”称号，2017 年公司实现产值 5.32 亿元。

3. **健全人才保障机制**。**道道全粮油股份有限公司**专注于食用植物油加工技术研究，组建了“国家油菜籽加工技术分中心”“企业院士工作站”和“湖南省企业技术中心”等科研创新平台，拥有冷冻脱蜡、氮气定量检测等一批专利技术，不断致力于传统技术创新升级，引领品质发展。2016 年，公司研发团队入选岳阳市“科技创新创业人才团队”，团队成员入选“市政府特殊津贴专家”“市十百千万”人才工程。**荣海生物科技有限公司**出资 1000 万元，与北京工商大学共建研发实验室，以 3 名院士和 1 名千人计划特聘专家为核心，组建成拥有 20 位教授级专家的技术创新团队，通过自主研发，申请专利共 25 项，在蛋白多级定向酶解、分离、纯化等技术方面取得了重大突破。**山东金胜粮油食品有限公司**高度重视产学研合作，与多家科研院校形成产学研合作，建立了“国家博士后科研工作站”“山东省院士工作站”和“山东省企业技术中心”等 7 个省级以上研发平台。公司拥有先进实验设备 360 多台，总价值 3000 多万元；拥有国家专利 35 项，研发新产品 32 个，先后获得“中国粮油学会科学技术奖”1 项、“中国商业联合会科学技术奖”2 项、“山东省科技进步奖”2 项、“山东省科技金桥奖”3 项和“临沂市科技进步奖”11 项。**山西禾卓伟业农业科技有限责任公司**以优质小米为核心产业，围绕特色杂粮精耕细作，专注康养，广泛投资，注重研发，一举做响了“晋灵香”品牌。公司突出强化人才培育和引进，全面建立智力支持。聘请民间谷物种植、养护的“土专家”23 名，实施“238”人才培养引进计划；通过员工内部培训、外出学习等方式，不断提升员工的知识水平和工作能力，建成一支本领过硬的人才队伍。**广西宾阳县鸿发米业有限公司**加强管理，完善机制，采取竞争上岗、签订责任书等办法，不拘一格培养和使用人才；实行按岗计酬、按劳分配等做法，充分调动员工的工作热情；不断吸收优秀毕业生，充实到员工队伍中，使一批懂技术、会管理、有魄力的年轻骨干走上了管理岗位，为企业发展提供了不竭动力。

## 五、夯实粮食产业发展基础

**1. 建设粮食产后服务体系。①合作社独立建设模式：**四川超过一半的粮食产后服务中心由合作社独立建设，湖南和宁夏有一半的建设主体为合作社，吉林由合作社建设的占 1/4 左右，体现了优先支持符合条件的合作社独立建设粮食产后服务中心的要求。**②合作联合社建设模式：**四

**川广汉市黍鑫粮食专业合作社联合社**由51家各类专业合作社组建，创立了“粮食产后技术服务队”模式，建立了34家专业化、市场化的粮食产后服务中心。“粮食产后技术服务队”提供上门服务830人次、接受信息咨询700人次、上门收购粮食1.5万吨。产后服务中心日烘干能力达2500吨，增收300万元。**③国有粮食企业与合作社联合建设模式：**四川南充嘉陵区粮食局组织**先知粮油、同欣粮油**建设了先知储备库、李渡省库、龙蟠粮站三处粮食产后服务中心，与该区**金山家庭农场、四通农机专业合作社、成银农业专合社**合作，为合作社提供“五代”服务，产后服务中心免费为种粮贫困户烘干、整理粮食600吨、上门收购粮食600吨；合作社还利用国有粮食企业的自有品牌和销售渠道，参与粮食精深加工。**④国有粮食收储企业独立建设模式：**江西105个粮食产后服务中心约有2/3由国有粮食收储企业独立建成；此外，江苏约有2/3、四川约有1/3由国有粮食收储企业独立建设。**陕西靖边省粮食储备库**2017年建成日产200吨玉米烘干塔及配套设施1套，购置输送机械6台、装卸车辆4辆、检化验设备5套，代烘干玉米2.15万吨，代加工、代清理粮食3.8万吨，代储存粮食2.3万吨。**⑤民营粮油企业独立建设模式：**宁夏、湖南和吉林的粮食产后服务中心由民营粮油加工企业建设比例分别为50%、36%和30%。**山东广饶县汇通粮食有限公司**2017年投资1000万元建设8座装配式钢板立筒仓及配套自动化控制设施设备，通过建设“一站式”服务中心，提供“五代”服务，完善产后服务功能，将粮食购销业务向生产和供应两端延伸，融合粮食产销服务链，构筑粮食流通大格局，实现了粮食购销量快速增长。**⑥粮食与供销部门联合建设模式：**四川省德阳市整合粮食、供销两个部门财政资金，充分发挥罗江区国家粮食储备库场地资源优势，联合集中建设粮食产后服务中心，不仅扩大了烘干能力，还降低了运行成本。山东省德州市粮食局、**德州市供销合作社**联合社印发的《关于联合推进为农服务体系建设的实施意见》提出：为减少重复投资，发挥各自优势，提高资源效率，市粮食局与市供销社联合推进为农服务体系建设，把供销社系统“为农服务中心”建设与粮食系统“优质粮食工程”

建设相结合。供销合作社负责产前服务，粮食部门负责产后服务。**⑦国有粮食企业吸收民间资本建设模式：**江西省抚州市**临川区国有粮食购销企业**与民营加工企业组成联合主体，国有粮食购销企业负责罩棚和地面建设，提供烘后仓和部分清杂设备；民营加工企业购买所有烘干设施。该中心独立经营、自负盈亏，国有粮食购销企业根据投资额，按照一定比例收取租金。江西省宜春市上高**镜山国家粮食储备库**烘干中心实行股份制，其中国有企业控股占60%，民营企业控股占40%。国有企业提供场地，负责库内收粮、质检和储存；民营企业投资烘干设施设备，负责库外收粮和市场营销等。四川**德阳食油储备库**充分发挥建设场地大的优势，并提供建设场地；民营加工企业负责地坪等附属设施建设、购置烘干设备等，并负责烘干中心的日常运营，收购的粮食烘干清理后出售给该储备库，或者提供代烘干服务，按照协议规定由储备库收取相关租金。

2. **完善现代粮食物流体系。上海良友新港储运有限公司**积极完善硬件设施，搭建综合平台，粮油“四散”作业设施齐全，公司油罐区总罐容为20万吨；油脂装卸船作业采用自主研发的两台车载移动式输油臂，单线极限通过能力超过500吨/时，粮油接卸疏运作业全部实现机械化和自动化，装卸效率快、作业损耗低；公司还以油罐车、集箱液袋等形式提供油脂集港和疏运服务，每天至少可装卸80车次油罐车或50标箱液袋油。**甘肃省武威南粮油储备库有限公司**建立了“粮库+农户+加工企业”的新型购销模式，开展粮食“四散”作业，成为“全国粮油仓储规范化管理优秀单位”。储备库总仓罐容14.8万吨，库区与兰新铁路接轨，可容纳货位70个。年粮食总经营量突破25万吨，粮食“四散”作业的年中转、集散量达10万吨，年均物流中转效益达120万元。

3. **健全粮食质量安全保障体系。盘锦鼎翔米业有限公司**自建4万亩稻蟹生态种养基地，并于2017年投入300余万元推广病虫害绿色防治技术，在自有基地上架设了600余盏“太阳能”黑光灯和大量飞蛾诱捕器，极大地减少了农药使用量。公司积极开展绿色食品、有机食品、ISO 9000等标准的认证工作，将种植、储藏、加工、销售的各质量和责任关键点实现信息化，实现产品从农田到餐桌的全程质量可追溯。**五常市金福泰农业股份有限公司**坚持“粮食安全重在源头”的理念，从种植环节抓起，建成水稻基地20万亩，年加工稻谷能力30万吨，仓储能力6万吨。其中，1.2万平方米、18摄氏度的恒温仓，有效保证水稻的新鲜度。公司依据五常大米19266标准制订出更高定位的“金福泰标准”，规范各环节的质量责任，实现质量全程可追溯。**湖北京和米业有限公司**全面实施优质粮食工程，努力打造中国营养均衡大米品牌，不断增加绿色、优质、安全粮食产品供给。京和公司着手建设全产业链质量可视控制系统，满足消费者通过感应电子标签、扫描二维码、登录微信等方式进行信息查询的需要。

# 创新高质量走出去经营模式<br>发展中国自己的国际化大粮商

中粮集团有限公司

党的十八大以来，中粮集团有限公司（以下简称中粮）按照党中央、国务院决策部署，积极推进“走出去”战略，探索构建了适应国际规则、央企战略和集团实际的海外经营管控模式，取得明显成效。主要做法是：

## 一、看准走出去发展路径，通过并购迅速迈入国际粮食贸易舞台中心

中粮是国家粮食贸易的主渠道。通过掌控海外粮源、完善全球供应链布局，实现稳市场、保供应、促发展、保安全，是中粮走出去的初心与使命。

然而，老牌国际大粮商在全球主要产粮区和关键物流节点已抢占先机，新进入者空间受到严重挤压。如果从头创建，需要较长时间，也难以形成网络。中粮只能选择具有战略资产的跨国农业企业，通过海外并购实现快速发展。

长期以来，西方政府和股东对我国国企怀有偏见和疑虑。中粮必须创新并购交易模式，引入国内外投资者，形成国际化、多元化的股权架构，才可能通过西方监管机构的反垄断审查。

2014 年 3 月—2017 年 2 月，中粮抓住新加坡来宝集团旗下农业板块

和荷兰尼德拉公司因资金短缺急于寻找买家的有利契机，在财政部、国务院国有资产监督管理委员会支持下，联合中投、厚朴、淡马锡、渣打银行等国内外知名投资机构，先后斥资38亿美元全资收购2家跨国粮商，组建海外农粮业务平台——中粮国际。

通过并购，中粮在南美、黑海、亚太等世界粮食主产区均有布局，整体经营能力超过1亿吨，一手粮源组织能力超过3900万吨，港口中转能力达到3000万吨，海外加工能力超过7000万吨，步入跨国大粮商行列。

中粮来宝农业阿根廷Timbúes油籽加工综合产业园

## 二、实施深度整合，推进战略调整，强化控权管理

**一是深度调整团队**。坚持党的领导，成立中粮国际党委，海外业务重大问题均要先经党委研究批准。坚持掌控核心岗位，选派国内高素质经理人任职全球产品线和各区域业务核心岗位，实现对粮油主业的掌控。中粮派驻人员与市场化选聘的外籍人员分别任部门正副职，实现管理层中外协同配合；财务、法律、业务、风控、人力等全面纳入中粮制度流程，从根本上解决“控股不控权”的问题。

**二是深度重塑战略**。通过对标行业国际先进企业，全面梳理业务现状和存在问题，结合中粮“十三五”规划，深入研讨商业模式，明确“立足中国市场、发展全球业务”的战略定位，确定“品种为主、区域为辅”的矩阵式管理架构及非主业剥离计划等事关全局的重大问题。

**三是深度融合文化**。召开全球战略研讨会，确定“成为被认可的全球领先国际农商企业”的全新使命，树立“每一件事都秉承企业核心价值观，使员工、股东、客户和供应商及所在社区持续受益”的全新愿景，提出以“阳光文化”统筹诚信、包容、创新、可持续的核心价值观。文化整合已初见成效，“想在一处、干在一起”成为中外团队的共同追求。

## 三、全方位优化提升运营质量，海外业务经营持续向好

**一要坚定不移聚焦主业**。坚决剥离种子、咖啡等非主业资产，2017 年 6 月，以 14 亿美元将尼德拉种子业务出售给先正达，基本收回并购 2 家跨国公司的现金对价成本，获得 8.4 亿美元账面利润，有效降低了资产负债率，鼓舞了投资者的信心，为加快在南美、黑海等地区战略布局提供了有力支撑。

**二要全面优化风控体系**。在纵向，建立了中粮国际董事会风控委员会、风控执行委员会、公司风控部、区域风控部、产品线负责人五大层级风险管理体系，明晰各级具体职责，实现对市场、信用、操作等主要风险点的有效管控。在横向，形成风控、财务、审计、法律等一体化管控，新建或完善 107 项重点制度流程，做到无死角全覆盖，确保海外业务 2017 年未发生重大风险事件。

**三要瘦身健体降本增效**。削减原有 11 级法人实体至 6 层、200 多家法人实体至 130 家，裁减 300 余人。全面推广精益管理，持续加强谷物油脂资产优化，提高约 1.2 亿美元息税前运营利润。强化集中采购、加强合同审查，严控销售管理费用。开展业绩竞赛，提升全员效率，在员工减少近 20% 的情况下，压榨量反而创历史新高，处于世界领先水平。2018 年第一季度，中粮国际扭亏为盈，盈利 560 万美元，与去年同期相比业绩改善 8540 万美元，实现历史性突破，正从“止血”阶段迈向发展阶段。

中粮来宝农业巴西桑托斯干散货出口码头（Santos Dry Bulk Export Terminal）

目前，中粮正在整合境内外粮、油、糖等核心业务，推动整体上市。届时，中粮将重塑和巩固国内市场优势、全球供应链优势和全球贸易网络优势，进一步增强在国际粮食市场的话语权、定价权，更好地运用两个市场、两种资源维护国家粮食安全，让中国真正拥有自己名副其实的国际大粮商。

# 加快改革创新步伐
# 推动粮食产业再上新台阶

广州市粮食集团有限责任公司

广州市粮食集团有限责任公司（以下简称集团）是2001年3月由原广州市粮食局实施政企分开组建而成的，于2005年重组并入岭南集团，是岭南集团重要业务单元、广东省粮食行业龙头企业，市政府落实“米袋子”责任和确保粮食安全的重要载体，广州市粮油产品重要供应商。近年来，集团认真贯彻落实国家、省市粮食政策以及岭南集团的战略部署，锐意创新、深化改革、转型升级、提升绩效，企业综合实力不断增强。2017年与2001年相比，主营业务收入增长5倍；归属母公司所有者净利润扭亏增盈7862万元。先后荣获“中国粮油企业100强”“广东粮食行业龙头企业”“广州创新百强企业”等多项殊荣。

## 一、建立市场化的运营模式，以大项目带动大发展，打造粮食产业发展新平台

集团成立以来，积极转变观念，减员增效，去行政化管理，推行一体化改革，成立采购、营销和物业管理三大中心，实行财务垂直管理，建立一体化的运营管理模式，从以粮食承储企业为主体的传统企业向以储备粮为依托、以市场化为目标的现代企业转变。同时，以大项目带动大发展，投资近17亿元建设集粮食加工、储备、贸易、检验、现代物流

广州市粮食集团码头作业——吸粮

于一体的华南地区综合规模最大、功能最齐全的粮食储备加工基地，充分发挥企业规模优势，全面提升企业集约发展能力。

## 二、全面建立“品牌标准+盈利模式”的发展模式，增强企业竞争力

**1. 建立“品牌标准”**。一是稳定产品质量。积极探索优质粮源基地的建设，目前已成功在江苏靖江、山东平度、江西安福、广东南雄等多处建立了优质小麦和优质稻谷种植基地；与泰国、越南、柬埔寨等国建立了长期稳定的优质香米采购渠道，掌握高端优质粮源。通过上控源头确保原粮品种一致、品质稳定。二是夯实品牌标准。构建了以“技术研发、检化验中心和车间检验室”为主体的三级质量控制机构，建设了产品标准、中间产品标准和原料标准，完善了品牌标准体系以及产品质量管理和食品安全管理制度，并确保产品标准的执行与控制到位。三是先进技术支撑品牌标准。面粉和大米生产引进瑞士布勒和日本佐竹等国际领先的设备和技术工艺，配备万吨级标准低温库，运用储粮四新技术，使大

广州市粮食集团大米生产——碾米

米库存保鲜度长达9个月以上，并通过仓厂一体化、机械自动化实现原料与加工生产和物流运输无缝对接。

2. **构建“盈利模式”**。一是充分发挥集团仓储优势、资金优势，变小批量采购为集中大批量采购，降低采购成本。储备粮与产业链紧密结合，把储备优势转化为产业链优势，提升储备粮轮换效益。二是以加工成本指标为主要抓手，充分运用零基预算管理手段，指标层层细分，责任层层落实，考核实现全覆盖。三是以项目达产为目标制订营销规划，持之以恒地推进产品结构提升；把满足关键客户的个性化需求、满足细分市场的特殊需求作为构建盈利模式的核心，开展精准营销。

## 三、优化销售布局，市场终端掌控能力有效提升

着力打造直销系统，深耕广州市场。在借力传统经销商模式的同时，通过建立自己的销售队伍和配送队伍打造直销体系，坚持“深耕广州辐射珠三角”的市场营销策略，以“进卖场、入商超、占连锁、拓街市、争机团”为主攻方向和阵地，精耕细作，快速推进品牌的渠道覆盖。目

前，集团产品已成功进入广州六大 KA（大卖场）系统，在全市 4000 多个渠道网点实现 80% 的铺货覆盖，铺货率、见货率和市场份额进一步提升。在广州、深圳、长沙、湛江、上海等地建设面粉销售办事处，发挥办事处平台作用和销售引擎作用，突破区域市场的增长瓶颈，实现销售从简单的布点到布局的转变；同时建立营销、研发和技术服务“三位一体”的面粉大客户开发模式，以精准营销拉动销量提升，面粉产品销量连续三年实现两位数的增长。

## 四、创新“互联网 + 门店”运营模式，实现“8 字便利店”品牌与规模扩张

“8 字便利店”主动适应新零售发展业态，积极探索“互联网 + 门店”的线上线下相结合的新零售运营模式，构建多渠道信息化运营管理平台，实现了由传统服务业向现代服务业的转型升级。率先在便利店行业拓展了电商销售业务，成为“京东到家”“美团外卖”等电商平台区域内的重要商家；开发并自主运营“8 字微商城”，多渠道推动发展电商。电商销售从 2015 年启动至今，实现了 11 倍增长，带动线下销售年均增长 5%。

# 创新一二三产业融合发展模式助推粮食产业经济转型升级

河南省豫粮粮食集团有限公司

河南省豫粮粮食集团有限公司（以下简称豫粮集团）是河南省属国有龙头粮食企业，注册资本10亿元，2011年3月16日正式挂牌运营。目前资产总额237亿元，年粮油精深加工能力120万吨，粮油仓储设施300万吨，现有职工1500余人。先后被国家部委和省政府确定为农业产业化省重点龙头企业、河南省农业产业化集群企业、全国首批“中国好粮油”行动计划示范企业。

近几年，豫粮集团深入推进农业一二三产业融合，大力发展粮食产

豫粮集团濮阳粮食产业园

业经济，建立了“从田间到餐桌”的全产业链，形成了现代农业、粮油精深加工、粮食仓储物流、金融及类金融“四大业务板块”，取得了较好的经济和社会效益。

## 一、以承接创新项目为突破口，加强与科研院校合作，打造现代农业发展新模式

**一是**承接国家“2011 计划”河南粮食作物协同创新项目，开展土地流转，推进优质小麦规模化种植、标准化生产。2014 年 7 月，豫粮集团与长葛市政府、河南农业大学合作共建国家“2011 计划”河南粮食作物协同创新中心长葛 3 万亩现代农业实验区，承担国家粮食作物科研、试验、创新的任务。以所属种业公司为龙头，种植大户、家庭农场、农业合作社等新型农业经营主体为骨干，建立了长葛市现代农业发展共同体，通过土地流转、土地托管等形式建设优质小麦种植基地近 20 万亩。共同体内全面推行“五统一”管理（统一供种、统一供肥、统一犁耙、统一管理、统一收储），有效避免了机械混杂、晾晒混杂等，通过实施无人机喷药、伸缩管灌溉、视频全覆盖等现代化管理，创新和探索现代农业发展模式，实现优质小麦规模化种植、标准化生产。该试验区被评为“国家优秀试验区”。

**二是**加强与科研院校合作，开展优质小麦品种育繁推。豫粮集团与西北农林科技大学深度合作，在小麦育种专家王辉教授亲自带领下，开展优质小麦新品种的育繁推工作，在长葛建立优质小麦“西农 979”“西农 585”等“西农”系列种子育繁推示范基地；据不完全统计，“西农 979”“西农 585”等“西农”系列 2018 年在黄淮小麦主产区推广面积达 700 万亩以上。在延津与河南省农业科学院“郑麦 366”研发人雷振声研究员、新乡农业科学院“新麦 26”研发人赵宗武副院长合作，流转土地 2500 多亩共建黄淮海冬麦科研农场，打造全省一流优质强筋小麦种子育繁推实验及示范基地。

**三是**加快种植基地建设，引导区域种植结构调整。豫粮集团以濮阳、延津、长葛、襄城、夏邑、淮滨等市县所属企业为依托，通过土地流转、托管、农业共同体、订单农业等多种方式，加快布局建设优质小麦种植

基地 60 万亩，促进区域农业种植结构调整，积极推行优质优价，带动 17 万余户农民增收。

## 二、以全产业链模式为重点，深入推进一二三产业融合发展

豫粮集团全面打通上下游产业链条，建立了“从田间到餐桌”的全产业链发展体系。旗下有 2 家种子公司、1 个专用面粉厂、1 个普通面粉厂、1 个豆制品厂、1 个食用酒精厂、2 个植物油厂、1 家白酒生产企业、1 家高端面包生产企业、4 家合资饲料加工厂，另有 1 家餐饮公司，为河南省委、政协等 30 多家党政机关单位、企事业院校提供团餐服务。

豫粮集团全自动面包生产线

豫粮集团投资 5.2 亿元，建设了占地面积 373 亩的濮阳农业产业融合发展项目，重点建设“一个原料基地，一个产业园区（含三个中心）”。原料基地以优质强筋小麦“郑麦 7698”“郑麦 366”为主，辐射濮阳市及周边乡镇种植面积 15 万亩；产业园区内三个中心包括加工中心、销售物

流中心和技术研发中心等建设项目。加工中心拥有日处理优质小麦1000吨专用面粉生产线、高端休闲食品2万吨、年饲料加工能力18万吨，实现了园区内优质原料就地消化转换，产销无缝衔接；销售物流中心拥有互联网+粮油交易电子商务平台、冷链物流、10万吨粮食物流仓库，并建有铁路专用线，交通十分便利；技术研发中心重点建设粮油质检中心、食品质量安全检验检测体系。目前产业园形成了以优质粮食种植、粮油加工生产为主导产业链条，以产品研发设计、包装、物流、互联网电子商务等配套服务为延伸产业链条，集种植、加工、仓储物流及服务等为一体的一二三产业深度融合新模式。

## 三、加快产后服务体系建设，提供专业化贴心服务

一是成立种植专业合作社，建立“五站一体”服务体系。豫粮集团成立15个种植专业合作社，利用粮食仓储收购点，建立了“五站一体”（种子供应站、测土配方配肥站、农技农机服务站、粮食收购站、优质粮油产品供应站）服务体系，以标准化、品牌化将农资及农机服务打包并直接销往田间地头，彻底解决农民在收粮、储粮、清理、烘干等方面的难题。二是打造现代农业共同体，实行“两低一高二保障”。豫粮集团现代农业共同体内实行供应的种子、化肥和农药等农资价格低于市场价格20%，田间管理机械作业价格低于市场价格20%，粮食收购价格高于市场价格20%，同时提供农技服务保障、农业保险保障等。三是积极推行“中国好粮油”行动计划，创新农业商业发展模式。2017年，豫粮集团被财政部、原国家粮食局确定为全国首批“中国好粮油”行动计划示范企业后，加快“豫粮集团中国好粮油精品店”建设，实行统一标牌、统一运作模式、统一服务理念，集中展销旗下及省内外其他优秀粮油加工企业好粮油产品，并借助大数据信息管理平台，进行智能化决策管理，通过跟踪消费者行为痕迹，创新农业商业发展模式，开展线上线下相结合的新零售业务，将在全省108个县区开设O2O（线上到线下）好粮油精品连锁店，努力打造河南乃至全国知名的“中国好粮油”产品供应商，为深入推行“中国好粮油”行动计划做出积极贡献。

# 以订单农业为抓手　促进三产融合发展

陕西粮农集团有限责任公司

近年来，陕西粮农集团有限责任公司（以下简称集团）积极落实国家推进供给侧结构性改革、大力发展粮食产业经济一系列决策部署，认真贯彻“创新、协调、绿色、开放、共享”新发展理念，以转型升级、提质增效为主线，通过开展订单农业，促进集团一二三产业深度融合，打通“从田园到餐桌”全产业链链条，促进粮食产业提质增效，增加绿色优质粮食产品供给，带动陕西粮食产业经济实现大跨越发展。

## 一、企业基本情况

陕西粮农集团是陕西省委、省政府于2012年成立的陕西粮农行业省属国有大型企业。集团下属陕西省农垦集团、陕西省储备粮管理集团、陕西西瑞集团、陕西粮农油脂集团、陕西粮农营销物流集团、陕西军粮供应公司6户一级子企业、72户二级和三级子企业。集团成立五年来经营规模、综合实力和社会影响力大幅提升，总资产由48.94亿元增长到98.75亿元，年均增长15.07%；营业收入由22.53亿元增长到111.32亿元，年均增长37.65%；粮油经营量由150万吨扩大到1000万吨，年均增长46.14%；粮油仓储规模由88万吨扩大到206万吨；粮油加工规模由38万吨扩大到155万吨，在陕西百强企业排名中由成立初的第71位上升到第35位，跻身全国地方国有粮食企业前列。2018年1月集团被确定为全国首批粮油产业化龙头企业。

## 二、主要经验与做法

“十三五”期间，陕西粮农集团围绕打造“好种子、好原料、好加工、好产品、好营销”“五好”粮油产业链目标，以“五统一”（统一供种、统一种植、统一服务、统一收获、统一收购）优质粮食订单种植基地建设为突破口，从产业链前端启动粮食产销加融合发展模式。

**一是**以下属农垦集团种业公司和农场为主体建立规模化优质粮食种业生产基地和育繁推一体化服务体系，加强与国内优势种业企业合作，依托西北农林科技大学等重点科研单位，建立种业联合攻关机制，加大种质创新、新品种选育和高效繁育力度，在陕西省优质专用小麦、玉米、杂粮、油菜籽等作物良种选育推广上率先实现突破。

**二是**以下属陕储粮集团和西瑞集团为载体，大力推行“龙头企业 + 专业合作社 + 家庭农场”订单农业合作新模式，与产地农业部门、农村新型经营主体建立长期稳定的合作关系，通过优质粮食订单种植基地建设，提高陕西原粮品质一致性，按照优质粮油标准和生产技术规范大力发展优质专用小麦和其他有机、绿色粮食生产。

**三是**集团各企业通过土地流转、股份合作、建立产后服务中心等方式形成专业化优质粮油生产流通服务体系，与农村专业合作社和家庭农场形成紧密型利益联结机制，积极开展产前、产中、产后服务，引导农民调整优化种植结构，开展适度规模经营，促进粮食提质进档、农民增收。

**四是**开展横向联合，整合企业内外部资源，向农村专业合作社、家庭农场、种粮大户提供粮食收购、成品兑换、农资农机农技和农业金融等“一条龙”服务。

## 三、取得的主要成效

**1. 建立种业基地，推广优良品种，引导农民种好粮**。自2015年开始，集团连年制订实施《优质粮油品种筛选试验方案》，在陕西设立了20余个试验点，开展了20余个优质粮油品种试验，确定了一系列优质强筋小麦等推广品种，建立了集团"中国好粮油"种业示范基地，为集团大面积推广优质粮食种植提供了科技支撑。2017年集团支持品种试验、引进推广、种植保险补助等资金300余万元，种业公司育种1.5万亩，推广良种300余万斤，有力地促进了陕西优质强筋小麦生产。

2. **扩大订单农业，优化种植结构，实现农民售好粮**。2015年，集团与富平县人民政府签订《共同推进农村粮食适度规模化经营战略合作协议》，签订优质小麦种植订单10万余亩，揭开了集团订单农业发展大幕。2016年，集团出台《大力发展订单农业的意见》，并与省农业厅联合下发与农民专业合作社开展产销对接服务文件，当年优质小麦订单种植面积达到50.35万亩。2017年集团支持订单农业保险补贴、履约奖励、示范基地建设等资金600余万元，在陕西关中16个主产区县扩大优质小麦订单种植面积达109.18万亩，合作主体包括22个农业公司、24个专业合作社、18个家庭农场、51个村委会、55个种植大户，涉及农户12.63万户，形成了农民增收、企业增效、优质粮食规模化经营的良好局面。

3. **开展分类收储，促进优质优价，实现企业收好粮**。集团下属粮食收储企业每年原粮经营量500万吨以上，既是陕西省的粮食流通主体，也是集团粮食订单收购交易的主力军。2017年省内优质小麦订单收购量达20万吨，省外采购优质小麦、稻谷20余万吨，同时通过优质粮油的分类收储流通，有力地示范、引领和维护了陕西粮食市场优质优价的交易机制和市场环境，充分发挥了粮食流通对生产和消费的促进作用。

4. **推动加工升级，增加优质供给，确保生产好产品**。集团下属粮油加工企业具有西北领先的粮油综合加工能力和集约化、专业化经营优势。2017年集团支持产品研发、品质检测、技术改造、环境改善、管理提升等资金2000余万元，以西瑞集团、油脂集团为主体，倾力打造面粉、大米、油脂、杂粮和主食"五大"好粮油产品线，企业优质原料采供、优质产品生产能力大幅提高。新研发10多款优质粮油产品，启动"中国好粮油”申报、“中国驰名商标”申报、企业管理认证升级和部分产品绿色认证及新标准备案工作。目前集团旗下拥有“西瑞”牌小麦粉、“西瑞”牌大米、“秦力”牌小麦粉、“水鸭”牌菜籽油4个“陕西省名牌产品”，“西瑞”“军星”“英考”3个陕西省“著名商标”，带动了陕西优质粮油食品的有效供给。

5. **完善营销体系，扩大市场覆盖，满足优质粮油需求**。2017年以来，集团围绕产品市场全面推进品牌、渠道、终端、平台、物流“五位一体”营销示范体系建设。安排支持资金3000余万元，制订了陕西粮农“1+X”品牌规划及“中国好粮油”专项宣传方案，大力开展“好粮油”进机关、进企业、进军营、进学校、进社区、进乡村活动及广告新闻媒体宣传。自主研发的陕西粮农O2O垂直电商于2017年12月18日启动运营，在大型商超开设销售专柜、在大型社区开设自助销售终端等项目全面启动，有效提高集团粮油产品市场覆盖率和占有率。

6. **健全追溯体系，确保产品质量，彰显国企品质**。集团作为省属国有公共服务类企业，始终牢固树立“国企品质、健康责任”的产品理念。2017年集团成立陕西粮农信息技术有限公司，建立了专业化的信息技术支撑平台。当年安排专项资金300余万元，大力实施以现代信息技术为手段、以粮油加工企业为中心、覆盖“五好”粮食产业链全流程的质量控制及可追溯体系建设。计划自主研发质量追溯管理平台，构建种植基地追溯、仓储基地追溯、加工基地追溯、物流销售追溯四个子系统，实现集团产品流通链、信息链和责任链的全程控制，确保全面提高食品安全保障能力。

# 产业有机融合　助力农业发展

河北金沙河面业集团有限责任公司

河北金沙河面业集团有限责任公司（以下简称集团）成立于1996年，位于冀鲁豫三省交界地带，是中国优质小麦主产区。集团拥有邢台金沙河面业有限责任公司、河北金沙河物流有限公司、承德金沙河面业有限责任公司、廊坊金沙河面业有限责任公司，沙河市佛照山荒山综合开发有限责任公司五家全资子公司，拥有员工3000余名，日处理小麦1.1万吨，日生产挂面2800吨，年产值70亿元，金沙河挂面在全国排名首位，

金沙河鸟瞰图

面粉在全国排名第五位。

集团相继通过 ISO 9001 质量管理体系认证和 ISO 14001 环境管理体系和 HACCP 食品安全管理体系认证，并先后获得“河北省名牌产品”“河北省著名商标”“绿色食品”荣誉称号，2010 年被原农业部评定为“农业产业化国家重点龙头企业”。

集团始终坚持“为员工创造福利、为客户创造价值、为大众创造健康、为社会创造和谐”的理念和使命，经过长期努力，在全国已经拥有 2000 余名优秀经销商，产品畅销全国各地，进入了沃尔玛、家乐福、大润发、华润万家、乐购等国际卖场，并远销美国、新西兰、加拿大等国家。

## 一、探索经验，长足发展

**1. 以农产品加工为主体，做强二三产业**。一方面集团不断扩大生产规模，提高产能。自 1996 年建厂以来，相继在沙河、南和、廊坊、承德成立分公司，2018 年新上 05 车间，阿拉山口项目、哈萨克斯坦项目亦陆续启动，进一步提高了企业产能，并通过引进国内先进的设备工艺，实

金沙河立筒仓

现面粉、挂面的自动化、信息化生产。另一方面企业积极发展仓储、物流、电商等业务，增强企业综合实力。2015年，集团在原有的储备仓基础上，建立了20万吨立筒式小麦储备仓，仓储能力达到60万吨；在产品销售过程中拓宽物流渠道，在汽运基础上，增加铁路运输，并与安通、中谷新良、中远海运等多家船运公司建立了长期战略合作关系，积极发展海上运输；2015年5月，集团发展电子旗舰店陆续入驻各大电商平台，2017年电商销售额达2亿元，同行排名位居前列。

2. **模式创新，延伸链条，助力产业融合发展**。消费市场的转变，促使消费者对高品质产品需求日益强烈。对此，集团一方面通过改进设备工艺生产“专用粉”，另一方面通过种植优质小麦从源头上对产品加以改进。2012年，集团成立农作物种植专业合作社，开始探索培育适合企业加工的小麦品种，截至2017年年底，合作社种植面积达到3万亩，覆盖南和县6个乡镇。

合作社经营模式有三种：一是固定地租模式，企业投入资金、技术服务，职业农民投工，最终企业和职业农民风险共担，五五分红；二是股权联盟模式，企业提供资金担保、技术服务，职业农民投资、投工、入股，农户以土地经营权入股，最终农户和职业农民风险共担，按比例分红；三是服务联合模式，企业提供农资采购、技术指导、仓储运输、农机设施等服务，大农户自负盈亏，同等条件优先采购大农户粮食。合作社实行统一品种、统一技术、统一管理、统一农资、统一储存、统一销售的“五统一”管理模式，为合作社标准化、制度化管理提供依据，实现合作社健康有序发展。

3. **成立职业农民培训学校，为合作社提供人才保障**。2015年合作社成立了“金沙河新型职业农民培训学院”，并得到了省厅的挂牌认可，通过聘请邢台市、南和县农业局的专家定期授课，对新招学员实行理论和实践相结合的教学方式进行培训，为合作社培育了一批懂农业、爱农业、会管理的新型职业农民。

4. **建立科研基地，培育优质品种**。合作社以闫里为中心，建立了

6000亩的科研基地。引进02-1、5766、2018、郑麦366、新麦26、丰德存5号、济南17、烟农999、烟农1212、邢麦20等冀鲁豫优良品种进行“同肥异种，同种异肥”、一喷三防、无人植保等科研试验，选育适合企业加工的优良品种，并与周边县市合作社、种粮大户开展联合种植，使农民增收、企业增效。

## 二、产业闭环，提升企业综合效益

1.**科学管理，提升一产效益**。合作社的规模化、机械化、科学化种植，平均亩产增加100公斤粮食，耕地增加了2%，生产投入降低了10%；农民也从靠天吃饭的传统农民生产转变为月月领工资的职业农民，年收入达到了6万多元，一产增收，使企业和农民形成利益联结，带动农民增收致富。

2.**优质原粮，提升二三产效益**。金沙河粮食种植业为企业加工提供优质原粮，从源头上提升了产品质量，保证了食品安全，增强了企业的核心竞争力。

3.**工业反哺农业，形成产业闭环**。集团加工业借助一产提质增效，创造了可观的经济效益，通过把部分增值效益反哺农户和农村建设，又壮大了集体经济，形成了粮食增产、农业增值、农民增收、企业增效、农村增益的新格局。一二三产业的融合发展，使集团各产业形成闭环链条，提升了企业的综合效益和整体实力。

# 顺应农业供给侧改革 推动粮食产业创新发展

重庆重粮健康产业股份有限公司

重庆重粮健康产业股份有限公司（以下简称公司）是由重庆粮食集团控股，于2015年10月成立的股份制企业，是一家致力于为全民提供安全健康食品食材和品质生活的服务商。公司按照《国务院办公厅关于加快推进农业供给侧结构性改革大力发展粮食产业经济的意见》（国办发〔2017〕78号）和《重庆市人民政府办公厅关于大力发展粮食产业经济的实施意见》（渝府办发〔2018〕18号）要求，大力实施一二三产业融合，推进粮食供给侧结构性改革，以打造本地大米龙头品牌和本地有机食材第一平台为目标，构建一条选种育种、生产种植、加工物流、品牌渠道相结合的全产业链，收到一定成效。具体做法如下：

## 一、以产业融合为基础，大力发展粮食产业经济

公司大力实施一二三产业融合发展，打造一条选种育种、生产种植、加工物流、品牌渠道相结合的全产业链。

在第一产业农业端，大力发展核心示范基地建设和订单农业。公司先后在重庆本地、东北以及海上丝绸之路沿线的柬埔寨建立优质粮油示范基地4个，总面积达1万亩，并以“示范基地+订单”“公司+农户”的方式，在周边发展订单面积10万亩。公司的核心基地采取土地流转、

统一耕作、有机绿色种植的方式进行，订单采取统一品种、统一种植方式、统一购买保险、优质优价收购的方式进行，与种植农户形成利益共同体。比如这几年，公司根据市场需求，在自有基地和订单基地推广使用“隆两优华占”“黄华占”“宜香优 2115”等优质稻种，很好地解决了优质粮源供给、产品标准化等问题，成功打造了横山有机贡米、江津富硒大米、黑龙江佳木斯大米、柬埔寨茉莉香米等大米产品，深受消费者的喜爱。同时，公司将位于重庆主城区 1 小时车程的綦江区横山镇 1000 亩有机水稻基地按照“农业 +”的模式，打造成集产品生产、观光体验、教育科普、休闲度假和产品展销等多功能于一体的现代有机农庄。农庄生产的大米、蔬菜等产品已经获得了国内和欧盟有机双认证，充分发挥了有机示范基地作为“产品生产地、品牌背书地、线下体验地和现代农业的窗口”，对现代农业和新农村建设的示范带动作用，也是实施精准扶贫战略和践行乡村振兴战略的有力尝试。

重粮健康綦江横山有机水稻基地

在第二产业方面，大力发展粮食加工业。公司现有位于重庆主城区西彭镇精米加工生产线一条，产能10万吨/年，正在位于主城区白市驿镇的重庆农产品物流区规划建设第二条年产10万吨的精米生产线。公司在粮食产业布局上坚持工艺领先、质量优先、环境友好的方针。首先在工艺上，实现了智能化生产，引进了西南地区领先的大米包装设备，在兴建厂时还考虑了向大米的精深加工延伸，为公司品牌的打造打下基础；其次是质量优先，通过了ISO质量管理体系、食品安全管理体系认证，建立了检测检验中心，升级改造常规仓房，实现智能化控温技术和低温储粮，推进溯源体系建设，保证产品供给质量；最后是环境友好，通过了环境管理体系和职业健康安全管理体系认证，很好地处理了粉尘、噪声等不良环境因素。随着公司在粮食工业方面布局的完成，公司将为重庆地区的粮食产业转型升级做出贡献。

在第三产业的培育方面，公司重点在物流和渠道上发力。公司拥有常年2万吨的周转仓容，在主城核心区的不同区域建设了物流分拣中心，工厂、自有物流中心和市内各大型商超的配送中心有机结合，彻底解决了物流配送难以准确、及时的问题。在渠道上，除了主城区大型商超全覆盖之外，还自建了重粮直供、重粮到家、重粮优品荟、重粮有机生活馆等平台，解决到餐桌的最后一公里问题。目前公司已经拥有自建和加盟的重粮有机生活馆5家、重粮到家200余家。同时，大力实施线上线下结合，自建线上销售平台，在天猫、京东等电商平台建立公司自营店，基本建立起了公司产品销售的全渠道。

## 二、以品牌引领为抓手，大力实施供给侧结构性改革

公司深刻地认识到，粮食产业目前属于比较效益低、相对比较弱质的产业，要实现粮食产业振兴，实现产品品牌化是有力的抓手。公司重点打造“重粮”“人和”“重粮有机生活馆”等品牌，实施差异化运作，把一二三产业融合的优势转化为品牌优势和市场优势。公司提出了打造本地大米龙头品牌和本地有机食材领先品牌的目标：“重粮”品牌定位于

高端市场的品牌，重点打造“重粮”有机大米、“重粮”家乡米、重粮进口米；“人和”品牌是拥有20年品牌积淀的中国名牌产品，定位于中端产品，主要是本地普通大米、东北珍珠米等；“重粮有机生活馆”定位于本地有机食材第一平台，目前精选产品线涵盖有机果蔬、纯粮家禽、有机杂粮、坚果、干货、有机大米六大类近100个品种，采取“线上+线下”“消费+体验”、配送到家的运作方式，推出卡券、会员、宅配等销售方式，同时针对会员提供完善的家庭营养保健以及养生服务。通过2~3年的努力，公司力争实现在重庆主城区小包装大米市场占有率达到15%、年产值突破3亿元、会员1万人、销售突破1亿元的目标。

2017年公司通过申报，获批成为“中国好粮油”示范企业。按照“增品种、提品质、创品牌”的目标，公司通过打造优质水稻核心示范基地，精准带动农户1666户，提供季节性种植用工约3000人次，实现农户增收约400万元；建立基础配套设施分拣中心1个、有机生活体验馆1个、“重粮到家”门店200家，初步实现重庆主城配送到家服务；利用“互联

重粮到家

网+”和实体商超渠道结合，建设线上“有机商城”销售平台，拓展家乐福、新世纪、重客隆等A类和B、C类商超渠道17个，投放“重粮”品牌广告33处。实施好粮油项目效果显著：2017年与2016年同期比较，优质稻谷增产167%，带动农户数量增加165%，带动农户增收提高200%，优质大米销量提升57%，销售额增加69%，产品市场份额和品牌知名度显著提升。公司先后荣获“重庆市好粮油放心龙头加工企业”等多个荣誉称号。

## 三、以机制体制创新为保障，推动企业可持续发展

公司作为重庆市国有资产管理委员会首批推进员工持股试点改革的混合所有制企业，大胆探索企业改革，不断健全法人治理结构，建立健全现代企业制度。特别是在股权结构上，除引入民营资本外，公司还大胆探索核心员工持股制度。经国资委审批通过，公司注册资本金通过两次增资，从最初的1000万元增加到4424万元，其中核心员工通过持股平台持股10%。避免了国有股东一股独大，企业股权结构得以进一步优化，初步形成企业、股东、员工利益共享、风险共担的激励约束机制，有效调动和激发员工的积极性，进一步增强了企业持续发展的动力与活力。

综上，公司在顺应供给侧改革、解决产能需求、一二三产业融合、最大限度地提高企业经营效益、推动粮食产业创新发展方面做了一些尝试和努力，但前行的道路上不会是一帆风顺的，需要不断创新、持之以恒，继续以改革为动力，转型升级提质增效，调整产品结构，加快技术改造，扩大新品开发，培育知名品牌、驰名商标和畅销产品，力争早日使企业真正成为经济、社会、环境效益齐头并进的优质粮油服务商。

# 实施健康战略　做大健康产业

西王集团有限公司

西王集团有限公司（以下简称西王集团）始建于 1986 年，是一家以玉米深加工和特钢为主业的全国大型企业，控股西王食品、西王特钢、西王置业三家上市公司，现拥有总资产 500 亿元，职工 16000 余人，位列 2017 年中国企业 500 强第 416 位、中国制造业 500 强第 193 位。西王集团还被中国食品工业协会冠名“中国糖都（淀粉糖）”“中国玉米油城”。2016 年 10 月，西王集团以 7.3 亿美元成功并购全球最大的运动营养与体

国际先进的德国克朗斯吹灌一体机

重管理企业——加拿大科尔公司，成为国际化跨国集团。西王集团认真贯彻各级政府关于发展粮食产业经济的部署，创新发展，转型升级，提质增效，不断开创玉米精深加工发展新局面。2017 年实现销售收入 435 亿元、利税 26 亿元、上交税金 12.8 亿元，分别同比增长 28%、78%、74%，持续保持稳健高质量发展态势。

## 一、加强科技创新，优化产品结构，提高大健康产业发展质量

西王集团积极创建科技创新平台。由国家粮科院牵头，西王集团作为核心单位之一，发起创建了“国家粮食产业科技创新（滨州）联盟”，促进粮食产业科技成果转化，推动粮食产业发展和转型升级。西王集团与国家粮科院战略合作，在西王集团建立全国唯一的“玉米产业国家技术创新中心”，制订了玉米果糖应用研究、玉米油副产物高附加值利用等 6 项研发任务，形成产学研联合体模式，建设世界一流的研发平台、人才汇集平台、科技成果交易平台，建成国际一流的技术创新中心，促进玉米科技创新成果转化提速，提升玉米精深加工的技术水平和竞争力。西王集团被国家科学技术部火炬高技术产业开发中心认定为国家火炬滨州邹平玉米精深加工特色产业基地。以科技创新平台为支撑，加强科技创新，发展大健康产业。

**一是**发展玉米果糖，争做中国糖业革命的先驱者。玉米果糖具有甜度高、对血糖影响小、不致龋齿等功效，可广泛应用于食品、饮料、医疗、保健等多个领域，具有巨大的市场潜力。据《美国临床营养学杂志》发表的论文研究表明，果糖替代蔗糖在营养、功效、功能性等方面更具优越性。玉米果糖能够有效地破解食糖物资供求失衡，弥补食糖不足，替代进口蔗糖，满足人们对高品质生活的需求。发展玉米果糖，为玉米“去库存”提供了新途径，是产品提档、业态升级、提质增效的重要体现，对于玉米产业供给侧结构性改革具有重要意义。经过 11 年的科技研发，在玉米果糖成产关键技术上取得了 20 多项核心自主知识产权，

应用色谱分离、连续热结晶、智能制造等新技术，优化了工艺流程，彻底解决了果糖同分异构体复杂多变等诸多技术难题，实现了果糖生产过程信息化与智能化管控，果糖收率提高到85%以上，大幅度降低了生产成本，成为国内唯一掌握玉米果糖核心技术且实现规模化生产的龙头企业。

**二是**发展保健玉米油，争做中国大健康产业的引领者。西王保健玉米油中富含植物甾醇和维生素E，具有降低胆固醇、有效抵御机体基因损伤、提高机体免疫力等保健功效。为满足大众对健康营养的需求，根据玉米油本身富含高活性天然维生素E和植物甾醇的特性，通过“营养保健型高端食用油工艺技术研发”“富含营养伴随物的玉米胚芽油工艺技术研究及产业化推广”等一系列科研项目立项研发，攻克诸多保健油生产过程中关键技术难题，将玉米油本身维生素E和植物甾醇进一步富集，生产出具有保健作用的保健玉米油。通过新一代物理精炼等核心技术的成功应用，保健玉米油生产成本降至普通食用油的价格区间，真正成为让民众用得起的保健品，开启植物油保健的新时代。

国内一流的智能化注塑车间

## 二、转变经营模式，实施品牌引领，增强大健康产业的生命力

近年来，西王集团大力推进以保健玉米油、果糖、运动营养保健品为代表的大健康品牌建设，致力于打造中国健康食品的领先品牌。西王食品的玉米油入选“中国好粮油”示范项目，提升优质玉米油收储经营服务保障能力，提升玉米油产品质量及市场占有率。西王果糖已与可口可乐、蒙牛、伊利、康宝莱、统一、农夫山泉等公司建立合作关系，西王玉米果糖已应用于其旗下的高端品牌产品，强强联合引领中国健康用糖新潮流。西王集团在发展食品级玉米果糖的同时，大力发展药用级玉米果糖，并取得了国家药字号证书。与正大丰海、科伦制药等国内大型药企进行合作，发展果糖大输液，引领高端医用注射用糖发展。西王集团在运动营养保健品方面抓住大健康产业机遇，打造中国运动营养保健品领先品牌，成立了专业的运动营养保健品销售团队，在北京、香港设立销售公司，大力开拓国内运动营养保健市场。西王集团与阿里健康签署战略合作协议，双方将基于各自领域的“大健康”优势，开展全产品、全渠道、全产业链的新零售战略合作，构建中国健康领域新蓝图，引领中国运动健康产业进入新纪元。

以西王集团为核心申报的“邹平县玉米深加工产品生产基地”被认定为首批“食安山东”食品生产加工示范基地。西王集团荣列第十一届品牌价值500强榜单第178位，被省政府确定为山东百年品牌企业重点培育对象、山东省首批制造业单项冠军企业、首批山东省五星级厚道鲁商形象榜企业。

## 三、坚持质量优先，提升社会效益，推进大健康产业迈向新层次

严控质量，强化食品安全保障。一是强化原料控制。从玉米初加工到精深加工再到高附加值加工的完整产业链，成为西王产品进取发展的

坚实后盾和强力保障，西王集团积极完善当地玉米收购模式，严格管理原料收储，并与中粮、中储粮等相关玉米贸易龙头企业建立合作，严格把控原料品质，坚持只做非转基因，不放一粒转基因玉米入库。目前，企业所有玉米深加工产品全部通过非转基因认证，从原料源头上保障了产品质量。二是注重过程管理。集团所有食品生产企业全部通过 GMP（生产质量管理规范）认证，以药品的生产标准来生产食品。从原料到中间控制到产品检测，实行全程质量监控管理，每个环节的品质控制做到规范化、流程化、专业化、标准化。通过了质量、环境、食品安全、职业健康、知识产权、HACCP（危害分析和关键控制点）等管理体系认证，并获得 IP（非转基因身份保持）认证及 BRC《食品安全全球标准》体系认证、清真食品认证等。完善的质量管理体系，为食品安全提供有力保障。

利民惠民，提升企业社会效益。通过发展大健康产业，建设 100 万吨玉米果糖项目，在产品研发、品牌营销上持续创新，不断完善以西王集团为核心的邹平玉米精深加工示范基地。该项目将新增玉米加工产能 200 万吨，带动 400 万亩玉米种植面积，惠及山东及周边的 200 万农民，提高了农业附加值，促进了农民增收致富。同时该项目的实施对土地流转集约化经营、促进乡村振兴战略具有重要意义。通过发展果糖、玉米油等具有保健功效的产品，让消费者吃得起、吃得健康，践行粮食产业经济以人民为中心的思想，满足人民对健康生活的需求和美好生活的向往。

发力高端，迈向终端，西王集团以大健康产业核心驱动，通过在产品研发、品牌营销上的不断创新，构筑新动能，增添新动力，促使西王保健玉米油、果糖、运动营养保健品“三箭齐发”，引领和推动大健康理念发展，打造新旧动能转换的试验点和乡村振兴的示范点，奋力开创新时代西王发展的新局面，为粮食产业经济发展做出西王贡献。

# 坚持科技创新　构建战略联盟 积极推进粮食产业集聚发展

齐齐哈尔龙江阜丰生物科技有限公司

齐齐哈尔龙江阜丰生物科技有限公司（以下简称公司）成立于2017年3月，是香港联交所主板上市企业。公司300万吨玉米深加工项目规划总投资100亿元，分三期建设，预计2022年全部完成，年预计实现产值100亿元，利润9亿元，上缴税金6亿元，安置就业6000人，将成为全球规模和技术领先的著名玉米生化生产基地。项目一期工程总投资29亿元，于2017年11月底建成投产，年产结晶糖20万吨、苏氨酸10万吨、赖氨酸10万吨、玉米饲料30万吨。2018年预计可实现产值30亿元，销售收入25亿元，出口创汇2000万美元，缴纳税金5000万元。公司自运行以来，不断强化规范化管理，顺利通过了ISO 9001质量管理体系认证、ISO 14001环境管理体系认证、OHSAS 18001职业健康安全管理体系认证、ISO 22000食品安全管理体系认证。在科技创新方面，主要做法有：

## 一、坚持科技创新，提升企业核心竞争力

公司自建厂以来，实施创新战略，培养研发队伍，建立企业研究开发中心，建设6000平方米研发综合大楼，设有精密仪器室、高温室、生化培养室、菌种保藏室、分析检测室、氨基酸提取实验室、氨基酸发酵

实验室等，并购置价值1000万元的国内外先进检测设备和生物工程试验设备，具备了完备的生物技术实验、分析、小试、中试和生产放大的研发条件。目前拥有科研人员174人，其中享受国务院特殊津贴1人、初级及以上工程师92人，研究开发项目11项，拥有国家发明专利7项、实用新型专利2项；正在受理阶段发明专利7项、实用新型专利3项。公司生产全过程引入多项行业新技术、新工艺，其中“全膜法提取氨基酸新技术”“发酵废水梯度利用及中水回用技术”“生物吸附与等离子偶联净化发酵废气新技术”等为自主创新技术，达到国际先进水平并全部拥有自主知识产权，在节能减排、资源综合利用、循环经济、清洁生产等方面具有行业示范作用。

生产车间

## 二、打造循环经济，实现绿色可持续发展

公司始终坚持走循环经济和可持续发展道路，生产中以玉米为原料提取淀粉，淀粉再经液化、糖化制备葡萄糖，葡萄糖生产结晶糖或者通过微生物发酵生产氨基酸，并将发酵残渣、废水制作成生物发酵

肥反哺农业，形成了“农产品→生物发酵→氨基酸及肥料→农产品”的循环经济发展模式。注重资源综合利用，副产物蛋白粉、菌体蛋白作为优质饲料出售，利用工业废水生产生物发酵肥，将废弃物资源化利用，不仅实现了良好的经济效益，而且拉长了产业链，增加了就业岗位。公司生产链始于农业，终于农业，并在循环过程中实现了增值。

## 三、实施智能制造，改变传统管理模式

公司以自动化、智能化生产为设计基础，进行高质量氨基酸产品的工业化生产。针对发酵行业智能化程度低、缺乏高端产品、能耗高、污染大等问题，通过智能制造核心装备应用和 DCS 分布式控制系统、EMS 能源管理系统、MES 制造执行系统、ERP 企业资源计划等的实施，实现生产流程可视化、生产工艺可预测优化及生产管控高度集成，进而对氨基酸全产业链实施实时数据采集、大数据分析和精准智能控制。智能化的实施将大大提高产品的生产效率、能源利用率，降低运营成本，提高企业的国际市场竞争力，进而推动我国氨基酸整体制造水平从“制造”向“智造”转变。

## 四、构建战略联盟，促进产业集聚发展

为保证齐齐哈尔市玉米供应链健康有序运作，公司在甘南、龙江、讷河、富裕、依安等玉米主产区布局玉米收购点，辐射半径 300 公里。同时，公司与黑龙江昊华化工有限公司、紫金矿业集团股份有限公司等优质上游客户建立战略合作联盟；与上下游、科研院校之间组建战略联盟，整合玉米行业内现有的科技创新资源，在行业内进行联合科技攻关，提升产业的自主创新能力，促进科研成果转化；积极引导下游饲料、油脂和生物制药企业落户，逐步构筑一条上下游紧密衔接的玉米深加工产业链条，形成产业集群，创造倍增效应。公司项目全部建成后年加工转化玉米 400 万吨，占全市玉米总产量的 1/2，能够极大地缓解“卖粮难”

问题；生产过程中需要的大量原辅材料，包括编织袋、盐酸、液氨、离子膜碱、硫酸、活性炭等均为外购，仅每年所需的化工原料可为昊华化工、紫金矿业等原料供应企业增加销售额 5 亿元；为周边企业带来了新的商机和活力，拉动了当地钢铁、建材、建筑、运输等行业的消费超过 1 亿元。

# 打造绿色优质粮食品牌 助力扶贫攻坚

云南八宝贡米业有限责任公司

云南八宝贡米业有限责任公司（以下简称公司）成立于2003年8月，注册资本5000万元，主要经营八宝贡米、八宝贡系列产品（饵丝、米线、卷粉），为云南省省级农业产业化经营重点龙头企业。公司坐落于云南省广南县莲城镇工业园区内，同时引进目前国内先进生产设备，年可加工2万多吨的优质大米。近年来，八宝贡米先后获得绿色食品及有机食品认证产品，被评为云南“名牌农产品”，企业被评为“云南省第四批放心粮食示范企业”，被授予“云南省食品安全示范单位”称号。

云南八宝贡米业大地艺术中心

## 一、规范农业管理，做好基地发展

公司致力于走“公司＋基地＋科技＋农户”的粮食产业化发展模式。2017年，公司在广南县八宝镇规划建设优质稻种植基地3.5万余亩，其中按“绿色食品”标准种植基地1.4万余亩，农业标准化示范基地1500亩，带动全县种植优质稻10万余亩，基地辐射11个乡镇、50多个村民委、近百个村小组，带动8820余户种植优质稻。

为解决八宝贡米小规模、散户经营的问题，多年来在基地建设上，公司结合实际情况严格采取“公司自建基地＋合作社＋农户”的生产种植方式，分片区、分品种发展八宝米特色农业，按照“五统一”（统一种植品种、统一规范种植、统一技术管理、统一价格收购、统一产品质量）组织标准化生产。同时划分八宝核心种植区和外围辐射区，针对不同的种植区域种植不同的品种，严格生产程序，确保产品的品质，在原粮收购上采取保底价收购，确保种粮农户的根本利益。

## 二、做好品质保证，加工创新延伸

公司严格做好粮食标准质量工作。粮食质量和卫生监管是粮食流通管理的重要内容，不仅有利于促进粮食生产发展和品质优化，还有利于粮食有序流通，同时加强了粮油质量标准和检验检测体系建设；实行质量认证和标识制度，构建了生产、加工、销售全过程的质量安全监控系统。公司于2017年通过ISO产品质量体系认证，严格控管，所有产品种植都按照绿色食品和有机食品的种植要求执行；生产的每一批次产品，公司质检部门必须严格按照标准进行检验，不合格的产品一律不得出厂，并以“自然本真、环环控制、至始至终、客户满意、社会放心”作为公司质量方针。

科技进步是推动粮食产业化发展的根本动力，公司积极树立“科技兴粮”意识，以科技创新带动粮食产业向更高层次发展。公司在现有生产设备的基础上，根据实际生产需求，加强粮油精深加工的科技创新，不断提高粮食加工深度、加工层次和技术装备水平，延长粮食产业链，大幅度提高加工增值率。2016 年，公司着手建设鲜粮制品生产线，使公司产品朝多元化方向发展。

生产车间

## 三、打造品牌文化，争创粮油名牌

公司以“耕耘优质生活”的品牌理念，“道法自然、恪本存真”的品牌主张打造创领更自然的健康生活方式，臻享更本真的精致生活品质。对于生活，公司始终坚持一份“本真”的信仰，不拒绝现代社会的繁华与进步，接纳现代科技带来的美好。以自己的方式寻求原始的自然回归与绿色健康！同时以多元化的产品、服务及无限的创造力，提供全新生活理念，耕耘和创享更健康的生活方式、更精致的生活品质、更广阔的生活空间。无论经营企业还是做人做事，公司始终恪守本分，踏实行事，以至真之情，行至实之为，种植和生产纯粹、高品质的粮油产品。

公司积极争创粮油名牌。采用先进的质量标准，组织开发和生产高质量的粮油产品，提高产品档次，扩大市场占有率。充分利用新闻媒体，借助各种展销会和重大节庆活动，线上线下活动相结合。加大对品牌的宣传推介力度，扩大品牌的知名度。2017 年年底，公司在省内昆明、文山、曲靖、昭通、玉溪、楚雄等的销售网点近 700 个；同时根据市场发展需求，2015 年逐步开拓电子商务销售渠道，进驻影响力大的网上营销超市，使公司的产品实现了 B2C（商家对客户）的电子商务销售渠道，市场销售多元化；2017 年 9 月在天猫商城开设“广南八宝贡米旗舰店”，同时在京东、文山故事土特产店、天猫、一心堂、建行善融商城、邮政邮东网等电子商务平台巩固 B2C 销售渠道。

## 四、发展成效

公司自成立以来本着“以质量求生存，靠信誉谋发展”的企业宗旨和“求实奋进”的企业精神，围绕企业价值观和企业精神扎实求发展。2017 年度产量 10132 吨，公司销售网点 700 余个，实现销售收入 12098 万元，利润 857 万元，上缴税金 34 万元，资产总额 27518 万元。

公司自成立以来，积极履行社会责任，围绕“大力发展产业促进增收脱贫”目标，以带动当地贫困户脱贫为己任，2017 年以来，共带动 1491 户贫困户以不同的合作模式增收脱贫，被中共广南县委、广南县人民政府评为广南县脱贫攻坚扶贫先进企业。

公司坚守“创享优质生活”的理念，以向消费者提供健康、生态、优质的大米为目标，以产品质量为核心，努力提升“八宝贡”的产品品质和品牌价值，紧紧围绕公司发展规划及战略目标，巩固云南市场，全面开发北京、上海、成都、南宁等新市场，把产品推向全国，让消费者切切实实吃到生态、健康、安全、优质的大米。

# 创新驱动发展 品牌引领未来

郑州思念食品有限公司

郑州思念食品有限公司（以下简称思念食品）成立于1997年，是目前国内领先的专业速冻食品生产企业之一。公司主要产品有：速冻水饺、速冻汤圆、速冻面点、速冻休闲食品、速冻西点、速冻调理制品六大系列共计400多个品种，年生产能力70万吨。思念食品2012年荣获“全国主食加工示范企业”、2017年荣获“河南省好（放心）粮油（主食）加工企业”称号。

思念食品智能化冷链系统

作为民营企业，思念食品以“创新生活，奉献民众”为己任，肩负“思连千家，念及万户”的社会责任感，凭借业内领先技术、设备和严格的质量控制体系，为消费者提供优质美味的健康食品。2017 年思念食品生产速冻食品 45 万吨，实现销售收入 40 多亿元，带动上下游产业 30 多万农户增收，安排上万闲置劳动力就业。

## 一、加强技术交流，立足自主创新

思念食品立足自主创新，通过对世界范围的技术考察，参加美国、加拿大、法国、日本、韩国等各种技术交流和学术讨论会，从新技术、新原料、新工艺、新方法、新设备、新标准等方面找到有广阔市场前景的项目进行研发。另外，与江南大学、河南农业大学、河南工业大学、郑州轻工业学院等院校、科研单位建立广泛、良好的技术合作关系，推陈出新，不断研发贴近市场和消费者需求的新产品，推出了“牛魔王”系列、“金牌虾”系列高端水饺和儿童水饺系列产品，提高了产品的附加值。

## 二、延伸产业链条，保障产品品质

思念食品加强农产品等原材料的源头管理，深入发展“公司 + 标准 + 农户 + 基地”的产业化经营模式，一是推广种植优质小麦、糯稻、蔬菜品种，不断扩大订单农户的规模，与农户建立互惠互利的良好关系，既保证了企业有稳定的、高质量的原料来源，又为广大农户增加了收益。目前，公司在河南省驻马店、信阳、荥阳、中牟、原阳、商丘，湖北武穴，江苏金坛，四川彭山和湖南张家界均建立了订单基地。二是加强对面粉、花生、芝麻等农副产品配套供应厂家的技术支持与规模扶持，形成以思念食品为中心，包含产业化加工、优质原材料种植的完善食品产业链条，为消费者提供更为优质安全的产品。

## 三、推进项目建设，夯实产业基础

近几年思念食品投资建成郑州思念新工业园，包括速冻食品加工车间、冷藏物流配送中心、技术中心、食品安全信息体系、集团办公大楼等全套设施，按照安全防控、溯源预警、精深加工、集约发展四大方向，将园区打造成了规模与结构双赢、食品安全与信息化并重的速冻食品产业新航母，通过产能的不断提高有力支撑企业发展目标的实现，促进了粮食精深加工和转化水平的提升。

思念食品速冻水饺全自动生产线

## 四、加快设备升级，提高生产效率

思念食品采取外部寻源、内部开发等多种方式，进一步提高了速冻水饺自动生产线工艺性能，推进了速冻汤圆机、包装等生产环节的自动化改造，不断提高企业技术装备自动化水平。

## 五、加强管控水平，提升经济效益

思念食品以销售订单和市场需求为核心，将生产管理、采购管理、库存管理、财务管理、销售管理等涉及企业生产经营的各个环节融为一体，实现涵盖财务总账、固定资产、分销、采购、销售计划等多个模块和环节的管理链条，缩减流通渠道，减少产品库存，降低运营成本，提高产销效率。

## 六、创新宣传渠道，丰富品牌内涵

思念食品增加推广费用，做好媒介品牌建设，2017 年广告费投入近亿元。在进行广告投放的基础上，充分利用新产品特点，积极开展电视栏目、电影、娱乐活动赞助等创新宣传模式，深入挖掘品牌内涵。通过和湖南卫视、浙江卫视、东方卫视、江苏卫视合作，使产品更加深入消费者的生活；强化线下行销执行力，做好渠道品牌建设。不断加强目标市场预测，采取灵活多变、具备当地特色的销售策略，积极地参加国内外经贸洽谈、展销会展等活动，有效提升企业的知名度和影响力。

2017 年思念食品美国工厂正式投产，这标志着思念食品迈出了全球化战略布局的重要一步。未来，思念食品将秉持工匠精神，肩负中华美食文化薪火相传的使命，把公司发展成为具有国际水平的食品产业集团。

# 转型创新　努力发展主食产业化

浙江衢州东方集团股份有限公司

浙江衢州东方集团股份有限公司（以下简称东方集团）是衢州市首家新三板创新层企业，始创于1994年。创立以来，公司始终坚持以“做百年老店”为愿景，紧紧围绕吃、住、行、游、购、娱、健康等消费要素，不断深化互联网+多业态+创新发展、区域立体密集布局和大旅游三大战略，转型创新，积极构建城市商业服务链。经过23年的诚信经营和用心服务，在本地消费市场树立了良好的品牌知名度和美誉度。2017年实现销售额达12.22亿元，较2016年增长9.55%。

2017年阿里巴巴和银泰百货入股东方集团，进一步促进了集团在供应商资源整合、市场拓展和主食产业化创新方面的发展。特别是通过阿里巴巴平台，结合东方集团经营特色，逐步成为连锁大型生鲜超市、社区中心连锁超市、乡镇连锁超市、星级酒店大型餐饮、营养食品加工、单位和学校食堂集体配餐、早餐工程的健康主食食品供应的主力军，并形成了由农超对接体系、中央厨房食品加工体系、配送中心食品配送体系组成的主食产业化系统，为东方集团进一步整合主食产业化资源、创新发展主食产业化新模式打下了坚实基础，也为企业向以平台领先、信息优化、资源整合、连接终端的创新模式的主食产业化龙头企业发展指明了方向。

## 一、农超对接体系

2010年东方集团下属全资子公司衢州东方商厦有限公司成为商务部农超对接综合试点。2011年完成了试点的全部建设内容，实现了与60多家农产品专业生产合作社的合同采购、基地对接，连续八年完成当地农产品和鲜活农产品的采购销售目标，达到年销售额超2亿元人民币的优异业绩。

东方集团通过这些年对农超对接体系的不断深化建设，基本形成了农产品专业合作社采购对接模式，通过合同采购、订单农业、定牌加工、设立店中店等方法，将农产品从种植端引入流通渠道，并开展鲜活农产品粗加工业务，配置了净菜清洗生产线和充氮包装机，具备了向酒店厨房供应大包装净菜的生产能力。同时在43家超市门店建设配置了冷链保管和陈列设备，确保了鲜活农产品在销售端保持新鲜。2014年东方商厦参加了浙江省政府推出的“鲜活农产品放心柜”建设，在配送中心及各大型超市设立了“农残快检室”。2017年东方商厦参加浙江省政府推出的“品质农产品进超市”建设，增设农产品二维码溯源，设立“品质农产品”专柜，提升农产品价值水平。

## 二、中央厨房食品加工体系

中央厨房是东方集团在农超对接的基础上，创新发展的项目，即通过采购优质农产品，进行深加工，生产主食和菜肴。目前东方集团中央厨房生产车间面积3000平方米，设有净菜加工车间、糕点加工车间、面点加工车间和饮品加工车间，主要有放心早餐系列、酒店餐饮系列、食堂配送系列和超市销售系列四大系列产品。

中央厨房由东方集团全资子公司衢州衢佬大食品有限公司（以下简称衢佬大食品）运营，并注册了“衢佬大”食品商标。2016年年初，集团提出深化中央厨房改革，实行“五统一”管理的餐饮农产品主食产业化模式。该模式的主要做法是：改变酒店餐饮业手工采购管理为计算机信息管理系统处理业务单据；所有酒店净菜加工由各酒店自行加工改为中央厨房集中加工；净菜加工操作员集中到中央厨房上班；厨师长也集中到中央厨房上班，研发菜品，所有酒店厨房的菜肴均由中央厨房配送半成品和成品；实行统一采购、统一加工、统一配送、统一标准和统一管理的“五统一”模式。2017 年中央厨房实现主食产品生产产值 3400 万元，同比增长 33.8%。

2017 年衢佬大食品和衢州市供销合作社、衢州市粮食局合作，在中央厨房设立了“三衢味”研究院。该研究院的主要任务是基于衢州市的农业生产产品特点和商务酒店客人餐饮消费的特点，研究出符合大众口味的衢州特色菜肴，然后提供给各酒店，出售给客人。

衢州东方集团中央厨房——蔬菜自动化清洗

## 三、配送中心食品配送体系

随着农超对接综合试点项目的建设，东方商厦同步建设了配送中心。核心内容是：10000 平方米的常温日用消费品仓库、2800 立方米的冷冻冷藏库、三辆冷藏运输车、五辆常温箱式配送车。目前东方商厦配送中心实现了 200 公里配送半径的配送能力，每天为东方商厦 43 家超市配送商品，为 40 个“放心早餐”销售点配送早餐，为集团内九家星级酒店的餐饮厨房配送净菜，为浙江省六个监狱配送粮油、蔬菜、加工食品和商品，为 100 多家食堂配送食材，为开化县学校系统配送粮油、蔬菜和加工食品，为衢州市高级中学、第二中学配送主食和菜肴。2017 年完成配送额 6511 万元。

衢州东方集团配送仓库

2017 年由于通过主食产业化模式创新，东方集团突破了酒店业主食产业化的孤岛，实现了集团效益的大幅度增长，主要表现在以下几个方面：

1. **配送量明显增加**。与 2016 年相比，2017 年东方集团为集体配餐提供食材配送额达 5499 万元，增长 13.68%；为集团旗下酒店餐饮配送额达 3400 万元，增长 33.8%。

2. **配送成本明显下降**。与 2016 年相比，2017 年东方集团旗下酒店餐饮毛利率由行业一般水平的 55%，飙升至行业领先水平的 62%，个别酒店甚至达到 65%。

3. **配送调度更加便捷**。由于通过中央厨房统一采购、统一加工、统一配送、统一标准和统一管理，信息平台的作用得以充分发挥。

4. **客户的满意度逐步提高**。表现在集体配餐单位对配送的农产品质量投诉减少，在酒店餐饮方面，中央厨房推出的突出优质食材原汁原味的无味精菜肴，深受消费者欢迎。

下一步，东方集团的目标是建设或合作建设专业主食产业化平台，即通过互联网平台，对接供需双方，并通过大数据，引领双方精准对接。简单来说就是平台 + 实体。平台是为了成为国家级专业的主食产业化，实体是为了做好样板和支撑平台，力争发展成为具有国内先进水平的专业的主食产业化网络平台，引领行业发展。

# 推进粮食产业发展　打造循环经济之海泉模式

安徽海泉投资控股集团

安徽海泉投资控股集团（以下简称海泉集团）创建于2005年，经过十几年的发展，已成为集粮油食品加工、农业科技种植、水产畜禽养殖、新能源科技开发、农业金融服务于一体的现代综合性农业产业化龙头企业。

加快推进农业供给侧结构性改革，大力发展粮食产业经济是推动农村产业转型升级，提高农业综合效益，促进农民增收的有效途径。海泉集团在各级政府和有关部门的大力支持和指导下，积极探索，勇于创新，始终坚持“让每一粒粮食更有价值”的企业使命，着力打造以农业种植为基础、主粮加工为龙头、生物质气化发电为两翼、副产物综合利用为抓手的粮食产业循环发展模式，具体做法如下：

## 一、依托土地流转和订单农业，加快推进优质粮食种植

海泉集团旗下安徽省颍上县鑫泉有机农业科技开发有限公司主要进行有机水稻、小麦等优质农作物的研发和种植。目前已流转土地4000余亩，从国外引进优质越光稻种，严格按照有机农作物种植方法，保证产品质量，生产的有机越光大米品质优良，经农业部南京农产品监督检验检测中心测定，40多个与农药、重金属残留有关的指标均达到有机食品标准要求，产品畅销上海、南京等地，深受高端消费群体欢迎。

海泉集团分别在阜阳市颍东区和颍上县进行订单农业推广优良品种种植，签订优质小麦种植面积 5 万亩，优质水稻种植面积 5 万亩。通过开展标准化种植基地的生产技术培训、宣传，制订生产技术规程，倡导使用炭基复混肥料和病虫害生物防治技术，积极提升广大农户的种植技术水平。同时，在粮食生产过程中，海泉集团委派专业的技术人员从遴选优良品种、耕种、施肥、用药、收获各环节对农户进行全程技术指导，从源头上保证了原粮的品质，通过订单保证了农户的利益，为粮源基地的合理化运营奠定了良好的基础。

## 二、打造粮食服务体系，壮大主粮加工能力

海泉集团依托旗下的海泉粮油工业有限公司、安徽鑫泉米业有限公司、安徽省达亿粮油食品有限公司省级农业产业化龙头企业强大的仓储、生产能力，在阜阳市及周边省市建立粮食储运一体化运营服务体系，为农民提供粮食清理干燥服务，提高粮食质量；为农户提供储粮服务，按市场需求分等定级、分仓储存、分类加工，保障粮食质量，通过市场带动农民增收。通过粮食产后服务体系建设，使农民手中收获的粮食得到及时处理、妥善保管，大幅降低农户储粮损失率，提高服务水平和生产效率。

海泉集团共有新建扩建各类标准化储备仓 40 万吨，拥有日加工稻谷 300 吨大米生产线 3 条、年加工小麦 18 万吨专用粉生产线 1 条、年产 1.8 万吨稻米油的生产线 1 条、年烘干稻谷 30 万吨的烘干车间 1 个。创建“海福源”“长升缘”“海泉”和“麦久香”四大品牌系列，其中“海福源”大米和“麦久香”面粉被安徽省推荐为“中国好粮油”。海泉集团产品覆盖了大米、面粉、食用油和功能性食品，满足高、中、低端客户多样化需求，产品在全国具有广泛的知名度，并荣获安徽省著名商标和安徽省名牌产品称号，连续三年被评为全国大米加工 50 强企业。

安徽海泉集团产品

## 三、利用粮食加工剩余物资源，发展绿色农业循环产业

为减轻秸秆禁烧问题，充分利用稻壳、秸秆等粮食加工剩余物，海泉集团于2008年与南京林业大学张齐生院士团队开始探索稻壳、秸秆等副产物的综合利用，开发出一条稻壳、秸秆气化发电联产炭、气、油、液、肥的农业循环经济新道路，为解决粮食加工废弃物问题，提供了一个新的发展方向。

2014年海泉集团成立了海泉风雷新能源发电股份有限公司，2017年4月投资建设的3000千瓦生物质气化发电多联产项目在颍上县工业园区成功并网发电，年利用稻壳6万吨，年可发电2300万度，生产稻壳炭2万吨，副产生物质提取液。

为提升气化副产物生物质炭和生物质提取液的利用价值，进一步完善绿色农业循环产业链，海泉集团于2017年10月投资成立了安徽国嘉肥业有限公司，通过与合肥工业大学、南京林业大学、安徽省农业科学院土壤肥料研究所等科研院所合作，利用生物质气化过程中产生的生物质提取液，生物质炭和养殖场的畜禽粪便，制取木醋液水溶肥和有机肥。木醋液水溶肥在补充作物所需营养的同时，自身具有的小分子有机物具有良好的驱虫、杀菌作用，可减少农药的使用量。而且，利用木醋液除臭、杀菌的特点，将畜禽粪便就地除臭、杀菌处理后，再送到畜禽粪污集中处理中心，与生物质炭和粉碎秸秆掺混后腐熟发酵，制成高品质有机肥，年可处理粪污除臭 100 万吨，年产 10 万吨优质有机肥和 1 万吨液体肥料，炭基肥可以有效解决当前土壤板结和重金属超标等问题。木醋液水溶肥和有机肥优先供应鑫泉有机农业科技开发有限公司及集团战略合作的小麦种植基地、水稻种植基地，不仅可以解决畜禽粪便的处理问题，还可以在改良土壤，减少化肥农药使用，提升地力的同时，改善作物的生产条件，保证了原粮的品质。

海泉集团立足于粮食产业发展，始终坚持“让每一粒粮食更有价值”的企业使命，上下游产业全面布局，大大提高了公司的抗风险能力和市场盈利能力，同时对带动农民增收、提高农业综合效益具有重要意义，对推进粮食产业发展，打造循环经济的创新模式，具有良好的示范作用。

# 大力调整空间布局和产业结构<br>加快实现高质量转型发展

北京粮食集团有限责任公司

为进一步落实党中央国务院关于加快推进农业供给侧结构性改革的精神，北京粮食集团有限责任公司（以下简称京粮集团）根据首都城市功能定位和“十三五”发展战略规划，顺应形势，立足实际，坚持“建设现代大农业、大粮商”的发展方向，通过“走出去”的方式，大力调整产业空间布局，优化产业产品结构，拓宽农产品精深加工，大力发展粮食产业经济，促进企业转型发展，提高企业发展质量，供给侧结构性改革成效明显。

自 1999 年成立以来，京粮集团秉承“为民承重，兴粮富国”的企业使命，实施“做资本、做品牌、做市场”的发展战略，全力保障首都粮食安全，积极参与市场竞争，走出一条创新发展的健康之路，已成为全国粮食行业具有市场竞争力、品牌影响力、供应保障力、产业带动力的知名企业，在首都粮食安全流通体系中发挥着主渠道、主力军、主载体的作用。目前，京粮集团拥有粮油储备、粮油贸易、粮油加工、商贸服务、商业不动产五大产业板块，初步构建起“一链两翼多园区”的都市粮食产业新格局。2017 年年末，集团总资产 286.9 亿元，实现销售收入 335.9 亿元，利润 11 亿元。

京粮集团沧州渤海新区粮油食品产业园

京粮集团坚持以加快推进粮食供给侧结构性改革为主线，大力发展粮食产业经济；以“十三五”发展战略规划为指引，谋划企业发展新方向；以“三退三进（退城进郊区、进港区、进产区）”战略为手段，统筹产业发展新布局，在津冀两地打造粮食收购、油脂油料加工、小麦物流加工、商贸物流服务四大基地，在全国规划布局粮源基地、工业园区、商贸物流、商业地产等产业，市场开拓能力显著提升，产

京粮集团旗下品牌及产品

业结构更加合理。

为了进一步提升企业发展空间，打造粮食产业经济，京粮集团从改革调整科技创新出发，充分利用集团内外多种资源，通过兼并、收购、重组、合作等多种方式，又以玉米精深加工为切入点，进一步延伸农产品精深加工产业链条，提高高附加值农产品经营，增强企业盈利能力，实现企业转型升级，进一步提高企业发展质量。

## 一、顺应市场，进一步实现产业结构调整

为进一步顺应市场，落实供给侧结构性改革，京粮集团在做优做强传统的小麦、稻谷、油脂等粮油加工产业基础上，向玉米精深加工产业延伸，于 2011 年 9 月成立了玉米事业部，具体统筹玉米加工产业发展。通过对山东、黑龙江等多个玉米主产地的市场调研，于 2013 年成功与北京汇源饮料食品集团有限公司开展合作，在玉米产地山东肥城成立京粮集团首个玉米深加工企业——山东福宽生物工程有限公司（以下简称山东福宽），主要生产玉米淀粉、果糖、麦芽糖、玉米蛋白等产品。山东福宽成立后，为了进一步顺应市场形势，实现京粮集团发展目标，京粮集团对企业原有的生产

京粮集团玉米深加工果糖流水线

设备和生产工艺进行了不断的改进和提升，通过改进，山东福宽拥有了一套先进、完整的玉米精深加工工艺，目前，山东福宽年加工能力近100万吨，拥有总资产8.9亿元，是全国食品工业优秀龙头食品企业。山东福宽的成立，成功地迈出了京粮集团向农产品精深加工延伸的第一步。目前，山东福宽改造提升工作已基本完成，生产经营走向了正常发展的轨道。

## 二、战略引领，进一步实现生产能力扩张

为进一步提升企业核心竞争力，京粮集团积极落实玉米产业供给侧改革去库存要求，主动承担社会责任，服务国家粮食供给侧改革战略，依托地域、政策优势资源，于2017年，与国内玉米深加工龙头企业——山东诸城兴贸玉米开发有限公司开展合作，在玉米主产地黑龙江青冈成立了京粮龙江生物工程有限公司，总投资10.1亿元，玉米年加工能力100万吨，拥有自主设计的国内行业领先的玉米淀粉自动化控制生产线和工艺流程，自主创新设计研发废热回收利用工艺、蒸汽系统工艺、汽轮发电机组蒸汽工艺，大幅度降低了生产成本，产能释放效果明显，实现了“当年建设，当年投产，次年创效”的工作目标。至此，集团玉米深加工能力累计达到200万吨，玉米精深加工产业格局初步形成。

## 三、优化结构，进一步实现产业链延伸

京粮集团在实现玉米精深加工转型的同时，进一步完善产业链条，以玉米淀粉为原料向下游高附加值产品线继续延伸，进军医药辅料健康领域。突破传统产业发展模式，于2015年在山东曲阜控股成立了曲阜市药用辅料有限公司（以下简称曲阜药业），总投资6000多万元，拥有山东著名商标品牌“圣城”，其精深加工出的糊精、硬脂酸镁、微晶纤维素、预胶化淀粉等产品，平均毛利率在25%以上，年生产能力2万吨，销售收入6000多万元，高附加值产品盈利能力效果显著，现已进入国内药用辅料企业前十行列。曲阜药业的成立，进一步优化了产品结构，实现了京粮集团玉米产业链的进一步延伸。

# 做精大豆蛋白深加工 提升人民群众健康水平

荣海生物科技有限公司

荣海生物科技有限公司（以下简称荣海生物）是一家专注于大健康及食品安全领域的综合性生物高科技集团公司，总部位于江苏，主要从事小分子大豆蛋白肽、中长链脂肪酸食用油及真菌毒素降解酶三类产品的研发、生产和销售，拥有强大的技术支撑力量，包括两院院士、国家“千人计划”专家、知名教授等高级人才团队。

## 一、基本情况

目前，我国正处于老龄化社会和亚健康社会，饮食习惯、环境污染、食品安全、医疗和养老设施不足等因素制约了我国人民群众的健康水平。根据大量的研究结果显示，随着年龄的增加，人体基础代谢和消化能力下降，特别是蛋白酶活性下降尤为明显，蛋白质的消化吸收减少引起体内“负氮平衡”，最终导致肌肉萎缩、免疫力下降、睡眠障碍等各种常见的健康问题。为解决中国人蛋白补充的问题，荣海生物出资 1000 万元，与北京工商大学共建了研发实验室，以孙宝国院士、千人计划专家刘新旗为核心，建设了专业技术团队，拥有肽相关发明专利 8 项、实用新型专利 17 项，产品肽含量超过 88%，品质已达到国际领先水平。荣海生物在江苏、河南、四川设立了三个蛋白肽生产基地，最终达到 6000 吨 / 年

荣海生物科技有限公司

产能，可实现年销售 10 亿元。荣海生物旗下“诺利如一”小分子大豆蛋白肽已成为中国极具知名度的蛋白肽品牌。

## 二、工艺创新

产品以国产大豆制备的分离蛋白为原料，解决了大规模产业化生产大豆肽的世界性技术问题，从酶制剂选择及条件优化、分离精制、无添加干燥等方面突破当前技术瓶颈，开发差异化创新制备技术。

荣海生物突破现有大豆肽中使用的简单酶水解法，采用复合蛋白酶多级定向酶解技术、多种生物膜组合分离技术及四级喷雾干燥技术等国际领先技术，高效回收生物活性肽片段，尽量减少肽产品中游离氨基酸和高分子蛋白含量，通过四级喷雾干燥技术，无须添加造粒剂，即能实现产品成粒，解决了小分子肽耗能大、扬尘、冲溶性差等问题，制备出平均分子量在 150~1500Da 范围内的肽产品。其产品工艺主要有以下三大创新点：

1. **复合蛋白酶酶解技术**。运用复合蛋白酶，根据不同酶的反应特性和作用点，调整酶的添加时间和顺序，实现有定向、分级的酶解方式将大豆分离蛋白酶酶解成分子量低、保留已知功能特性的肽分子片段，形成易吸收的小分子蛋白肽。保留了原大豆肽中氨基酸组成，且各氨基酸比例比其他公司氨基酸组成更平衡。原料易得，工艺流程简单，工艺条件温和，“三废”易于治理，便于组织生产。

2. **复合膜筛选和分离精制技术**。用复合膜组合方式对酶解后蛋白肽进行分级提纯，提高了大豆肽的纯度和透明度。尽量减少游离氨基酸和高分子蛋白质的混入，其中相对分子质量在150~1500Da的小分子多肽及氨基酸占95%以上，同时降低了产品中的水分和灰分，在相同浓度下和其他大豆肽产品相比透明度更高。和原有的生产工艺相比，有效提高了生产效率，降低了生产成本和能耗。与国内外同类产品相比，残留游离氨基酸远低于国际知名企业生产的豆肽，同时大分子的蛋白质也控制在2%以内，蛋白肽含量高达95%。

3. **喷雾干燥和造粒技术**。运用四级喷雾干燥塔将大豆肽粉富聚成颗粒。不添加任何造粒剂，形成颗粒状大豆肽产品。所制得大豆蛋白肽溶解性好，透明度高，且苦味弱。

## 三、发展成果

“诺利如一小分子蛋白肽”原料来自国产大豆，通过生物科学新技术，将大豆蛋白粉加工成大豆蛋白肽，大大提高了国产大豆的产品附加值。

本项目已申请21项专利技术，自行研究设计单线产能1500T的植物蛋白肽生产线，产品已完成企业标准审查与备案，符合国家标准GB/T22492的要求，实现了产业技术转化。同时本项目通过科学技术评定，完成科技部成果登记，技术成果达到国际先进水平。产品也作为快速补充蛋白的特医用途配方食品进入北京301医院等多家医院使用，在术后恢复和提高免疫力方面效果显著。

荣海生物主要客户包括安利、完美、富迪、汤臣倍健等国内知名企业，其产品出口美国、马来西亚、日本等国家，提高了我国在农产品深化加工领域的国际竞争力，与世界发达国家已站在同一起跑线上。

荣海生物下一步将继续深化肽产品研发，加强技术成果转化，提高产学研合作水平，将肽的全营养功能进一步细化，加快癌症放化疗辅助肽、烧伤恢复功能肽、免疫力增强肽等功能性片段肽产品投入市场，在粮食精深加工领域做大做强，为提升人民群众健康水平、打破国外技术垄断作出应有贡献，体现企业社会价值。

# 米以“硒”为贵

江西省一江秋粮油有限公司

江西省一江秋粮油有限公司（以下简称一江秋）是一家现代化粮食生产加工企业，在粮食加工行业中有着23年的沉淀，主要经营粮食种植、收购、储存、加工和销售。近年来，一江秋立足“硒”资源，做足“硒”文章，采用“公司＋基地＋农户”和“公司＋合作社＋农户”的先进产业化模式，先后注册了“一江秋”和“江秋农场”商标，打造了从田间到餐桌的食品安全产业链。一江秋先后荣获“省级龙头企业”“江西省名牌产品”“江西省著名商标”“江西省放心粮油示范加工企业”“中国有机食品认证”等荣誉称号，实现了企业发展与带动农户增产增收的双赢局面。

## 一、立足“硒有”资源，做响企业品牌

一江秋自创立以来，致力于打造中国大米知名品牌，争做互联网大米行业的领航者，做大米行业标准化示范管理企业，始终秉承“为耕者增收，为食者造福”的宗旨，追求“绿色、健康、安全”的环保理念，力争做大做强，为地方经济和社会发展作出更大的贡献。

2013年，江西省地质调查研究院调查报告中指出：万安县富硒土壤总面积279.79平方千米，占比13.66%，足硒面积1673平方千米，占比81.71%。参照富硒水稻标准，所采的水稻样为富硒产品，经检测，该地

区种植的作物，硒含量亦可达到富硒水平。信息就是商机，一江秋立即完成了富硒稻基地研发选址工作，在万安县枫林太公庙基地，公司充分利用土壤含硒丰富的特点，按照“因地制宜、产业导向”的原则，完成了富硒米的标准化生产，研发了“一江秋”富硒米系列品种，走上了极具竞争力的有机、绿色、生态、富硒的产品差异化之路，不仅提升了产品附加值，还有效地做响了企业的品牌。目前，“一江秋”富硒米市场最高价为 33.6 元 / 千克，“一江秋”的品牌在中国大米市场名气越来越响亮。

一江秋品牌运营中心

## 二、创设“双核”模式，壮大企业实力

一江秋改变以往“零敲碎打”经营模式，创立了“公司 + 基地 + 农户”和“公司 + 合作社 + 农户”的“双核”发展模式，有效提升了企业的运行效率，壮大了企业实力。目前，一江秋自建 1600 亩有机富硒稻基地，并成立了万安县一江秋水稻种植专业合作社，基地全程按照中国有机标准种植，结合中国科技大学苏州研究院的高科技技术成果，实现了有机富硒的标准化生产，取得了中国有机产品认证、绿色食品认证、ISO 22000 食品安全管理体系认证。按照“品种、技术、防治、收购、

销售”五统一的管理模式，整合利用农田资源，重点发展绿色、生态、优质的稻米，将合作社发展成为一个集生产、加工、销售于一体的专业性合作社。

为提升企业产品质量，一江秋从源头抓管理，推行“订单农业”。一江秋免费向农户提供优质稻种，并与农户签订种粮合同，然后以高于市场价的价格回收，再加工成大米销售。这样，降低了农户种粮成本，保障了农户种粮收益，解决了农户种粮的后顾之忧，还有效提高了农户的种粮积极性，带动了全县1万余户粮农增收增效。同时，一江秋也稳定了优质稻来源，保障了产品品质，起到了“一石多鸟”之效。

江西一江秋粮油有限公司富硒大米种植基地

随着绿色理念的深入人心，一江秋还将推行私人订制模式，全程按照中国有机标准种植，农事全程视频在线直播，种植过程尽在掌握之中，客户可以随时随地了解到最新的农耕情况。作为私人订制农场，让消费者成为“地主”还远远不够，还要让“地主”也参与到种植的过程中，体验种植的快乐，享受田园的无限风情。

## 三、组建电商团队，提升企业品牌

2014 年年底，随着互联网的快速崛起，一江秋顺势而为，作出了全网营销的长远战略，实行“互联网 + 企业”的发展模式，组建电商部。2015 年，组织电商部前往北、上、广、深，入驻优秀电商企业学习，积极参加互联网论坛，线上学习，汲取互联网知识。同时，一江秋还在天猫商城、京东商城等国内一线电商平台，开设“一江秋”富硒大米旗舰店，向全国各地的中高消费群体推销富硒大米。几年的努力，一江秋一步一个脚印走来，网上销售逐年增长，电商销售额占比已达 35% 以上。“一江秋”这个名字，也从当初的“无名小卒”，成长为现在全网排名前列的大米品牌，在京东、天猫重新定义南方大米，让丝苗米、胚芽米为更多消费者所熟知和接受。长风破浪会有时，一江秋有信心也有能力将“一江秋”品牌打造成江西省大米行业领导品牌，全国大米知名品牌。

## 四、多头并进销售，完善网络格局

2010 年，一江秋改变了单纯地把产品卖于经销商的单一模式，在万安、泰和、吉安、赣州等地开设了“一江秋”粮油体验店，开启了粮油连锁销售模式的探索之路。目前，一江秋已建立了在以广东城市代理商、“一江秋”珠三角销售服务部、“一江秋”直营店和“一江秋”电商部多头并进的销售网络格局。2014 年 4 月，一江秋在广东省金珠三角粮油交易市场设立了销售部，产品以点及面分销出去，让“一江秋”的触角伸向了人口更为密集的珠江三角洲地区，开启了营销发展的“新春天”。

销售网点的快速建设对于管理有了更高的要求，一江秋结合自身特点创立了一套利润分享机制，让每一个店都是一个单独的整体，让每一个员工都积极参与运营，分享利润。通过实体店、网店、连锁店等多种渠道给消费者提供了售前、售后服务，为消费者提供了无缝一致性的全流程体验。2015 年一江秋总销售额 1 亿元，2016 年总销售额 1.2 亿元，2017 年总销售额 1.8 亿元。

路漫漫其修远兮，吾将上下而求索。一江秋将一如既往，秉承“为耕者增收，为食者造福”的宗旨，扩大优质稻谷生产、加工、销售一体化经营，走优质稻米产业化之路，将资源优势转化为经济优势，让“一江秋”品牌唱响全国。

# 推进辽宁粮食产业供给侧结构性改革 助力“北粮南运”通道建设

辽宁粮食电子交易有限公司（东北粮网）

“东北粮食现货电商交易及物流服务平台”（以下简称东北粮网）是经辽宁省农村经济委员会批准（辽农计〔2016〕63号）建设的粮食行业转型升级建设项目。项目由辽宁省粮食发展集团有限公司与沈阳师范大学合作建设，由辽宁粮食电子交易有限公司运营管理。项目以落实中央“一带一路”倡仪和国家“互联网+”发展战略及《辽宁省十三五粮食发展规划》为宗旨，以完善辽宁粮食物流体系，实现辽宁省粮食发展集团创新发展与转型升级为目标，旨在加速推进辽宁粮食供给侧结构性改革，全面构建粮食流通发展新业态、新模式，逐渐打造“大贸易依托大物流，

东北粮网集装箱专列首发仪式

大物流促进大贸易，线上电子交易，线下物流协同”新格局，实现开创全省粮食流通体系和现代物流体系发展新局面。项目以大宗粮食交易和物流运输服务信息化建设为核心，以省内主要地方储备粮承储企业为依托，以整合铁路、公路、港口、承运企业、省内重要物流节点企业等物流资源实现低成本、高效率的粮食集装箱装运为支撑，为市场经营主体深化交流，深度合作，互利共赢提供了新的渠道。项目总投资23709万元。其中，一期和二期项目建设已经完成，累计投资超1.5亿元。

## 一、经验做法

**1. 充分发挥国企主体的背景优势**。东北粮网由辽宁省粮食发展集团12个直属企业和省内其他36家省级储备粮承储企业为主要会员单位，自身拥有良好的仓储设施优势、可靠的粮源优势及专业化的服务队伍。同时，国有企业背景为“东北粮网”的发展赢得了机会，金融、物流、港口等企业通过“东北粮网”与相关企业进行深度合作，形成了发展共同体。

**2. 高效节约的物流服务为支撑**。“东北粮网”先后与辽宁港铁国际物流集团、中远海运、深圳前海振洋海运等大型物流服务企业，辽宁省内鲅鱼圈港、锦州港、盘锦港等主要港口，东北其他两省一区粮食主产区的国有仓储企业建立合作关系，建立完善的物流服务体系，通过规模化运营，争取大客户待遇，为会员提供优质优惠服务，进一步降低物流成本。

**3. 粮食供应链金融服务作保障**。“东北粮网”依托辽宁省粮食发展集团，逐步与交通、建设、中信、光大、招商等多家银行建立了紧密、深度合作的战略伙伴关系，按照“粮权可控、风险可控”的原则，通过粮食购销为主要业务服务模式，面向会员企业提供金融服务，有效地解决了会员企业贸易资金短缺的问题，实现了小企业做大买卖的服务目标。

**4. 第三方检验实现质量可追溯**。“东北粮网”充分利用具有国家级粮食检验检测资质的辽宁省级储备粮检验检测中心提供第三方检验，为会员企业提供可靠的粮食质量检验服务，按照公平、公正、公开的原则，建立粮食质量安全追溯服务体系，进一步确保合同标的物的质量，有效地保障了交易双方的权益。

## 二、初期运营成效

**1. 以重要物流节点企业建设为突破口，着力提升作业功能与效率。**一期昌图库物流节点项目自 2016 年 7 月开始建设，2016 年 12 月投入运营。截至目前，累计发运玉米专列 55 个，2800 吨 / 列，总计约 15 万吨，周转集装箱 6100 多个。实现物流营业额约 900 万元（60 元 / 吨），实现利润 75 万元；粮食营业额 2.55 亿元（平均 1700 元 / 吨），实现利润近 400 万元。昌图库物流服务能力得到了提升，整列集装箱装车作业实现 4 小时完成，通过配置 2 台正面吊实现 20 尺和 40 尺两种集装箱同时装卸，有效地降低了运营成本。二期项目投资 12904 万元，完成了 11 家重要节点企业物流配套设施建设。目前面向吉林、黑龙江两省又发展了 3 家物流节点企业。

**2. 以发展贸易托盘交易为支撑，着力提升“东北粮网”交易规模与示范引领效应。**“东北粮网”电商交易与物流服务平台于 2017 年 12 月 19 日上线投入运营。辽宁电子交易有限公司作为辽宁省粮食发展集团直属

东北粮网业务推介会暨上线启动仪式

企业，具体承担着平台的运营。截至 2018 年 5 月底，累计完成会员注册 76 家。为了扩大交易规模，平台以贸易托盘交易为突破口，通过平台签订粮食购销合同累计约 7 万吨，帮助会员解决粮食经营资金约 5000 万元；通过物流服务平台，完成集装箱物多式联运 130 余个，有效地解决了中小会员企业在经营过程中遇到的贷款难、融资难等问题。

3. **以初期运营经验为积累，着力改善“东北粮网”交易模式和应用功能**。经过半年多的实际运行，“东北粮网”平台以玉米为主要交易品种的撮合交易模式，面对今后粮食多品种、多样化交易的实际需求，出现了运营瓶颈。为进一步提高“东北粮网”市场适应能力，围绕平台的功能完善、服务升级、品种扩展和新需求开发等方面，计划通过整合省内 1 家粮食批发市场资源，开展竞价交易和中远期粮食现货交易，积极谋划交易和物流服务软件系统的升级工作，进一步改善“东北粮网”的交易模式和应用功能。

# 构建粮食产后服务体系　提升服务“三农”水平

陕西省靖边粮食储备库

靖边县是国家级产粮大县，主要以种植玉米和杂粮为主，粮食总产量常年稳定在25万吨左右，农民年均待出售的商品粮达15万吨左右。为加快推进粮食供给侧结构性改革，提升粮食安全保障水平和能力，促进农民增收和企业增效，陕西省靖边粮食储备库（以下简称靖边库）积极开展粮食产后服务体系建设，为农民提供“五代”服务。

## 一、因地制宜加强粮食产后服务体系建设

靖边库作为靖边县国有粮食购销企业，是县政府实施粮食宏观调控的主要载体，开展粮食产后服务体系建设既是为政府承担社会责任，也能为企业增加经济效益。2017年靖边库参与“优质粮食工程”粮食产后服务体系建设，一是以县城库区和东坑库区为主要建设地，争取到中央财政专项补助资金150万元。在县财政配套资金未到位的情况下，自筹资金在县城库区建成了日产200吨玉米烘干塔及配套设施1套，对各粮站收储场地和仓房进行硬化和维修，购置输送机械6台、装卸车辆4辆、检化验设备5套，代烘干玉米2.15万吨，为农民提供更快捷的“代干燥”服务。二是为方便农户粮食产后在清理、烘干、运输、销售等环节的困难，减弱农户劳动强度，靖边库专门购置了玉米脱粒设备，采取上门服

务的方式，到农户家中帮助农户脱粒收购，现场脱粒加工，代加工、代清理 3.8 万吨，为农民提供更优质的“代加工”“代清理”服务。三是为了及时收购秋粮，提高收益，靖边库除了上门收购外，还在东坑等三个乡镇设立粮食购销点为农民提供储存场地、库房，代储存 2.3 万吨，为农民提供更周到的“代储存”服务。四是积极开展订单种植 3 万亩，实行预约收购，并与种粮大户签订代收代销协议，解决了农民卖粮难的问题，并免去中间商环节，使农民的利润空间有了一定的提升，为农民提供更贴心的“代销售”服务。五是为农民提供“代烘干服务”，由于北方地区入冻早，粮食自然烘干周期较长，利用烘干设备为农民提供“代烘干服务”，可以使收购期比往年提前 4 个月，降低了农民储粮损耗，平均每斤为农民节约 1~2 分钱成本，解决了农民储粮、卖粮、清理、烘干等一系列难题，切实增加了农民收益。

## 二、充分发挥粮食产后服务体系功能扩大购销量增加企业收益

在粮食购销方面，靖边库制订的经营思路是：“在管好各级储备粮的前提下做大做强粮油贸易，坚持以市场为导向，以销定购，以购促销，灵活经营。”坚持“粮源就是资源，资源就是财源”，紧紧抓住政策和市场两个机遇，并把“诚信”融入企业业务工作的方方面面。2017 年靖边库与陕西粮农集团、宁夏伊品集团、杨凌恒邦牧业有限公司等大型用粮企业建立了合作关系，与宁夏伊品生物淀粉有限公司签订 2 万吨玉米代收代储合同，与杨凌恒邦牧业有限公司达成 1 万吨收购协议，通过开展代购、代销、代储合作，有效化解了收购风险。2017 年 11 月—12 月，短短 2 个月时间，靖边库累计收购玉米及其他杂粮、油料等 4 万多吨；完成粮食购销总量 7.5 万吨，是 2016 年同期的 2.14 倍；销售收入 3236 万元，是项目实施前同时期的 2 倍；实现利润 264 万元，比 2016 年同期增长了 215%，在极短时间内完成粮食收购销售任务。榆林电视台专题报道了靖边库秋粮收购工作，被省、市粮食局评为 2017 年度全市收购先进单位。

陕西靖边粮食储备库

## 三、产后服务体系建设激发了更大的市场潜能

靖边库通过改造和提升服务功能，为种粮农民提供“代清理、代干燥、代储存、代加工、代销售”的“五代”服务，激发了全县粮食市场的发展潜能。一是能增强农民市场议价能力，产后服务中心通过向农民提供保管等服务，为农民适时适市适价卖粮创造条件，增强议价能力。服务农民，对接市场，及时向农民传递市场信息，疏通交易渠道，帮助农民卖好价。二是促进了市场粮食提质进档，产后服务中心要通过提供专业化的清理、干燥、分类等服务，大幅度提高粮食保质能力。按市场需求分等定级、分仓储存、分类加工，有效提高粮食质量标准，为实现优质优价粮食产品供给创造条件，通过市场带动农民增收。三是大幅度降低粮食损耗，增加粮食产出。产后服务中心使农民手中收获的粮食得到及时处理、妥善保管，大幅度减少农户储粮损失，在一定意义上等于增加了粮食产出。四是提高了粮食市场专业化服务水平。在粮食收购、储存和出库时严格把关，针对客户的不同需求，将不同质量、不同用途的收购粮食分类存放，为客户着想，为客户服务。不仅在秋粮成熟后即

可开始收粮，还与当地农民开展“零距离”式收购业务，保护了种粮农民的利益，获得了粮农的纷纷点赞。五是为企业做大做强奠定基础，粮食产后服务中心拓展了企业经营空间，掌握了更大的粮食市场，带来了可观的经济效益，为企业的发展壮大带来新的契机。

从“开门收粮”到提供“五代服务”，靖边库市场意识得到了很大提升。以“抓收购、强管理、保供应、稳粮价、推产业”为工作重点，以各项制度为保障，以确保各级储备粮“储得进、管得好、调得动、用得上”为己任，以在管好各级储备粮油的基础上，加快推进农业供给侧结构性改革，大力发展靖边县粮食产业经济，努力做大粮油贸易、做强粮食产业为工作思路，全方位推进靖边库整体经济良性发展，跨越发展，科学发展。

# 组建粮食专合社联合社　搭建行业沟通协调平台

四川省广汉市黍鑫粮食专业合作社联合社

广汉市是四川产粮大县和商品粮集散中心，全市粮食播种面积稳定在 70 万亩以上，总产量保持在 32 万吨以上。小麦、稻谷和油菜籽是主要的粮食品种。

广汉市紧紧围绕服务乡村振兴战略，始终坚持以优质、方便、高效的理念，重点推进粮食产后服务中心建设，组建粮食产后服务队，发展新型经济共同体等内容，多方位开展粮食产后服务，在提升粮食产后服务能力方面取得了显著成效。2017 年，组建了广汉市黍鑫粮食专业合作社联合社（以下简称联合社）。联合社是一个以国有粮食收储企业为主体，广泛吸收种粮大户（农户）、专合社组织、粮食加工转化企业等加入的行业沟通协调平台，是集粮食生产、收购、加工、储藏、销售、服务、电子商务于一体的综合性粮食产业联盟。

联合社成员单位 51 个，其中粮食专合社 44 个、国有粮食企业 2 家、粮食转化龙头企业 5 家，覆盖全市所有农业乡镇；注册资本 108 万元，注册农户 5000 余户，拥有农用装备 440 台（套），辐射带动农户 10 万户，涉及耕地 15 万亩。联合社成立以来，建立完善了组织机构，制订了各项管理制度、规章和服务公约，按章程选举了理事会、监事会。

国有粮食企业与黍鑫粮食专合社联合社成员签订 *2018* 年小麦订单会

## 一、运营管理模式

1. **信息资源互通**。联合社成员之间开展“订单农业”模式，达到信息资源互通的目的，联合社年订单种植面积 8 万亩，订单收购数量 3.5 万吨，按高于市场价收购社员的优质粮食，同时按一定比例提取加工转化所获取利润实行“二次返利”，根据不同品种，每吨返利 40~200 元不等，从而让种粮农户享受到企业加工、销售环节获取的后续效益。据不完全统计，社员年总收益增加 140 余万元，不仅激发了农户的种粮积极性，还带动了农户根据市场行情调整种植结构。

2. **技术服务全包**。2017 年联合社首创了“粮食产后技术服务队”新模式，抽调各社员单位和设备厂家的技术精英、聘请中储粮成都粮食储藏科学研究所专家等，组建了一支粮食产后技术服务队，探索总结出产后服务“规范化推进、组织化建设、信息化建网”的新经验。服务队采取“建卡对接、划片指导、提供咨询、技术培训、上门服务”等方式，为各社员单位提供专门的科学技术普及和生产技术服务（烘干、清理、储存、加工、设备维修、技术科普等粮食技术服务），及时有效地解决社员在粮食烘干、保管中出现的难题。截至 2018 年 6 月，粮食产后技术服务队为种粮大户、粮食专合社提供上门服务 830 人次、接受电话微信咨询 700 人次、上门收购粮食 1.5 万吨。

3. **金融资本互助**。联合社的每个社员单位和个人，在生产资金遇到困难时，都可以通过联合社担保，向银行或社员单位贷款或借款，每年粮食收购期间，成员之间、社员之间贷款或借款达到 500 万元，解决了社员单位的资金信贷问题。

4. **品牌建设共推**。联合社紧紧围绕实施“中国好粮油”和“放心粮油工程”，主动适应粮油消费市场发展的需要，着力培育特色粮油品牌，引导社员单位以产品质量建设为核心，以宣传营销为手段，以诚实守信为推力，打造品牌体系，不断拓宽产品市场销售范围。目前联合社成员有“米老头”“金龙鱼”等全国驰名商标，在联合社的带动下还催生了一批诸如“蜀王”“八零耕夫”“满多多”“锦花”等粮食品牌，得到了广大市民的喜爱，并外销成都、绵阳、阿坝、西藏等地。

5. **经营效益共享**。联合社的产品在营销上采取“终端直营 + 线上销售”模式，减少中间环节，探索私人订制等销售手段，实现了终端产品销售的优质优价，通过“订单”方式，打通了粮食“从田间到仓间，从仓间到车间”的链接，各个环节利益通过合同的方式确定，让全产业链各个环节参与者都能够享受到经营效益。

## 二、取得成效

1. **粮食生产标准化、优质化**。联合社通过开展订单种植，带动农户调整种植结构，依托粮食生产示范基地。推广优良品种和先进的种植技术，“川麦 66”“荣麦 757”等优质专用小麦种植面积逐年扩大，使农民增收 500 万元。

2. **为农服务全面化、专业化**。联合社坚持为农服务宗旨，积极开展农业社会化服务，加快构建综合性、规模化、可持续的为农服务体系，为农民提供全方位、系列化服务。通过粮食产后服务体系建设，联合社内建设了 34 家专业化、市场化的粮食产后服务中心，为农户提供粮食“五代”（代清理、代干燥、代储存、代加工、代销售）服务，日烘干能力达2500吨，辐射粮食种植面积达17万亩，促进了社员自产粮食提质减损，增收300万元。联合社还积极承担社会责任，社员单位的粮食产后服务中心免费为建档立卡的贫困户提供粮食烘干服务，帮助贫困户15户，代烘干粮食15吨，减少了贫困户粮食损失，助力了脱贫攻坚。

3. **粮食产业集聚化、链条化**。联合社树立“大粮食”“大产业”“大市场”“大流通”理念，充分发挥国有粮食收储企业的连接作用，与产业链上下游的市场主体进行有机衔接，共同制订标准、创建品牌、开发市场、攻关技术、扩大融资等，实现优势互补，以相关利益联结机制为纽带，培育全产业链经营模式，促进一二三产业融合发展。

# 科技助力　小土豆做成大产业

乐陵希森马铃薯产业集团有限公司

乐陵希森马铃薯产业集团有限公司（以下简称希森薯业）成立于2005年11月，是集马铃薯种质资源评价、新品种选育、种薯繁育、全粉生产、马铃薯主食研发生产于一体的农业高新技术企业，农业产业化龙头企业，农业育繁推一体化企业，省企业重点实验室，中国农业科学院马铃薯产业技术示范基地、中国农业大学教学科研基地，目前国内领先的马铃薯脱毒种薯繁育企业，国内较早践行马铃薯主食化研发及产业化开发的单位。2011年国家科技部批准建立的“国家马铃薯工程技术研究中心”，正式依托希森薯业运行。

## 一、创新育种，保障国家粮食安全

近年来，习近平总书记反复提出“解决好吃饭问题始终是治国理政的头等大事”“保障国家粮食安全是一个永恒的课题”“我们的饭碗应该主要装中国粮”等重要指示。马铃薯作为第四大粮食作物，耐旱、耐寒、耐贫瘠，适应种植范围广，单位亩产高，增产空间大，营养均衡全面，水肥利用效率远高于其他粮食作物，是保证国家粮食安全的重要农产品。因此，希森薯业依托“国家马铃薯工程技术研究中心”平台，通过科技创新，利用传统杂交结合分子育种技术，经过17年的努力，成功培育出

18个具有完全自主知识产权的新品种（系），包括高产耐旱的鲜食品种，加工全粉、薯片和薯条的各个专用品种，无论产量和品质都远远优于曾经长期依赖进口的洋品种，彻底打破了中国薯种长期落后的局面。希森系列新品种，其抗旱性、抗病性、丰产性、品质，均显著优于对照品种。鲜食型希森3号，丰产性好，比主栽品种增产25%，亩均产可达4吨，荣获山东省德州市科学技术奖最高奖；薯片加工型希森5号，干物质含量高达28%，是大西洋的更新换代品种；鲜食、薯条加工兼用型希森6号，薯形好、薯皮光滑，产量高，抗病、抗旱，亩产高达8~9吨，2017年7月在山东以单季亩产9.38吨的产量打破了原来7吨的世界单产纪录。新品种的示范推广，将会让国产马铃薯在现有的基础上再增产1~2倍，甚至3倍，将有效促进粮食增产，切实保障国家粮食安全。

胶东地区希森6号测产活动现场

## 二、联合发展，造福乡邻

希森薯业积极发挥龙头企业的带动作用，采取“公司＋农户”的新型组织模式，着力提高农业组织化程度。首先，与传统家庭联产承包制相比，希森薯业管理层级多，生产监督成本较高，不宜直接从事农业生产，但在人才、技术、信息、资金等方面优势明显，适宜负责研发、加工和市场开拓。与企业相比，农户拥有劳动力以及一定的农业技能，因此在实际种植和组织当地农民生产方面具有天然的制度优势，可负责农业社会化服务。因此联合互助共享，可以实现共赢发展。其次，各成员产权明晰，保持着运营的独立性和自主性，通过签订协议的形式，协同开展农业生产经营。希森薯业将脱毒种薯繁育阶段的大棚种植阶段进行分割，按棚数量签订培育协议，分租给黄夹镇许家村、张牌村等周边90余户农户，由农户按照希森薯业生产质量管理要求，自主经营；希森薯业按照协议约定的价款按量回收，既提升了希森薯业生产经营规模，又解决了周边剩余劳动力的就业问题，而且收益可观，每棚每年收益可达3万元，年累计收益可达600余万元，有效促进了农民增收致富。

希森内蒙古种薯繁育基地收获

## 三、迈出国门“走出去”，马铃薯花开“一带一路”

2017年年初，希森薯业与国家马铃薯工程技术研究中心一起走出国门，与哈萨克斯坦、英国、埃及、阿根廷、荷兰等国家开展合作，成果喜人。“一带一路”的许多国家，马铃薯的种植面积都比较大，目前希森薯业育出的品种，无论在产量和质量上都超过了他们原来的品种。希森薯业将带着好品种及繁种、栽培、加工技术与这些国家合作，帮助这些国家马铃薯产业的发展。通过国际间的科技合作与交流，希森薯业先后从国际马铃薯中心引进52份彩色马铃薯资源，从阿根廷引进19份优良马铃薯品种资源，从英国引进23份优良品种资源，从加拿大引进3个抗疮痂病的优良品种，这些资源的引进丰富了公司的种质资源，极大地提高了公司的育种能力和水平。2017年11月，12万粒希森3号、5号、6号马铃薯微型薯出口埃及IKTHAR公司，使中国的种薯正式走出国门，在国际上大大提升了希森薯业的知名度和竞争力。

哈萨克斯坦是“一带一路”倡议的重要节点国家之一，也是希森薯业在各级领导关怀指导下践行国家实施“一带一路”倡仪的首站。2017年希森薯业与哈萨克斯坦赛福林农大开启正式合作，在阿斯塔纳建立起500亩希森马铃薯系列新品种试验示范基地，这是中国马铃薯种薯企业在国外建设的首个种薯试验示范基地，也是哈萨克斯坦首个马铃薯全程机械化生产示范基地。双方开展技术合作，共同对希森马铃薯系列新品种，尤其对希森3号、5号、6号、8号等马铃薯新品种在不同生态区的抗旱、抗逆、抗病等抗性及水肥管理技术方面进行相关研究，综合优化配套技术在“一带一路”实施区示范、推广及辐射。同年，“国家马铃薯工程技术研究中心哈萨克斯坦分中心”在哈揭牌成立，同时希森薯业首家海外公司在哈成立。常规情况下，一个新品种要在哈萨克斯坦推广应用至少需要5年的区域试验。由于希森6号的产量远高于当地主栽品种，皮肉颜色和口感食味也都符合哈萨克斯坦居民的喜好，在赛福林农大推动下，该品种一年即成为哈萨克斯坦国家重点推广的马铃薯新品种。哈萨克斯坦农业部为此特批了一个约200万元的马铃薯项目，要求2018年度希森6号在哈萨克斯坦国内五大马铃薯主产区同时推广种植。基地建成后，将育成适合“一带一路”沿线国家生态区域的新品种3~5个，耐盐碱新品种1~2个，建立遗传育种、生理栽培、生物技术等专业实验室，利用基地育繁推一体化的平台繁育出新品种的脱毒种薯，进行大面积推广应用，使项目区脱毒种薯应用率提高50%以上，每亩增产1000公斤以上，将带来极大的经济效益和社会效益。

# 媒体宣传

《瞭望》新闻周刊：

# 抓好“粮头食尾”和“农头工尾”加快建设粮食产业强国

## ——专访国家粮食和物资储备局局长张务锋

（2018 年 8 月 28 日）

保障国家粮食安全是实现经济发展、社会稳定、国家安全的重要基础。世界上真正强大的国家、没有软肋的国家，都是粮食产业发达的国家，都有能力解决自己的吃饭问题。

初秋的中国大地，稻谷飘香，粮贸繁盛。近日，就如何深入贯彻习近平总书记关于“粮头食尾”和“农头工尾”的重要指示精神，围绕粮食产业高质量发展，着力构建现代化粮食产业体系，加快建设粮食产业强国等重大议题，国家发展和改革委员会党组成员，国家粮食和物资储备局党组书记、局长张务锋接受了《瞭望》新闻周刊记者的专访。

张务锋表示，围绕落实国家粮食安全战略、着眼乡村振兴战略大局、结合推动高质量发展、立足新时代社会主要矛盾变化，深刻认识抓好“粮头食尾”和“农头工尾”、建设粮食产业强国的战略地位、综合效应、现实作用和深远影响。尤其就我国粮食产业强国之路在何方，他向《瞭望》新闻周刊记者作了详尽的解读。

### 抓好“两头两尾”、建设粮食强国的战略意义

**《瞭望》**：按照党的十九大战略部署，落实国家粮食安全战略，如何深刻认识抓好“粮头食尾”和“农头工尾”、建设粮食产业强国的战略地

位和战略意义？

**张务锋：**党的十九大报告强调："确保国家粮食安全，把中国人的饭碗牢牢端在自己手中。"习近平总书记深刻指出："悠悠万事，吃饭为大。只要粮食不出大问题，中国的事就稳得住。""保障粮食安全是一个永恒的课题，任何时候都不能放松。""在吃饭问题上不能得健忘症，不能好了伤疤忘了疼。"

保障国家粮食安全是实现经济发展、社会稳定、国家安全的重要基础。世界上真正强大的国家、没有软肋的国家，都是粮食产业发达国家，都有能力解决自己的吃饭问题。

立足国情粮情，抓好"两头两尾"，加快粮食产业链条的延伸和优化，增加产业的关联度和竞争力，提高发展的整体性和系统性，有利于应对各类风险挑战、增强保障国家粮食安全的能力。当前粮食安全各方高度关注，构建现代化粮食产业体系，建设粮食产业强国，对于维护国家安全显得尤为重要。

**《瞭望》：**抓好"粮头食尾"和"农头工尾"、建设粮食产业强国，与当前乡村振兴战略大局有什么样的关系？

**张务锋：**今年中央一号文件明确指出："乡村振兴，产业兴旺是重点。"粮食产业连接乡村和城市，覆盖一二三产业，在乡村振兴战略中发挥着重要作用。

我举个例子，黑龙江省五常市素以优质大米而闻名，近年来，依托龙头企业和专业合作社发展规模经营，依托溯源体系维护品牌信誉，依托稻作文化发展生态旅游，有力促进了农业强、农村美、农民富。2017年全市水稻价格平均每斤提高 0.5 元，带动稻农增收 10 亿元以上；农村居民人均可支配收入达到 1.6 万元，高出全国平均水平 20%。

再比如山东省，将加快粮食产业发展作为打造乡村振兴"齐鲁样板"的重要举措，纳入乡村振兴战略规划，列入省委工作要点，出台指导意见，集中扶持一批粮食产业新旧动能转换示范园区和项目，为建设美丽乡村增添了新的发展动力。

要充分认识到，大力发展粮食产业经济，有利于提高农民组织化程度，促进小农户和现代农业发展有机衔接；有利于更好地服务新型经营主体，带动规模化、专业化生产；有利于产业融合发展，培育农业发展新动能，形成农村经济新的增长点，加快脱贫致富奔小康。

《**瞭望**》：建设粮食产业强国进程中，如何体现高质量发展？

**张务锋**：当前，我国经济已由高速增长阶段转向高质量发展阶段，正处在转变发展方式、优化经济结构、转换增长动力的攻关期。从粮食产业来看，实现高质量发展，意味着产业体系完备，产品创新力、品牌影响力和市场竞争力强，绿色优质产品明显增加；意味着资源配置更趋优化，劳动、资本、土地等使用效率提高，全要素生产率和产值利税率明显提升；意味着“产购储加销”顺畅有序衔接，各类主体充满活力，产能结构合理，运行保持平稳，在维护宏观经济稳定中发挥积极作用。

截至 2017 年年底，全国纳入粮食产业经济统计的企业 2.2 万户，全年实现工业总产值 2.9 万亿元；有 8 个省份粮食产业产值过千亿元，其中山东近 4000 亿元，安徽、江苏、湖北、广东 4 省超过 2000 亿元。粮食产业基础性强，覆盖面广，既在稳增长、保就业中发挥重要作用，也是转方式、调结构的重点领域。

必须看到，实现高质量发展是根本目的，构建现代化粮食产业体系是现实路径；发展质量高不高，是检验粮食产业现代化水平的“试金石”。

《**瞭望**》：新时代我国社会主要矛盾的变化，尤其是老百姓需求从吃饱向吃好、吃得安全、吃得健康的转变，对当前建设粮食产业强国产生了什么样的重大影响？

**张务锋**：进入新时代，我国社会主要矛盾已经转化为人民日益增长的美好生活需要和不平衡、不充分的发展之间的矛盾。过去粮食长期短缺，抓安全主要是盯着产量，着重解决人民群众“吃得饱”的问题；如今人们更加关注粮食质量安全，消费需求转向“吃得好”和“吃得安全”“吃得健康”“吃得便利”。对于品质要求，更加注重绿色有机、安全营养；对于产品种类，更加注重多样化、个性化；对于供给服务，更加注重便捷化、精细化。

当前粮食产业发展水平与消费升级需要还不相适应，新产品开发和结构调整相对滞后，优质特色产品和精深加工产品偏少，有效供给不足，难以满足高品质消费需求。抓好“粮头食尾”和“农头工尾”，指明了推动农业供给侧结构性改革和粮食收储制度改革、实现粮食产业高质量发展的有效途径。要坚持从市场需求出发，优化粮油产品供给，做到首尾一体、互促共进，全程优质、全链提升，实现更高层次上的粮食产品供需动态平衡。

## 抓好“两头两尾”、建设粮食产业强国的路径选择

**《瞭望》：**落实党的十九大精神，建设粮食产业强国，应当坚持什么样的总体思路？

**张务锋：**总的指导思路是，要坚持质量第一、效益优先，以供给侧结构性改革为主线，加快实施优粮优产、优粮优购、优粮优储、优粮优加、优粮优销“五优联动”，推动粮食产业经济发展质量变革、效率变革、动力变革，全力以赴“为耕者谋利、为食者造福、为业者护航”，将高质量发展要求贯穿到产业发展全过程、各环节，蹄疾步稳地推进粮食产业强国建设。

**《瞭望》：**具体在粮食产业强国建设方面的工作部署重点是什么？

**张务锋：**首先要大力推动由增产向提质导向转变，加快实施“优粮优产”。好粮食首先是种出来的，优质粮源是粮食产业高质量发展的基础。要充分发挥流通反馈激励作用，引导支持粮食产区调整优化种植结构，深入推进农业绿色化、优质化、特色化、品牌化。

“优粮优产”，立足优势突出特色是前提。山西省认真落实“山西是著名的‘小杂粮王国’，要立足优势，扬长避短，突出‘特’字，发展现代特色农业”的重要指示，以“山西小米”区域公共品牌为引领，突出打好“优质”“特色”两张牌，引领全省特色粮食产业发展；广西壮族自治区发挥“一带一路”重要门户的区位优势，大力发展香米生产，市场

反响良好，收购价比普通晚籼稻平均高 45%；五常乔府大院、湖北福娃集团、辽宁鼎翔米业等企业发展“虾稻”“蟹稻”“鸭稻”，效益远高于普通产品。各地要根据市场供求变化和区域比较优势，向市场紧缺产品调，向优质特色产品调，不搞“大而全”，力求“专而精”。

“优粮优产”，推行适度规模经营是基础。黑龙江垦区大规模、标准化、分区域种植优质大豆，平均亩产达到 160 多公斤，缩小了与国外大豆产量差距，保证了出油率和蛋白质含量；河南省推行优质小麦规模连片种植，专用小麦面积达到 840 万亩，解决了品种杂乱、品质不纯的问题，受到下游企业的高度认可。要准确把握规模化、集约化种植趋势，在流通设施和服务体系建设、项目资金扶持等方面，更多向优质品种集中布局的区域倾斜。

“优粮优产”，建立利益联结机制是关键。四川省引导粮油企业参与组建专业合作社，订单、流转及托管粮食种植面积达 1000 余万亩；广汉市黍鑫粮食合作社联合社对加工销售环节利润实行“二次返利”，带动了社员增收。安徽省 80% 以上粮油加工企业与农户、家庭农场、专业合作社开展股份合作，实现了风险共担、利益共享。要引导支持龙头企业、合作组织与种粮农户形成紧密联结的利益共同体，让农民合理分享全产业链增值收益。要鼓励龙头企业到贫困地区发展订单粮食，开展产业扶贫，助推精准扶贫、精准脱贫。

**《瞭望》：**好粮食卖得顺畅，卖上好价钱，才能让种粮农民有更多获得感和积极性。这一方面，下步具体是怎样考虑的？

**张务锋：**这就是我们工作的第二个重点，坚持政府与市场两手协同发力，加快实施“优粮优购”。

“优粮优购”，首先要“优粮优价”，市场化收购要更多“唱主角”。东北地区实行玉米“市场化收购加补贴”机制后，市场配置粮食资源的决定性作用得到有效发挥，改革效果好于预期。今年全国夏粮收购中，市场化购销更为活跃，九成以上小麦直接进入市场流通，优质小麦价格走高，释放了优质优价的市场信号。今后，要稳步推进粮食收储制度改革，巩固玉米“价补分离”市场化改革成果，进一步完善小麦、稻谷最低收购价政策，优化执行预案和具体操作办法，健全粮食价格市场形成机制。

“优粮优购”，要将质量导向体现到政策性收购和市场化收购中。我们要适应新的形势，积极转变部门职能，搞好信息发布、产销对接、信贷协调等服务。认真落实小麦和稻谷最低收购价执行预案，严格把好新粮入库质量关。鼓励多元主体入市收购，支持粮食储备、加工、贸易企业发展订单收购，大力培育一批实力强、信誉好的粮食购销企业和经纪人。加大监督检查力度，维护好粮食收购秩序，切实保护售粮农民利益。

“优粮优购”，要发展我国的国际大粮商，开展粮食贸易合作，统筹用好“两个市场”“两种资源”。中粮集团加大在美洲、黑海、中亚、远东等关键地区的布局，建成一批粮油加工、仓储、物流设施，年全球粮食贸易经营量超过 1 亿吨。

**《瞭望》：**科学储粮是“广积粮、积好粮、好积粮”的重要方面，是守住管好“天下粮仓”的关键环节。下一步粮食仓储工作重点是什么？

**张务锋：**主要是抓住粮食收储制度改革和不合理库存消化的有利时机，整合资源、分类施策、合理配置，着力强化技术创新与管理创新，加快实施“优粮优储”。

“优粮优储”，要大力推广绿色储粮技术。四川省将低温绿色储粮工程列为“省长工程”，落实省级财政资金 11 亿元，规划建设低温库建设项目 173 个，保证了高质量、高营养、高效益和低损耗、低污染、低成本。浙江省开展仓房光电一体化改造，江苏省推广气调储粮，广东、山西、甘肃、云南、天津等地也进行了积极探索。要加大支持力度，提高绿色储粮技术应用比例，实现粮食保质保鲜、“常储常新”。

“优粮优储”，要建好用好智能粮库。安徽省投入 3 亿多元实施“智慧皖粮”，逐步实现全省国有粮食企业信息化应用全覆盖。各地要持续推进粮库智能化升级改造，引入物联网技术，加强库存粮情、粮食质量、安全防护等动态监测，进一步提高预警和处置效率。

“优粮优储”，要更加注重精细管理。积极创造条件，在收储、加工企业中推行分品种、分类、分仓储存。认真执行“一规定两守则”，完善操作规程，整治粗放作业行为。借鉴辽宁、广东等地仓储企业开展ISO管理体系认证的做法，推动质量管理制度化、规范化、精细化。

《**瞭望**》：目前，粮食产业结构优化的工作进展和部署情况如何？

**张务锋**：粮食加工是实现转化增值的关键所在，在整个产业链条中具有枢纽和引擎作用。要立足结构优化动能转换，加快实施“优粮优加”。

“优粮优加”，要着力推动“三品提升”。多措并举“增品种”，大力发展绿色、营养、健康的粮油产品，增加多层次、多样化、个性化产品供给；高点定位“提品质”，建立标准领跑者激励机制，鼓励企业推行更高质量标准，走“标准引领”“以质取胜”之路；聚焦发力“创品牌”，因地制宜塑造区域公用品牌，支持企业创建特色鲜明的知名品牌，提升品牌美誉度和市场竞争力。

需要特别强调的是，“优粮优加”不是过度加工，不能片面追求精细。粮食过度加工不仅使营养成分大量流失，而且造成了粮食资源的巨大浪费。因此，要坚持适度加工，合理控制精度，提高出品率，最大程度保存营养成分，引领科学消费、合理消费、健康消费。

“优粮优加”，要不断优化产能结构。要坚持“加减乘除”并用，调整存量、做优增量，强化质量、环保、能耗、安全等约束，尽快淘汰落后产能，分类化解过剩产能。大力发展粮食循环经济，加快建立“企业小循环、园区大循环”，实现粮油副产物的循环、全值和梯次利用。

“优粮优加”，要加速粮机装备升级。先进装备是支撑粮食加工技术进步和产品更新的“利器”。要着力推进粮油机械制造自主创新，开发一批具有自主知识产权和核心技术的粮食加工成套设备，着力向自动化、精准化、智能化方向发展。支持企业实施技术改造，加快设备升级换代，实施设备升级换代，提高全行业整体装备水平。

《**瞭望**》：好粮油通过物流配送和销售服务，才能端上百姓餐桌。在这方面，有什么新的部署？

**张务锋：**要建立顺畅高效的粮食流通机制，优化环境，创新营销，加快实施“优粮优销”。

“优粮优销”，要强化产销合作。支持各地加强政府层面战略协作，提高省际粮食流通的组织化程度。探索建立全国性粮食产销合作平台，总结完善提升并继续办好中国粮食交易大会，支持福建、黑龙江、长三角等地举办区域性交易会和洽谈会，加大优质粮食产品推介，为“中国好粮油”提供更多出彩机会。

“优粮优销”，要完善物流网络。认真落实粮食行业“十三五”发展规划，畅通铁路散粮出关通道，以及东北地区到华东、华南地区的铁水联运通道。优化粮食物流节点布局，支持建设集仓储、加工、贸易、质检等功能于一体的粮食物流园区，大力发展“四散”运输和多式联运。

“优粮优销”，要创新经营业态。完善城乡“放心粮油”供应网络，推进“互联网＋粮食”行动，积极发展粮食电子商务和新型零售业态。支持各地大力改善营商环境，落实简政放权、减税降费等措施，搭建创业空间、技术研发等公共服务平台，为新产品、新技术、新业态发展提供有利条件。

光明日报：

# 粮食供给如何破解结构性矛盾

（2018 年 1 月 24 日）

国家粮食局最新数据显示，2017 年，13 个主产区粮食产量占全国的比重达到 78%，粮食跨省流通量 3400 亿斤，预计 2020 年将达到 3600 亿斤，在全国范围实现粮食顺畅流通、高效配置，面临新的压力。

在经济发展进入新常态的大背景下，我国粮食形势发生了深刻变化。粮食流通如何适应这种新形势，如何适应居民消费结构的转型升级，如何提高安全优质粮食产品的供给，成为粮食产业发展中要破解的几大重点问题。

## 要从战略上看得深一点、远一点

“今年引龙河农场又是一个丰收年，种植玉米 7.5 万亩，亩产突破 1800 斤，每垧纯效益达到 6400 元左右。仅这一项，就为农场约 4100 名职工增收 3000 万元左右。”捧着即将销售的玉米，黑龙江农垦引龙河农场副场长杨宏峰十分欣喜。

从全国来看，丰收的希望正在更广的田野播撒。近年来，全球粮食供求宽松，我国粮食生产连获丰收，安全形势持续向好。2017 年，全国粮食总产量 61791 万吨，比上年增加 166 万吨，成为中国农业生产历史上第二高产年。

“这决不意味着可以轻言粮食问题过关了。要看到，种植结构的调整，休耕轮作的实施，库存消化的加快，价格形成机制的完善，都将给粮食供需和市场形势带来新变化，对在更高层次上实现粮食供需动态平衡提出了新要求。”国家粮食局局长张务锋指出，我国粮食供求中长期还将是紧平衡态势，目前出现的主要是品种结构性矛盾。

专家指出，当前，我国粮食供求结构性矛盾突出，玉米、稻谷等品种阶段性过剩，粮食库存处于历史高位。与此同时，粮食生产方式转变和消费需求升级逐步加快，传统农业正在向现代农业转型，生产规模不断扩大，居民膳食结构由数量温饱型向质量营养型转变，对粮食产品多样化、优质化要求越来越高。

“粮食安天下安，粮价稳百价稳。”张务锋说，粮食多一点少一点是技术问题，粮食安全是战略问题。要从战略上看得深一点、远一点，始终绷紧保障国家粮食安全这根弦，确保“谷物基本自给、口粮绝对安全”。

## 引导种粮农民盯着市场走

正午时分，位于四川省广汉市小汉镇瓦窑村 8 组的川粮便民连锁店内，整齐地堆放着尿素、复合肥、米、面等农用物资和生活用品，来这里购买商品的村民络绎不绝。

结账时，村民不是给现金，而是直接在一本绿色的“存折”上扣除等价的粮食。

“伴随粮食收储制度改革深入推进，市场化收购比重不断加大，多元主体共同收购的格局正在形成。”广汉市粮食局储运股股长林翔表示，这种“粮食银行”模式创新分离了粮食所有权与经营权，有效激活了整个粮食流通链条，方便了种粮农民和用粮企业。

“把粮食存入‘粮食银行’不仅解决了仓储问题，还有保值增值功能。”种植户谭信钢向记者算了一笔账，2000 公斤稻谷存入时每公斤 2.64 元，比市场价高 0.04 元，存定期一年每公斤 0.12 元利息，一年后能多赚 320 元。

像“粮食银行”一样，激活多元收购主体活力的粮食收储制度改革，让价格更好地反映出市场需求，激活了市场发展的活力。

“内蒙古、辽宁、吉林、黑龙江、江苏、河南等省份用好粮食收购担保基金，着力解决收购资金问题。同时，完善全国粮食统一竞价交易系统，加快推进粮食库存消化。目前，玉米市场价格形成机制已经形成，种植结构调整优化，加工企业全面激活，改革效果比预期得更好。”张务锋说。

数据显示，2017 年我国共消化政策性粮食库存 1690 亿斤，是 2016 年的 1.37 倍；政策性玉米库存比历史最高点下降 28%，2013 年及以前年份的玉米已基本销售完毕。

张务锋表示，未来改革中，要着力抓好市场化收购，健全收购资金保障、运力协调、产销衔接等机制，鼓励多元主体积极入市。树立优粮优价导向，引导种粮农民盯着市场走、跟着需求走，做到不但产得出、产得优，而且卖得出、卖得好。

## 促进粮食产品绿色化、优质化、特色化、品牌化

很长时间以来，宁夏粮食产业存在“两个 70%”的难题，即 70% 的粮食加工企业从事的是米面油等初级产品加工，70% 的成品粮油加工企业尚未实现副产物综合利用。

而这两个“70%”背后的问题，也是我国粮食产业经济发展面临的共性挑战。针对“两个 70%”难题，我国大力推进粮食供给侧结构性改革，初步建成现代粮食产业体系。

初步测算，2017 年，全国粮食产业经济产值同比增长 10%，实现工业总产值达 3 万亿元，发展势头良好。

从现阶段粮食消费来看，人民群众对美好生活的追求和向往，主要体现为从“吃得饱”向“吃得好”“吃得健康”“吃得放心”“吃得便利”跃升，对粮食供给提出新要求。

“在粮食产品种类上，要更加注重多样化、个性化；在质量要求上，

要更加注重绿色有机、安全营养；在供给服务上，要更加注重便捷化、精细化，要加快优化完善粮食供给体系，尽快实现由总量扩张转向质量提升。”张务锋说。

为创新粮食产品和业态，国家粮食局将顺应一二三产业融合发展趋势，强化产业链、创新链、价值链“三链协同”，促进粮食产品供给绿色化、优质化、特色化、品牌化，推动我国由粮食生产大国向粮食产业强国迈进。

（光明日报记者　李慧）

经济日报：

# 粮食滨州

## ——山东滨州粮食产业化道路探寻

（2018年9月21日）

2017年，山东滨州全市粮食加工转化量为1437万吨，全市粮食产业发展速度领先其他工业产业5个百分点以上，占全市工业总产值比重由2016年的12.74%提高到2017年的14.16%，粮食加工转化增值率居全国前列，产品市场份额持续扩大，实现从一个传统农业大市向粮食加工转化大市的转型。这种转变是如何形成的，企业和政府在其中作出了哪些努力？日前，经济日报记者深入滨州进行了调查采访。

作为国家粮食局确定的“全国粮食产业经济发展示范市”，山东滨州是一个传统农业大市。但滨州人没有满足于传统农业的成果，而是积极创新发展，实现粮食产业转型升级。

### 企业：努力并创新

高度重视科技创新，打造循环产业链，形成了企业汇集、产能汇聚、市场汇通的磅礴之势，推动滨州粮食产业走上高质量发展之路。

记者来到邹平县西王集团有限公司，一个在农村土生土长的企业。这个企业的主业很有意思，粮食和钢铁。虽然目前钢铁过剩要去产能，粮食在库存和价格上也面临着问题，但西王集团仍然有底气。因为他们的钢铁是特钢，销路很好。而粮食产业主营玉米精深加工，也成为粮食企业转型发展的典型。

不论搞钢铁还是搞粮食，西王集团都紧盯市场，积极以供给侧结构性改革为主线，对接市场，走高质量发展之路。目前，西王集团年加工玉米 300 万吨，逐渐发展成为全球最大的注射葡萄糖生产基地、结晶葡萄糖生产基地、结晶果糖生产基地，同时也是亚洲最大的淀粉糖生产基地、麦芽糊精生产基地以及全国最大的玉米深加工基地和玉米油生产基地。

2017 年，西王集团实现销售收入 435 亿元，利税 26 亿元，上缴税金 12.8 亿元，分别同比增长 28%、78%、74%。今年 1 月至 7 月，西王集团实现销售收入 263 亿元，利税 14.4 亿元，上缴税金 5.99 亿元。企业淀粉糖产量占据全国 1/3，其中无水葡萄糖国内市场占有率达 87%，玉米油产量占全国总量的 60%。凭借良好的市场表现，西王集团跻身中国企业 500 强。

在滨州，不仅西王集团发展得如火如荼，渤海实业、和美集团、金汇玉米、华义玉米、玉杰面粉、黄河粮油等粮食加工企业也亮点纷呈，循环利用、绿色发展的成效正在显现。

在中裕食品有限公司，万物可用、循环往复、互为依存的哲学在闪光。中裕食品形成了“生物育种→良种繁育→基地种植→收储→初加工→精深加工→废弃物转化→液态饲料→生猪养殖→肉制品加工、冷链物流→沼气发电供热→沼液有机肥→小麦种植”的循环闭合产业链条。

在香驰控股，战略发展部经理王永军对记者说，他们通过完善水电气基础设施、配套副产品综合利用产业、提高废物再生利用水平等措施，建成了原料、副产品、水、废弃物、能量五大循环利用圈。通过污水处理，可实现日生产发电用沼气 2.8 万立方米，回收再利用中水 2000 吨，提取蛋白渣 50 吨，回收污泥有机肥 30 吨，年增加效益 2000 余万元。

滨州全市小麦、玉米、大豆原料综合利用率均达 98% 以上，小麦精深加工已形成覆盖一二三产业的完整循环产业链，玉米、大豆也实现了深度梯次开发，初步实现了粮食产业大循环、全利用、可持续发展。

目前，滨州规模以上粮油加工企业 170 多家，4 家进入全国食用油加工企业10强，形成了企业汇集、产能汇聚、市场汇通的“三汇”集聚之势。

在滨州采访粮食产业，记者感受到了强大的科技创新力量。山东三星集团从筹资600万元成立农机修理铺起家，董事长王明峰与工人们同吃同住，一起研发玉米油精炼，打造了国内第一条专业玉米油精炼生产线，建成国际一流的玉米油灌装包装车间。如今，山东三星集团已拥有100多亿元总资产，技术总监王月华介绍：“我们是国内唯一的国家玉米油产业研发基地，技术创新是三星取得佳绩的有力保证！产业链每延长一级，产品附加值可提高一两倍甚至十几倍。”

滨州高度重视科技创新，近年来累计投入科研资金45亿元，全市粮油加工行业共获得国家专利319项，西王集团、山东三星集团、渤海油脂等6家企业承担“863”计划、星火计划、火炬计划等国家级科研项目17个，还有4个国家级实验室。正如滨州市粮食局局长高玉华所说，“最关键的是龙头带动和科技创新”。

## 政府：能谋且善干

坚持规划引领，加大基础设施投入，注重以项目促产业，积极发挥扶持资金的撬动作用，大力实施粮油品牌战略……粮食产业发展越来越快。

保障粮食安全是永恒课题。滨州地处渤海之滨，有丰腴的黄河冲积平原，有悠久的农耕文明。这个农业大市一直不懈地为国家粮食安全作贡献。2017年滨州全市粮食产业实现主营业务收入1186亿元、利税59亿元，同比分别增长11%、18%。2018年上半年，实现主营业务收入666亿元、利税28亿元，同比分别增长11.1%、9.4%。

滨州市委书记张光峰对记者说：“民为邦本，食为政首。多年来，滨州一直大力实施工业强粮、科技兴粮战略，紧抓粮食不放松，努力探索新路子。”

滨州市委、市政府始终将粮食产业列为全市支柱产业加以重点扶持培育，加快推动其转型升级、提质增效，形成了“政府引导、市场导向、龙头带动、科技支撑、循环融合、惠民安全”的粮食产业发展的“滨州模式”。

凡事预则立，不预则废。滨州坚持规划引领。历任市委、市政府班子都高度重视粮食产业发展，一届接着一届干。“十一五”“十二五”期间，滨州市将粮食产业纳入国民经济发展规划予以详细统筹，在推进粮食产业发展中占得了先机。“十三五”规划中，又提出打造1500亿级粮食加工产业集群的目标任务，先后出台《粮食产业发展“十三五”规划（2016—2020年）》《关于打造千亿级粮食加工产业集群的二十条意见》，为粮食产业续航发展提供了有力保障。

滨州市粮食局监督检查科科长郭玮介绍，敢为人先的滨州出台了《关于加快新旧动能转换打造国家级粮食产业融合循环经济示范区的实施方案》，确立了“1338”粮食产业发展思路：打造1个国家级粮食产业融合循环经济示范区，重点培育3个国家级粮食产业融合循环经济示范基地，创建3个国家粮食产业技术创新中心，建设提升8个国家级实验室。

滨州不仅善谋，而且更善干！

滨州持续加大基础设施投入，滨州港、滨德高速、德大铁路先后建成投用，有效降低了粮食企业运输成本。秉承“强物流、兴产业”的发展要义，滨州投资建成了一条连接滨州国家粮食储备库的双股铁路专用线。滨港铁路二期建成后，粮食物流成本将进一步降低。

滨州注重以项目促产业，紧抓国家加快发展粮食产业的机遇期，积极进行项目策划和包装，仅2016年推进的仓储物流、批发市场、产品深加工等重点项目就达134亿元。今年中裕食品三产融合示范园项目、西王集团玉米果糖项目、香驰控股大豆精深加工项目和功能糖项目等分别列入山东省政府2018年重点建设项目和山东省新旧动能转换重大项目库，为推动粮食产业持续健康发展提供了有利契机和广阔平台。

同时，滨州还积极发挥扶持资金的撬动作用，设立20亿元黄河三角洲农粮产业基金，有效拓展了粮食企业的融资渠道。涉农金融机构加大对农业和粮食生产发展的支持力度，2013年以来滨州市农发行累计投放政策性粮油收储贷款36.6亿元，向粮食加工企业投放贷款38.8亿元，倾力助推地方粮食产业发展壮大。

谈到企业的今天，山东和美集团有限公司董事长刘以林念念不忘政府的雪中送炭："和美开业不久，豆粕每吨一下子由2300元涨到3300元，资金短缺让企业面临生死存亡的困境。正愁得要死，惠民县政府协调农信社，帮助贷款30余万元——这是救命钱啊！"争气的和美，用了短短5个月时间，完成销售7000吨，贷款还清，还有结余，公司起死回生。

滨州粮食产业在全国的知名度、美誉度高，还得益于他们重视品牌战略。滨州市市长宇向东说："通过大力实施粮油品牌战略，滨州逐步实现精深加工产业化、主导产品名牌化、名牌产品规模化。"

目前，滨州全市粮油行业拥有中国驰名商标6个、中国名牌3个、山东著名商标10个、山东名牌10个，获得省以上"放心粮油"品牌产品15个。西王、长寿花、天下五谷、美食客、中裕、玉杰、十里香等粮油品牌享誉全国。

粮食产业品牌荟萃，"粮食滨州"在全国成为闪闪发光的大品牌。这种品牌效应助力产品畅销全国，其中有10多家企业、30多个生产基地的产品进入了北京的超市和批发市场。

## 农民：收入节节高

在产业链延伸、价值链提升和供应链贯通的协同发展新格局中，企业跟着市场走，农民跟着企业走，政府跟着服务走，使得农民增收，乡村振兴，走出了独具特色的滨州粮食之路。

一粒小麦能变成多少种产品？面粉、酒精、液体蛋白饲料……从皮到里，居然能转化成十大类500多种产品，在中裕食品有限公司，记者大开眼界。

中裕食品有限公司总经理张志军告诉记者，保证高质量精深加工的重要基础是小麦的高品质。中裕建立了6.5万亩育种基地和150万亩优质小麦种植基地，在各基地实行"三免一加"，即免费供种、免费播种、免费收割、加价收购的优惠政策，以及“五统一”，即统一供种、统一施肥、统一指导、统一收割、统一收购的管理模式，以高于市场价 10%~30% 的价格收购优质小麦，平均每亩小麦可带动农民增收 336 元，真正形成了产业链延伸、价值链提升和供应链贯通的协同发展新格局。

记者跟随张志军来到中裕的三河湖基地，63 岁的管理人员陈英杰闻讯骑着电瓶车赶了过来。他摘下遮阳帽，擦了把汗说：“我一人骑着电瓶车，巡视 3800 亩地。一个人管播种、浇地，还管收。”“那要很忙吧？”“不忙，都采用高科技了！打药有飞机；浇地，推上电闸，一小时就是 3000 立方米，一天就能浇 1000 多亩地。”

中裕流转土地 6.8 万亩，三河湖基地是其中一个片区。陈英杰是从村里招聘来的，经过培训，上岗管理。“做梦都没想到一个人管几千亩地。”他指着他所管理的那一大片土地，举起挂在胸前的望远镜，放在眼前远眺。“公司每年发我三四万元工资。”陈英杰越说越高兴。

基地紧邻伏加河，河对岸是当地村民种的庄稼，明显不如中裕基地的庄稼长势好。一位农民正背着喷雾器，手举喷杆，喷洒农药。记者走到跟前和他聊了起来。他是蔺家湾村村民，叫蔺金祥，自己有 10 多亩地，又以 1 亩地 300 元的价格包了 10 多亩地。

“1 小时能打多少？”

“1 小时打 3 桶药，喷洒 3 亩地。”

“浇地怎么办？”

“我花了 500 多元买了电机、水泵，1 小时浇 2 亩地。”

小麦每斤卖 1.38 元，加上卖的玉米，蔺金祥去年毛收入 4.5 万元。他看了看自己的地，指着河对岸的基地感慨道：“那是条好路子！”

中国人的饭碗任何时候都要牢牢端在自己手上。滨州市委常委、常务副市长赵庆平说：“坚持生态绿色、循环高效，推动从基地到餐桌、从低端到高端，实现三产融合、产业相连的可持续发展，滨州走出了一条独具特色的粮食之路。”

滨州粮油加工企业参与主导组建专业合作社，以“企业 + 合作社 +

基地＋订单农户”模式开展土地流转、订单收购，掌握优质粮源，做大做强粮食加工龙头企业。目前，全市有专业化合作社1000余家，家庭农场774家，种粮大户4600户。滨州大力延伸农产品加工链条，提高粮食附加值，全市63%以上的农产品通过农业龙头企业加工后进一步增值。

中裕食品、玉杰面粉、龙凤面业等企业则通过当地收购、基地种植、订单农业、建立合作社等形式，拉动滨州及周边市县优质小麦、玉米种植500多万亩，带动农民增收近6亿元。2017年，滨州全市粮食产业带动就业5.7万人，其中直接就业人员2.4万人、间接就业3.3万人。

依靠西王集团快速发展，西王村全村都搬进新楼房，人均居住面积达60多平方米。这里实现了农业产业化、乡村城镇化、土地集约化、生活福利化、村企一体化、管理社区化。不仅本村致富，而且带动周边村一同致富，一方面以土地流转的形式满足了工业用地，一方面安置农民到企业上班，吸引他们自愿来西王社区居住。西王村先后共吸纳3万多人就业，年人均工资3万元以上。

壮大起来的西王，带动了乡村振兴。西王集团年加工玉米300万吨，每年拉动本市及周边玉米种植300万亩，收购价每吨高出其他地区40~60元，每年为农民净增收近1亿元。

企业跟着市场走，农民跟着企业走，政府跟着服务走，道路越走越宽广。山东省粮食局局长王伟华说：“实施乡村振兴战略，推动产业振兴是一个很好的切入点。滨州粮食产业的发展，对打造乡村振兴的齐鲁样板具有积极的意义。”

（经济日报记者　管斌）

新华社：

# 做大做强“小杂粮王国”山西再迎发展新机遇

（2018年5月21日）

记者从国家粮食和物资储备局获悉，5月20日，为推进山西粮食产业高质量发展，保障国家粮食安全，国家粮食和物资储备局与山西省人民政府签署战略合作协议。协议的签署，标志着双方在粮食安全领域的合作迈向新阶段。

国家粮食和物资储备局局长张务锋指出，国家粮食和物资储备局将秉持“合作、共享、创新、发展”的理念，全力支持山西省粮食产业高质量发展。在落实粮食安全省长责任制、粮食流通基础设施建设、应急保供体系完善等方面，予以重点支持。以实施“优质粮食工程”为抓手，在培育杂粮特色品牌、粮食产后服务和质检体系建设、粮食产销协作，以及优质杂粮示范区和杂粮产地交易市场建设等方面，予以大力支持。着眼“科技兴粮”和“人才兴粮”，在技术研发、人才培养，以及功能杂粮技术创新中心建设等方面，予以积极扶持。

山西农耕文明源远流长，粮食产业独具特色，是著名的“小杂粮王国”。近年来，山西高度重视小杂粮产业发展，立足优势、扬长补短，着力提高品牌知名度美誉度，特色杂粮产业发展呈现良好势头，在优化粮食供给、助推脱贫攻坚、服务乡村振兴战略和健康中国战略等方面发挥了积极作用。

（新华社记者　汪亚）

央视网：

# 新时代新气象新作为　乡村振兴粮为本

## ——粮食撬动吉林产业经济新发展

（2017 年 12 月 28 日）

党的十九大提出实施乡村振兴战略，素有“黑土地之乡”之称的吉林省迎来了粮食产业经济发展的新机遇。深入推进农业供给侧结构调整，以市场驱动粮食发展，吉林省因地制宜调结构、去库存、增效益，“三农”工作正在提速发力。

吉林省地处我国玉米种植黄金地带，玉米也成为吉林省的一张“黄金名片”，常年占吉林省粮食总产量的 70% 以上。2017 年，吉林省在连续 2 年调减籽料玉米种植面积的背景下，实现了粮食总产量的再次丰收，同时，玉米收购价格较去年强势回升。12 月中旬，全国秋粮收购也已经过半，吉林省肥沃的黑土地被皑皑白雪覆盖，进入了休耕时节，但这里的秋粮的收购正在火热进行。

### 科学储粮　智慧卖粮　农民增收益

冒着零下 20℃的严寒，记者一行驱车前往吉林省吉林市，进入昌邑区，道路旁时不时就会出现一排排装满玉米的货车。来自两家子乡李屯的孙伟伟就是其中的一个卖粮户。“今年拉来了 5 万斤苞米（玉米），刚刚才验完，18 个水（份），可以卖到每斤八毛二分钱。”孙伟伟高兴地告诉记者，今年他是通过网络、微信公众号关注粮食收购价格信息的，价格好、检验公平和现金交易是他卖粮最为看重的。

孙伟伟家的粮卖出了 2/3，而在 30 公里外的桦皮厂镇张相村，村里的种粮大户何景生已在一周前卖完了今年收获的 16 万斤玉米。走进何景生的家，空荡荡的储粮仓占了近一半的院子，他告诉记者，今年卖粮的总收入有 20 多万元，净收益多达 10 余万元，比去年整整多挣了 4 万多元。

与何景生不同，同村的种粮户黎克学更倾向于卖干粮，约 8 万斤玉米储存在他自己搭建的科学储粮仓里。他告诉记者，现在手机上网很方便，他也时常通过吉林省粮食局和粮食收购企业微信公众号、今日头条等渠道，关注粮食收购价格的变化。他预计春节后，自然脱水的干粮每斤比现在至少能高出七八分钱，市场前景很好。“现在农民收入高很幸福，今年十九大召开，农民第二轮土地承包又给续了三十年，我们以后奔小康是有信心的。”黎克学满是自信的微笑。

## 市场驱动　产业融合　企业添活力

孙伟伟、何景生都将玉米卖给了以粮食深加工及贸易为主的鑫海实业有限公司，公司副总经理何景刚告诉记者，今年鑫海实业已完成玉米收购 3 万多吨，除周末节假日，粮食收购都可现场现金结算。近几年，鑫海实业加大粮食贸易方面的投入，现已建成自有铁路专线 3 条，4 条散粮发放装车臂日装卸量 2400 吨。加快粮食运输，抢占市场先机，鑫海实业在加速自身粮食贸易发展的同时，也解决了周边的农民的卖粮问题。

粮食贸易只是粮食产业经济中的一环，坐落于中国粳稻贡米之乡的吉林东福米业带动大荒地村一二三产业融合，率先实现“村企合一”，解决就业 1500 人，村民变“产业工人”，收入增加了约 10 倍。东福米业公司总经理刘延峰告诉记者，东福与大荒地村战略上是一二产业带动三产发展，三产反哺一产，不断加速产业融合发展，逐步实现向现代农业的转变。

在市场导向下加大农业现代化投入，以科技创新驱动粮食产业经济发展已经是吉林省粮食产业发展的一大动力。位于“中国玉米之乡”公主岭市的吉林省农嫂食品有限公司在不断提升鲜食玉米深加工的同时，发展订单农业，探索出“公司＋合作社”的经营模式，农户与公司一体，可实现每公顷增收5000元左右。

## 主动作为 品牌推介 政府引合力

“确保国家粮食安全，把中国人的饭碗牢牢端在自己手中”这始终是治国安邦的头等大事。近年来，为保障粮食安全，建立值得信赖的品牌形象，吉林省多措并举，向世界递出引以为自豪的“白金名片”——吉林大米。吉林省粮食局大米产业处处长张长城介绍，吉林大米卖点就是“高品质”，定位中高端市场，经过优选的吉林龙头大米加工企业形成的“吉林大米产业联盟”是品牌的核心生产主体。

2017年6月，在外交部吉林全球推介活动中，王毅外长盛赞吉林大米“比日本的还好”，这下，吉林大米火了！

为进一步树立吉林大米品牌形象，加快产业发展，吉林大米触网了。2017年11月，吉林省粮食局与阿里巴巴签署了战略合作协议，设立吉林大米天猫官方旗舰店，66款大米已驻点销售，开启了吉林大米电商流通新纪元。

张长城告诉记者，自2014年以来，吉林省财政累计投入1.43亿元，旨在打造吉林大米这张“白金名片”的影响力。未来几年，吉林省将继续在省内推进“中国好粮油”行动计划，打造更多优质的粮食品牌。

农民积极肯干、企业创新示范、政府整合共享，吉林省积极发挥自身产粮优势，在谋求乡村振兴新动能的道路上，以传统产业为抓手，盘活市场驱动下的社会资源，通过龙头企业、品牌激活内生动力，在小小的粮食上下足功夫，一个坐在粮食堆上的、“产业兴旺、生活富裕”的吉林省正向我们走来。

（央视网记者 肖斐）

中新社：

# 擦亮“鱼米之乡”招牌：现代农业令江苏坐稳“天下粮仓”

（2017 年 12 月 21 日）

现代农业让盐碱地里长出享誉国际的有机大米、“指上卖粮”令农民丰收年里“钱包”也“大丰收”、物联网技术实现足不出户也能监管各地粮仓安全储粮……随着 2017 年的秋粮收购进入高峰期，记者连日来随同国家粮食局走访江苏省粮食生产和仓储情况中发现，素有“鱼米之乡”美称的江苏省，近年来通过利用创新科技和现代农业技术，稳坐“天下粮仓”，向国内和国际源源不断输送了高质量的中国大米。

## 千年盐碱地长出“好吃又健康的有机大米”

在江苏盐城，这里临海两千多年的“煮海为盐”历史，令当地的土地虽为一片没有经过化肥的净土，却被视为农业垦殖的“禁土”，然而，就是在这样一片“长不出庄稼”的盐碱地里，当地农民通过现代农业技术，硬是种出了媲美日本大米的中国有机大米。

“俗话说‘好土出好米’，要想种出优质好吃的大米，土壤含盐量一般不得超过 3‰。”盐城顺泰农场负责人曹志高回忆，建场之初，这里的土壤平均含盐 4.37‰，最高达 100‰以上。“但没有化肥和农药残留，又有‘农牧循环，四肥充足；人工除草，加工配套’等无与伦比的有利条件，我们认为这些正是发展有机农产品得天独厚的优势。”

从2014年起，该农场按照盐城市农委研究员茆训东教授设计的“快速高效排盐法”，试种头一年，水稻平均单产就达到了835.8斤，一举创造了沿海滩涂万亩水稻平均亩产、最高单产和亩均效益新纪录，得到当年中国工程院朱英国、陈温福、张洪程三位院士的高度评价。

目前，该农场生产的优质稻米“南粳9108”不仅获得国家优质米金奖，在日本举办的国际优质米评比中也力拔头筹，综合评分击败了著名的越光米获得金奖。

盐城粮食局局长崔成富告诉记者，近年来，该市在所辖各区大力推广“盐碱地、弱碱米”的优质绿色有机稻谷种植，在国内外打响了“射阳大米”“阜宁大米”“建湖大米”的“绿色、生态、营养、安全”口碑，还成立了“盐城好大米”产业联盟，开发“盐城好大米”宣传推介平台。

## 装备上“互联网+”：“天下粮仓”更安全

江苏的洪泽湖沿岸自古就是“江淮熟，天下足”的“天下粮仓”，如今，这“天下粮仓”也装备上了“互联网+”，通过物联网技术不仅让丰收的稻谷颗粒归仓，更通过远程监控“足不出户”就可保各个大小粮仓安全无虞。

在江苏省洪泽湖粮食储备直属库有限责任公司内，记者看到十余栋物联网数字粮仓内外都安装了各类传感器，其中包括智能通风系统，低温储粮控制系统，自动害虫检测系统，储粮数量在线检测系统，全天候24小时对储粮温度、湿度、霉变、气体、压力等进行在线检测。

该公司总经理王学权告诉记者，作为承担省、市级储备粮和国家政策性粮食收储任务的重要粮食储藏库，该公司从2012年起开工建设物联网数字粮库，目前总投资已达700万元。“整个智能系统由粮食进出仓业务管理系统、仓储业务管理系统、传感智能仓储管理系统、智能安防系统四大部分组成。”

“自2013年夏粮收购该系统开始试用，从粮食进出仓到粮情管理，从扦样化验到质量追溯，从安防监控到单仓核算，从实地监管到远程监督，从现场取样到智能检测全部实现了信息化、网络化和远程操控。”王学权介绍，任何违反操作规程，或者对粮库的非法入侵，都会在办公室的大屏上自动提示或报警，有效将安全事故控制在萌芽状态。“该系统减少监管方面人、财、物的投入，令我们公司每年可创收益200万~300万元。”

据国家粮食局相关负责人介绍，国家粮食管理平台建设工作自2016年正式启动以来，全国共有30个省级管理平台建设进展总体顺利，山东、江苏、安徽、湖北、青海、浙江、河南等省基本建成，投入使用。其中，“数字粮库”系统投入使用近1000套，在建超过3500套。

## 大力发展全产业链：擦亮“鱼米之乡”金招牌

“秋粮生产面积4454万亩，同比减少60.3万亩，总产450亿斤；水稻种植面积3413.5万亩，同比减少28万亩，稻谷总产388.6亿斤，比去年增加2亿斤……”根据江苏省农业部门的统计数据，作为产粮大省，今年的风调雨顺，迎来了秋粮的大丰收，不过如何令农民的钱包也“大丰收”，同时令“鱼米之乡”的金招牌更亮，当地农业部门的工作也是多管齐下，全面开花。

据江苏省粮食局副局长季俊秋介绍，从目前收购情况看，今年的粮食可谓是“量大质也优”，已入库稻谷基本达到三等以上标准。“对于优质大米我们的收购也给出了符合市场规律的价格，受市场欢迎、消费者喜爱的优质品种，比普通品种每公斤的收购价格要高出0.1~0.12元，种植优质品种的农户收益明显提高，成本减少了利润反而增加不少。”

据介绍，这种“双赢”的局面来自该省全力做强全产业链的成果：向前，建立粮食生产基地，鼓励国有企业和新型农业经营主合作，推进粮食品种优质化、基地规模化、生产标准化，做到优质品种优价收购；向中间，服务种粮农民，通过手机App卖粮轻松优价收购，对优质粮源分仓、分等、分级，生产后的收储、烘干、加工、配送、销售一条龙服务等，多方提高农民收入；向后，在全省推动建立全程质量追溯体系。通过消费来倒逼企业改进加工技术，倒逼农民种植适销对路的优质粮食。

季俊秋告诉记者，现在，江苏“好粮油”的金招牌已名扬海外，“全省在境外涉农涉粮企业已达 20 家，牧羊集团在 40 多个国家建立销售服务网络，在美国、丹麦设立研发机构，在埃及建立生产基地，境外销售额达 16 亿元。中粮集团、中储粮以及美国嘉吉、邦基，法国罗盖特，新加坡益海嘉里，金鹰国际等国内外粮企纷纷到江苏谋篇布局，建设粮油生产、加工、物流一体化基地，在江苏扎根发展。”

（中新社记者　申冉）

工人日报：

# 从“吃得饱”向“吃得好”“吃得放心”跃升 绿色优质粮油产品消费渐成主流

（2018 年 1 月 24 日）

从现阶段粮油消费看，人民群众对美好生活的追求和向往，主要体现为从“吃得饱”向“吃得好”“吃得健康”“吃得放心”“吃得便利”跃升。国家粮食局局长张务锋 1 月 22 日在全国粮食流通工作会议上说，绿色优质粮油产品的消费逐渐成为主流。

在产品种类上，人们更加注重多样化、个性化。消费分层明显，市场分化加速，特色品种、精深加工产品和中高端粮油产品等需求快速增长。在质量要求上，更加注重绿色有机、安全营养。群众对食品安全问题的关注度高、容忍度低，对营养健康的期望更加迫切，绿色优质粮油产品的消费逐渐成为主流。在供给服务上，更加注重便捷化、精细化。网络购物、定制服务、多元融合等消费模式，呼唤更多粮食新产品、新业态的涌现。

据介绍，目前粮食“产购储加销”各环节中仍存在一些不平衡不充分的矛盾。突出表现为结构性供过于求和供给不足并存，流通效率偏低，服务水平不高。

“要加快优化完善粮食供给体系，尽快实现由总量扩张转向质量提升；精准施策、多方推动，加快粮油产品供给绿色化、优质化、特色化、品牌化。”张务锋表示，国家粮食局将完善中国好粮油系列标准，建立优质粮油品质测评体系和抽检不达标产品退出制度；出台中国好粮油产品管理办法、加强标识管理。

国际在线：

# 中国将继续推进粮食收储制度改革 大力发展粮食产业经济

（2018 年 1 月 22 日）

中国全国粮食流通工作会议 22 日在北京举行。国家粮食局局长张务锋在会上透露，今年将以高质量发展为目标，继续稳妥推进粮食收储制度改革，大力发展粮食产业经济。

近五年来，中国的粮食政策兴粮惠农效果显著，粮食仓储现代化水平明显提高，粮食市场运行平稳，粮食产业经济持续发展，中央和地方共同负责的粮食安全保障制度体系已初步建立。国家粮食局局长张务锋介绍说，“年均收购粮食 8000 亿斤，没有出现大面积‘卖粮难’；完好仓容总量达 1.2 万亿斤，粮食仓储设施和技术达到世界先进水平，库存粮情保持总体稳定；粮食产业经济持续发展，实现工业产值达 3 万亿元。”

会议明确，2018 年中国的粮食流通工作将突出“六项重点”，具体包括粮食收储制度改革、粮食去库存、完善粮食流通监管和宏观调控、发展粮食产业经济、实施优质粮食工程，等等。其中，积极稳妥推进粮食收储制度改革，排在第一位。张务锋说：“玉米收储制度改革进展顺利、成效明显，要进一步巩固放大。稻谷收储政策是下一步调整完善的重点，在保留最低收购价政策框架的前提下，增强政策弹性和灵活性，合理确定最低收购价水平，优化执行原则和具体操作办法。树立优粮优价导向，引导种粮农民盯着市场走、跟着需求走。”

在中央政策扶持下，中国的粮食产业经济持续发展。初步测算，

2017 年粮食产业经济产值同比增长 10%。据张务锋透露，未来将加大优惠政策扶持力度，坚持质量和效益优先，大力发展粮食产业经济，“选准一批规模优势突出、创新能力强、带动作用大的龙头企业，给予倾斜支持；扶持一批有技术、有市场、有潜力的骨干企业，加快改造升级，做强做大；引导帮助一批技术落后、产不适销的企业转型转产、焕发生机；遴选确定一批示范市县，大力支持现代粮食产业示范园区（基地）和主食产业化、粮食循环经济、副产物综合利用等项目建设。”

会议还提到，中国还将加强改进粮食安全省长责任制考核、推动粮食安全保障立法、实施“科技兴粮”和“人才兴粮”，构建国家粮食电子交易平台体系、加强粮食行业信息化建设等，筑牢保障国家粮食安全的基础。

（国际在线记者　肖中仁）

人民网：

# 抓好“粮头食尾”和“农头工尾”加快建设粮食产业强国

（2018 年 8 月 20 日）

记者从国家粮食和物资储备局获悉，8 月 19 日至 20 日，国家粮食和物资储备局在黑龙江省哈尔滨市召开全国加快推进粮食产业经济发展第二次现场经验交流会。会议围绕粮食产业高质量发展，交流经验，创新举措，着力构建现代化粮食产业体系，加快建设粮食产业强国。

国家发展和改革委员会党组成员，国家粮食和物资储备局党组书记、局长张务锋参加会议并讲话；黑龙江省副省长刘忻参加会议并致辞；国家粮食和物资储备党组成员、副局长卢景波、韩卫江参加会议。

张务锋表示，要围绕落实国家粮食安全战略、着眼乡村振兴战略大局、结合推动高质量发展、立足新时代社会主要矛盾变化，深刻认识抓好“粮头食尾”和“农头工尾”、建设粮食产业强国的战略地位、综合效应、现实作用和深远影响。将抓好“粮头食尾”和“农头工尾”、建设粮食产业强国，作为当前和今后一个时期粮食和物资储备部门的重要政治责任，作为粮食行业服务发展大局的职责担当所在，坚持深化改革、转型发展，大力推动粮食产业经济发展质量变革、效率变革、动力变革，全力以赴“为耕者谋利、为食者造福、为业者护航”。

张务锋说，要坚持质量第一、效益优先，以供给侧结构性改革为主线，加快实施“五优联动”，着力构建现代化粮食产业体系。一是大力推动由增产向提质导向转变，加快实施“优粮优产”。发挥流通反馈激励作用，引导支持粮食产区立足优势突出特色，向市场紧缺产品调、向优质特色产品调，深入推进农业绿色化、优质化、特色化、品牌化。

二是坚持政府与市场两手协同发力，加快实施“优粮优购”。稳步推进粮食收储制度改革，健全粮食价格市场形成机制，进一步形成优粮优价导向。积极转变部门职能，搞好信息发布、产销对接、信贷协调等服务，将质量导向体现到政策性收购和市场化收购中。以“一带一路”沿线国家和地区为重点，深化粮食贸易合作，统筹用好“两个市场”“两种资源”。

三是着力强化技术创新与管理创新，加快实施“优粮优储”。大力推广绿色储粮技术，促进粮食保质保鲜、“常储常新”；引入物联网技术，持续推进粮库智能化升级改造；积极创造条件，在收储、加工企业中推行分品种、分类、分仓储存，提高精细管理水平。

四是立足结构优化动能转换，加快实施“优粮优加”。要多措并举“增品种”，高点定位“提品质”，聚焦发力“创品牌”，大力发展绿色营养健康的粮油产品，鼓励企业推行更高质量标准，精心打造区域品牌和企业品牌。加快推广粮油产品适度加工，引领科学消费、合理消费、健康消费。坚持“加减乘除”并举，调整存量、做优增量，发展粮食循环经济，推进粮油机械制造自主创新，促进粮食产业新旧动能转换。

五是建立顺畅高效的粮食流通机制，加快实施“优粮优销”。探索建立全国性粮食产销合作平台，办好中国粮食交易大会；合理布局粮食物流节点，支持建设粮食物流园区，大力发展“四散”运输和多式联运；完善城乡“放心粮油”供应网络，推进“互联网＋粮食”行动，积极发展粮食电子商务和新型零售业态。

张务锋要求，深入实施优质粮食工程，为加快粮食产业经济发展提供强力支撑。坚持统筹谋划、突出重点。高标准高起点制订完善三年实施方案，进一步细化粮食产后服务体系建设、粮食质量安全检验监测体系建设、“中国好粮油”行动的路线图和时间表。坚持创新举措、强力推动。作为相关省份粮食部门的一项中心工作，健全协调推进机制，聚全局之智，举全局之力，抓紧抓实抓出成效。坚持典型带动、示范引领。培树一批有代表性的模式，挖掘、培树、宣传先进典型，总结可复制、可借鉴的成功经验，加大推介力度，增强辐射力、带动力。坚持好事办实、实事办好。严格项目筛选把关，高效率、快节奏推进实施，建成质量一流、群众满意的精品工程。从严管理项目资金，认真搞好绩效评价。

会上，国家粮食和物资储备局授予黑龙江省五常市“中国好粮油行动示范市”称号。五常市人民政府，黑龙江、山西、山东、湖北、广西、四川省（区）粮食局及中粮集团、广州市粮食集团9家单位作典型交流发言。

（人民网记者　李彤）

新华网：

# 粮食供给侧结构性改革再发力 多措并举建设粮食产业强国

（2018 年 8 月 23 日）

改革开放四十年来，我国粮食综合生产能力显著提高，粮食供给由总量不足转为结构性矛盾，老百姓更加关注粮食质量安全，消费需求也从“吃得饱”转向“吃得好”和“吃得安全”“吃得健康”“吃得便利”。新形势下粮食供给的结构性矛盾如何调解？如何让农民好卖粮、百姓吃好粮？加快推进粮食供给侧结构性改革，构建现代化粮食产业体系，推动粮食产业经济高质量发展具有重要意义。

## 抓好“两头两尾”：产业融合打造经济发展新动能

农业在前端，工业在尾端，种植在源头，农产品在终端，想要农民生活小康、百姓吃得健康，不仅要种得好，更要销得好。

今年中央一号文件明确指出：“乡村振兴，产业兴旺是重点。”粮食产业连接乡村和城市，覆盖一、二、三产业，在乡村振兴战略中发挥着重要作用。

记者在黑龙江省五常市采访时了解到，当地依托龙头企业和专业合作社发展规模经营，加强品牌建设，完善仓储物流配套，打造“生态＋农业＋旅游”发展模式。2017 年五常市粮食产业带动稻农增收 10 亿元以上，农村居民人均可支配收入达到 1.6 万元，高出全国平均水平 20%。

据了解，黑龙江全省粮食总产量连续5年稳定在1200亿斤以上，粮食精深加工发展迅速。2017年全省粮食加工大项目建设累计投资100亿元以上，粮食加工转化率达到46%、同比提高10个百分点。

立足国情粮情，抓好“两头两尾”，加快粮食产业链条的延伸和优化，增加产业的关联度和竞争力，提高发展的整体性和系统性，不仅有利于产业融合发展，还有助于培育农业发展新动能，形成农村经济新的增长点。

从全国来看，截至2017年年底，纳入粮食产业经济统计的企业2.2万户，全年实现工业总产值2.9万亿元；有8个省份粮食产业销售收入过千亿元，其中山东达到4000亿元，安徽、江苏、湖北、广东4省均超过2000亿元。

## 实施“五优联动”：构建现代化粮食产业体系

好粮食首先是种出来的，优质粮源是粮食产业高质量发展的基础。只有充分发挥流通反馈激励作用，引导支持粮食产区调整优化种植结构，才能深入推进农业绿色化、优质化、特色化、品牌化。

广西壮族自治区发挥“一带一路”门户区位优势，大力发展香米生产，收购价比普通晚籼稻平均高45%。湖北、辽宁、黑龙江等省份的企业依托当地特色发展“虾稻”“蟹稻”“鸭稻”，效益远高于普通产品。

在日前举办的首届中国粮食交易大会上，国家粮食和物资储备局局长张务锋强调，各地要根据市场供求变化和区域比较优势，向市场紧缺产品调，向优质特色产品调，不搞“大而全”，力求“专而精”。“优粮优产”，不光要立足优势突出特色还要推行适度规模经营，同时建立利益联结机制，让农民真正享受到全产业链增值收益。

优质粮食不光需要“优产”，还要“优购”“优储”“优加”“优销”。好粮食卖得顺畅，卖上好价钱，才能让种粮农民有更多获得感和积极性，仓储是“广积粮、积好粮、好积粮”的重要一环，加工和销售环节，对于结构优化动能转换、建立顺畅高效的粮食流通机制也有严格要求。只有在种植、收购、仓储、加工、销售每个环节都做到高质量发展，才能最终将优质粮食送到百姓餐桌，才能真正构建起现代化粮食产业体系。

（新华网记者　汪亚）

经济日报：

# 市场化收购唱主角，仓储、加工水平不断提升 为“优”粮撑腰　让百姓吃“好”

（2018 年 9 月 18 日 16 版）

金秋 9 月，丰收在望，大江南北，稻谷飘香。粮食产业是农业产业发展的基础，连接乡村和城市，覆盖一二三产业，在乡村振兴战略中发挥着重要作用。我国是世界第一粮食生产大国、第一粮食消费大国，但还不是粮食产业大国，粮食产业发展质量一直不高。近年来，我国通过坚持优粮优产优购、优储优加优销，构建现代粮食产业体系，把高质量发展贯穿粮食产业发展的每一个环节，实现粮食产业发展增速提质，促进农民增收、企业增效。

## 优粮优价收储机制正在形成

在山东省德州市发达面粉集团院内，几辆装满小麦的运粮车正在等待卸粮。该公司总工程师张宜强说，公司今年收购小麦，普通小麦一斤 1.24 元左右，优质小麦一斤 1.35 元左右。公司拥有 100 万亩优质小麦生产基地，年生产优质原粮 8 亿斤，带动当地农民走上增收致富之路。

好粮食卖得顺畅，才能调动种粮农民的积极性。今年是粮食收储制度改革深化的重要一年，国家有关部门完善了最低收购价政策，优粮优价的粮食收储机制正在形成。经济日报记者了解到，近期夏粮收购中，受多重因素影响，优质小麦价格走高，河北、山东等优质小麦主产区没有启动小麦托市收购，江苏、河南、安徽等小麦主产区虽然启动了小麦托市收购，但是市场化收购唱主角，小麦价格呈现两极分化态势，优质小麦价格持续上涨。国家粮食和物资储备局局长张务锋表示，今后，我国还将稳步推进粮食收储制度改革，巩固玉米“价补分离”市场化改革成果，进一步完善小麦、稻谷最低收购价政策，优化执行预案和具体操作办法，健全粮食价格市场形成机制。

好粮食首先是种出来的，优质粮源是粮食产业高质量发展的基础。据了解，粮食部门近年来充分发挥流通反馈激励作用，引导支持粮食产区调整优化种植结构，深入推进农业绿色化、优质化、特色化、品牌化，取得了较高的经济效益。“广西香米”收购价比普通晚籼稻平均高45%。湖北福娃集团、辽宁鼎翔米业、五常乔府大院等企业发展“虾稻”“蟹稻”“鸭稻”，效益远高于普通产品。

四川省粮食局局长张丽萍说，四川近年来充分发挥流通对生产的引导作用，大力发展“订单粮食”，拓宽优质粮源基地。支持民营企业参与或主导组建粮食专业合作社、扶持种粮大户275家，累计订单、流转及托管粮食种植面积1000余万亩。四川省好耕农业集团有限公司积极开拓境外（柬埔寨等国家）优质粮源基地100万亩，发展本地优质专用粮订单150万亩，助农增收3000余万元。

## 优粮优储提高库存粮食供给质量

安徽省白湖农场集团有限公司是一个拥有60年历史的集粮食生产、种业、米业、林业、养殖于一体的特大型国有农场，拥有标准化良田15万亩。安徽省白湖农场农业发展部部长张黎明说，为了确保产品质量，公司在做好原粮生产的同时，更加重视粮食储存质量，2009年，公司与中储粮巢湖直属库合作，建了5万多吨的高大平房仓，实现稻谷专库储存。

保证粮食产业高质量发展，储得好至关重要。记者了解到，一些有条件的粮食加工企业自主建设了现代化粮库，保证原粮储存质量。辽宁盘锦鼎翔米业有限公司建有5万多吨仓容的现代化粮库，通过采用低温环保的仓储技术，粮食储存一年，新鲜如初。吉林东福米业公司建设了几栋现代化高大平房仓和立筒仓，用来储藏新收购的粮食。但是，更多的粮食加工企业无法承担高昂的粮食存储成本，往往采取一边收购一边加工的办法；一些粮食加工企业为了获得稳定的优质粮源，与一些储存条件比较好的储备企业建立长期合作关系。

大力推广绿色储粮技术，是保证粮食储存安全的关键。记者了解到，四川省将低温绿色储粮工程列为“省长工程”，瞄准绿色仓储、智能仓储和精细仓储发展方向，大规模推进低温绿色储粮技术运用，全面提高库存粮食供给质量。目前已建成的10个成品粮低温库和79个原粮低温库已收储优质粮食200万吨，企业年均累计增收2亿元左右。此外，浙江省开展仓房光电一体化改造，江苏省推广气调储粮，天津、广东、甘肃、云南、山西等地也进行了积极探索，通过提高绿色储粮技术应用比例，实现粮食保质保鲜、“常储常新”。

为了解决粮库管理中的信息孤岛问题，现在各地持续推进智能化粮库建设，引入物联网、视频监控、大数据分析等技术，加强库存粮情、粮食质量、安全防护等动态监测，确保粮食储存安全。智能化粮库中，在普遍采用电子检温、谷物冷却、机械通风、环流熏蒸“四合一”储粮技术的基础上，推广使用内环流控温储粮、智能通风、空调控温储粮等新技术，实现了科学储粮、绿色储粮、智能储粮。安徽省投入3亿多元实施“智慧皖粮”，有望实现全省国有粮食企业信息化应用全覆盖。

## 优粮优加提高优质产品有效供给

目前我国70%的粮油企业从事米、面、油初级加工，存在产能结构不合理、优质产品供应不够、深加工能力不足等问题，现在各地积极培育壮大粮食加工经营主体，促进粮食产业转型升级，提高优质产品有效供给，以“优粮优加”理念促进城乡居民由“吃得饱”向“吃得好”转变。

以“粮头食尾”“农头工尾”为抓手，推动粮食精深加工，做强绿色食品加工业，是实现粮食产业提质增效的重要一环。黑龙江五常市素以优质大米闻名，全市有年加工 10 万吨以上企业 10 家，带动了水稻产业高质量发展。去年全市水稻价格平均每斤上涨 0.5 元，带动稻农增收 10 亿元以上。江西金佳谷物公司大力发展粮食循环经济，利用稻谷加工的副产品，生产米糠油、炭黑等下游产品，稻米“吃干榨尽”后附加值提高了 3~5 倍。但是，“优粮优加”不是过度加工，不能片面追求精细。粮食过度加工不仅使营养成分大量流失，而且造成了粮食资源的巨大浪费。

黑龙江省是我国粮食生产大省，粮食总产量连续 5 年稳定在 1200 亿斤以上，粮食商品率达到 80% 以上，但粮食加工业一直比较滞后。黑龙江粮食局局长朱玉文表示，近年来，黑龙江省把粮食和农副产品精深加工作为第一支柱产业，引导和支持企业应用新技术、开发新品类，推动玉米产业链由淀粉、酒精等初级产品逐步向结晶糖、氨基酸等精深加工产品延伸，向生物医药等领域扩展。2017 年全省粮食加工大项目建设累计投资 100 亿元以上，粮食加工转化率达到 46%、同比提高 10 个百分点。今年上半年，全省玉米、水稻、大豆三大主粮加工业全面盈利，粮食资源优势正加速转化为经济优势。

构建顺畅高效的粮食产销衔接机制，是粮食产业发展的根本保障。近年来，粮食产销区不断深化合作，促进粮食区域平衡。如北京是我国粮食特大主销区，与吉林、山西、河北等粮食主产区建立长期的产销合作，“吉林大米”“山西小米”等品牌粮食纷纷进入北京市场。天津市与黑龙江省共建优质粮油直销通道，使“黑龙江大米”直通京津冀百姓“米袋子”。而且，从粮食生产布局来看，随着粮食生产逐步向核心主产区集中，粮食跨省流通量逐年增加。2017 年，粮食跨省流通量 3400 亿斤，预计 2020 年将达到 3600 亿斤。粮食产销区加强政府层面战略协作，提高了我国省际粮食流通的组织化程度，有效保障了国家粮食安全。

（经济日报记者　刘慧）

央视网：

# 黑龙江省五常市被授予“中国好粮油行动示范市”

（2018 年 8 月 20 日）

为进一步推进乡村振兴战略的实施，切实保障粮食产业经济发展，2018 年 8 月 20 日，全国加快推进粮食产业经济发展第二次现场经验交流会在黑龙江哈尔滨举行。会议发布了《国家粮食和物资储备局关于授予黑龙江省五常市“中国好粮油行动示范市”的通知》（以下简称《通知》）。

《通知》指出，近年来，黑龙江省五常市在实施“中国好粮油”行动计划、培树“五常大米”品牌方面成效显著。2017 年全市稻农收入 60 亿元，“五常大米”品牌价值达 670.7 亿元。

一是充分发挥区域优势，着力提高粮食品质。五常市地处优质粮油优势生产区，是全国粮食生产大县，现有耕地面积 428.8 万亩，其中水田 235.5 万亩，年产优质水稻 24.2 亿斤。

二是加快发展规模化种植，不断提升产后服务能力。2017 年水稻规模化种植面积 100 万亩，仓储物流设施配套完善，产业发展基础坚实。

三是创新完善营销模式，强化推动品牌创建。注重培育本土稻谷加工龙头企业，引进大型企业集团，拥有年加工能力 10 万吨以上企业 10 家，新三板上市企业 2 家；加强产地保护，完成五常大米防伪溯源体系建设，实现“种收储加销”全过程监控；拓展营销渠道，2017 年网上交易额 35.5 亿元，同比增长 31%。

四是政府高度重视，加强统筹协调。根据“中国好粮油”行动计划实施方案，加强政策引导，初步实现了“农民增收、企业增效、财政增税、消费增信、品牌增值”的目标。希望五常市再接再厉，持续做好品牌培育、标准引领、健康消费宣传、营销模式创新等工作，在实施“中国好粮油”行动中进一步发挥示范带动作用。

（央视网记者　肖斐）

中华工商网：

# 延伸粮食产业链条，增强国家粮食安全，农业企业在行动

（2018年8月22日）

进入新时代，我国社会主要矛盾已经转化为人民日益增长的美好生活需要和不平衡、不充分的发展之间的矛盾。过去，粮食长期短缺，抓安全主要是盯着产量，着重解决人民群众“吃得饱”的问题；如今人们更加关注粮食质量安全，消费需求转向“吃得好”和“吃得安全”“吃得健康”“吃得便利”。对于产品种类，更加注重多样化、个性化；对于品质要求，更加注重绿色有机、安全营养；对于供给服务，更加注重便捷化、精细化。近年来，中国大力发展粮食产业经济，培育除了一批知名度高、公众喜爱的粮食产业品牌和企业群体，促进了粮食消费升级和产业转型。

规模化种植、直升机实施喷灌作业、稻田24小时视频监控、对耕地进行确权，水稻种子以及肥料等投入品均高标准把控、采用溯源防伪技术保真……近年来，科技和理念的创新让五常大米产业形象和品牌知名度不断提升。乔府大院、五米常香等龙头粮食加工企业也脱颖而出，通过延伸大米产业链，打造“生态＋农业＋旅游”发展模式，推动一二三产业融合发展。乔府大院公司副总经理李志禹告诉记者，除了打造稻花香生态体验区外，他们还致力于提高水稻的附加值。“深加工现在已经开展的是制作稻谷油，是大米加工后副产品，通过压榨提炼出油，现在在市场上越来越受欢迎。以后我们还会研究像女士用的面膜，因为大米副

产品营养价值非常高，包括以后用米糠等做一些膨化食品，都有考虑。”

乔府大院还与附近村庄紧密联结，与村级农民合作社组织合作，不仅将村里的土地流转到企业，还吸纳了村里的剩余劳动力到企业工作，解决其就业问题。通过一系列的努力，乔府大院的三产融合发展不断完善，截至目前，其生态园区已接待3万余人次。五常市粮食局局长伊彦臣表示，五常正从标准农业向精准农业迈进：“五常市目前物联网已全覆盖，现在我们有好多企业合作社，包括个人都自己建互联网+基地建设，使五常农业标准更上一个层次。我觉得在几年时间内，数字化农业在五常会遍地开花。五常大米今后的销售方式可能要转变为叫可视化消费，定制式销售。我们现在正在搞’我在五常有块地’，可以24小时监控，按照你的标准进行生产，吃得放心。”据悉，今年上半年，乔府大米与北大荒、九三、完达山等其他六家黑龙江著名产品一起入选央视国家品牌计划，成为黑龙江农产品著名品牌的代表。

以五常大米为代表，近年来中国各地充分发挥地域优势，以特色化、品牌化、优质化为目标，培育出了山西小米、宁夏大米、荆楚粮油等一批粮食产业品牌和企业群体，成效显著。国家粮食交易中心主任贾骞介绍说，“这种因地制宜的品牌培育、产业升级、提质增效，既可以引导粮食生产端，促进种粮农民增收，又能够促进粮食消费升级和产业转型，为消费者提供更多的绿色优质粮油产品，这也是推进粮食供给侧结构性改革的有效途径。”

国家粮食和物资储备局局长张务锋近日表示，未来将加快粮食产业链条延伸和优化，实现高质量发展，增强国家粮食安全保障能力。

粮食产业基础性强，覆盖面广。既在稳增长、稳就业中发挥重要作用，也是转方式、调结构的重点领域。

据悉，黑龙江省把粮食和农副产品精深加工作为第一支柱产业，省委、省政府主要领导同志亲自部署、高位推动，建立省长负总责的联席会议制度，上下联动、整体推进，质量兴农调优“头”、接二连三壮大“尾”、勇闯市场做强“销”、千方百计促农“富”，加快建设绿色优质安全粮食产业基地。上半年，全省粮食加工业主要指标增幅超过 30%，对全省工业的贡献率提高 4.5 个百分点，三大主粮加工业全面盈利，粮食资源优势正加速转化为经济优势。

江苏省规定产粮大县奖励资金用于支持粮食产业的不低于 50%；安徽省统筹财政资金 8000 万元，支持粮食产业发展；河南省安排财政资金 1.2 亿元，对主食产业化企业和好粮油加工企业给予贴息扶持；吉林、福建等省对粮食产业重点项目实行地价优惠，出让底价可按不低于所对应最低价标准的 70% 执行；浙江省落实大米加工企业享受农业用电价格政策，用电成本下降 1/3。“可以说，粮食产业备受重视，政策利好持续释放。要抢抓良好机遇，大力推动粮食产业升级，在繁荣地方经济发展中发挥更大作用。”国家粮食和物资储备局局长张务锋说。

据了解，截至 2017 年年底，全国纳入粮食产业经济统计的企业 2.2 万户，全年实现工业总产值 2.9 万亿元；有 8 个省份粮食产业销售收入过千亿元，其中山东达到 4000 亿元，安徽、江苏、湖北、广东 4 省超过 2000 亿元。

（中华工商网　张文燕）

中国网：

# 粮食产业经济第二年：加快实施五优联动 大粮仓将变大厨房

（2018 年 8 月 23 日）

今年是国办《关于加快推进农业供给侧结构性改革大力发展粮食产业经济的意见》出台的第二年，也是国家粮食和物资储备局第二年举办“全国加快推进粮食产业经济发展现场经验交流会”。

去年的交流会中，“滨州模式”异军突起，让各省看到了一条可学习、能复制、易推广的粮食产业发展路径。而今年，越来越多省份的典型做法和特色发展引发关注，“五常大米”“山西小米”“广西香米”等地理标志产品和区域公共品牌打响了“品质战”“品牌战”，北大荒集团、乔府大院等粮食企业深挖产业链，打造多样化、高附加值产品，要从“大粮仓”变身“大厨房”。

国家发展和改革委员会党组成员，国家粮食和物资储备局党组书记、局长张务锋在今年的经验交流会中表示，要深刻领会抓好“粮头食尾”“农头工尾”的重大意义，增强建设粮食产业强国的信心决心。

## 加快实施“五优联动” 构建现代化粮食产业体系

保障国家粮食安全是实现经济发展、社会稳定、国家安全的重要基础。张务锋在经验交流会中表示，构建现代化粮食产业体系，建设粮食产业强国，对于维护国家安全显得更为重要。

对此，张务锋提出，要加快实施“五优联动”：

一是大力推动由增产向提质导向转变，加快实施“优粮优产”。要充分发挥流通反馈激励作用，引导支持粮食产区调整优化种植结构，深入推进农业绿色化、优质化、特色化、品牌化。要做到“优粮优产”，立足优势突出特色是前提，推行适度规模经营是基础，建立利益联结机制是关键。

二是坚持政府与市场两手协同发力，加快实施“优粮优购”。“优粮优购”首先要“优粮优价”，市场化收购要更多“唱主角”，还要将质量导向体现到政策性收购和市场化收购中，此外，应当发展国际大粮商，开展粮食贸易合作，统筹用好“两个市场”“两种资源”。

三是着力强化技术创新与管理创新，加快实施“优粮优储”。大力推广绿色储粮技术，建好用好智能粮库，提高精细管理水平。

四是立足结构优化动能转换，加快实施“优粮优加”。改造提升“老字号”，深度开发“原字号”，培育壮大“新字号”，大力发展绿色、营养、健康的粮油产品，增加多层次、多样化、个性化产品供给。要高点定位“提品质”，聚焦发力“创品牌”。

五是建立顺畅高效的粮食流通机制，加快实施“优粮优销”。要强化产销合作，完善物流网络，创新经营业态。

## 地标产品溯源保真“五常大米”以物联网倒逼品质提升

地理标志产品是指产自特定地域，所具有的质量、声誉或其他特性本质上取决于该产地的自然因素和人文因素，经审核批准以地理名称进行命名的产品。有了地理标志保护，农产品依自然因素和人文因素形成的特色就能得到传承和推广，使市场竞争力大为提升。

但是地理标志产品具有集体性、共享性，属于特定区域内的公共品牌，生产较为分散，为其统一管理和知识产权保护带来难度。

在今年的经验交流会期间，记者跟随国家粮食和物资储备局组织的考察团一起来到五常市，黑龙江省地理标志产品之一、“五常大米”的“一物一码”溯源保真措施获得了与会人员的广泛认可。

“五常大米”清淡略甜、绵软略黏、芳香爽口的口感深受消费者喜爱，有着“一餐五常米，浑忘酒肉香”的美誉。为了打假保真、确保消费者能买到“真的”五常大米，使“五常大米”品牌走得更稳、更远，五常市建立了农业物联网服务中心，实行“三确一检一码”：

确地块，结合运用农村产权制度改革成果，将五常 209.8 万亩水田信息全部录入系统，定位到农户、地块和边界，从而实现对水稻产量的分户核算和总量控制。确种子，将全市 15 家有五优稻四号（即著名的“五常稻花香”）繁育资质的企业纳入系统管理，对种子繁育企业基地进行确总量、确地块、确品种，实行统一包装物、统一购种凭证。确投入品，采集全市 3000 多个地块的土壤有机质含量信息，根据购药购肥凭证及土壤氮磷钾含量，确定地块农药、化肥等施用量，从根本上保证了五常大米的品质。质量检测，对五常大米的产品质量进行严格检验检测，未经检验合格的五常大米严禁出厂销售，产品防伪码段不予激活。溯源防伪，建立全市统一的五常大米溯源防伪查询平台，推行“一物一码”，消费者通过手机扫描就可方便快捷地查询到所购买五常大米的真伪及相关信息，相当于给每一件产品都发放了“身份证”。

“产品能否卖出好价钱，是由品质做支撑的。”五常市农业局局长伊彦臣表示，“我们溯源的主要目的，就是通过物联网的方式倒逼农业生产提高质量。”

据悉，去年五常市水稻价格平均每斤上涨 0.5 元，带动稻农增收 10 亿元以上；农村居民人均可支配收入达到 1.6 万元，高出全国平均水平 20%。

正如张务锋所说：“好粮食卖得顺畅，卖上好价钱，才能让种粮农民有更多获得感和积极性。”

## “大粮仓”将变“大厨房”　做长做深粮食产业链

“粮头食尾”“农头工尾”是粮食产业经济发展的方向。张务锋表示，加快粮食产业链条的延伸和优化，增加产业的关联度和竞争力，提高发展的整体性和系统性，有利于应对包括贸易摩擦在内的各类风险挑战、增强保障国家粮食安全的能力。

黑龙江北大荒农垦集团总公司（以下简称北大荒集团）地处我国东北部小兴安岭南麓、松嫩平原和三江平原地区。辖区土地总面积 5.54 万平方公里，现有耕地 4363 万亩、林地 1384 万亩、草地 509 万亩、水面 388 万亩。黑龙江农垦开发建设始于 1947 年，北大荒集团在保障国家粮食安全方面作出了重大贡献，“北大荒精神”也激励着一代又一代北大荒人在建设现代化大农业的征程上开拓前进。

如今，北大荒集团农业机械化率已达 99.4%，拥有国家级和省级重点产业化龙头企业 33 家，培育了“北大荒”“完达山”“九三”等一批中国驰名商标。

北大荒集团党委委员、宣传部部长高跃辉表示，北大荒被称为“中华大粮仓”，是“调得动、靠得住”的国家粮食战略储备基地。下一步，北大荒要搞产业连接，把集团和下属基地通过产业带动，形成一个大的生产、经营、销售、开发体系，既保证国家粮食安全，还要把“大粮仓”向“大厨房”转变，目前已经研发出了即食的新产品。

五常市乔府大院农业股份有限公司是当地的龙头企业，年加工稻谷能力 30 万吨，有水稻种植基地 20 万亩，是五常市农业企业首家新三板上市公司。在做长做深粮食产业链方面，乔府大院做出了不少创新。

乔府大院副总经理李志禹表示，公司已经推出了稻谷油产品，未来还会考虑用大米制作美容面膜，以及用米糠米芾制作膨化食品等。

此外，乔府大院还建设了“稻花香生态体验区”，发展农业观光旅游。“我们建了稻米文化馆、稻香时代田园区，还建了一个 10 公里的自行车环道，道边风景各异。”李志禹称，“观光人次年年都在提高，去年大概 3 万人次，这些游客带动了山下大批的农家乐。”

“增加多层次、多样化、个性化产品供给。”张务锋称，“挖掘粮食文化元素，精心打造区域品牌，带动企业品牌创建，提升品牌美誉度和社会影响力。”

（中国网财经记者　李春晖）

中国科学报：

# 亮出粮食产业高质量发展“组合拳”

（2018 年 8 月 22 日）

凭借独特品质和良好声誉，五常大米在市场上备受青睐。然而，什么是“真”五常大米？在哪里可以买到“真”五常大米？在接受记者采访时，黑龙江省五常市农业局局长伊彦臣坦陈，这两个问题是很多消费者的疑惑。

一方面，随着消费升级加速，越来越多的消费者希望购买五常大米这样的名特优产品；但另一方面，目前优质特色产品偏少，有效供给还不足，一些假冒产品以次充好。

五常大米曾遇到的难题，也是我国粮食产业经济当下发展所面临的矛盾。

近年来，为加强五常大米的品牌建设与保护，五常市从科技创新、产地保护、销售渠道等方面着手，着力提高粮食品质、加快发展规模化种植、创新销售模式、推动品牌创建。

而如何破解粮食产业经济发展中的结构性矛盾？构建现代粮食产业体系、提高粮食产业发展质量迫在眉睫。

8 月 20 日，在全国加快推进粮食产业经济发展第二次现场经验交流会上，国家发展和改革委员会党组成员，国家粮食和物资储备局党组书记、局长张务锋提出，要加快实施优产、优购、优储、优加、优销的“五优联动”，将高质量发展要求贯穿到粮食产业发展全过程、全环节。这就相当于亮出了粮食产业高质量发展的“组合拳”。

## 质量高不高是“试金石”

截至2017年年底，全国纳入粮食产业经济统计的企业2.2万户，全年实现工业总产值2.9万亿元；有8个省份粮食产业销售收入过千亿元。

但是，当前粮食产业发展水平与消费升级需要仍不相适应。“新产品开发和结构调整滞后，低端产品居多，优质特色产品和精深加工产品偏少，有效供给不足，难以满足高品质消费需求。”张务锋表示。

换言之，粮食供求已从总量不足转变为结构性矛盾，亟待通过构建现代粮食产业体系，实现高质量发展，优化粮油产品供给，首尾一体、全链提升，以在更高层次上达到粮食产品供需动态平衡。

在张务锋看来，粮食产业实现高质量发展，意味着产业体系完备，产品创新力、品牌影响力和市场竞争力强，绿色优质产品明显增加；资源配置更趋优化，劳动、资本、土地等使用效率提高，全要素生产率和产值利税率明显提升；“产购储加销”顺畅有序衔接，各类主体充满活力，产能结构合理，运行保持平稳，在维护宏观经济稳定中发挥积极作用。

“实现高质量发展是根本目的，构建现代化粮食产业体系是现实路径；发展质量高不高，是检验粮食产业现代化水平的‘试金石’。”张务锋表示。

值得关注的是，2017年以来，粮食产业备受重视，政策利好持续释放。各地对粮食产业的重视程度进一步提高，26个省级政府印发实施意见，集中推出了一批有含金量的政策举措。

比如，江苏省规定产粮大县奖励资金用于支持粮食产业的不低于50%；安徽省统筹财政资金8000万元，支持粮食产业发展；河南省安排财政资金1.2亿元，对主食产业化企业和好粮油加工企业给予贴息扶持等。

## 由增产导向向提质导向转变

粮食产业经济联系着农田与餐桌，是粮食供求的“蓄水池”和“调节器”，既对粮食消费支撑培育、带动引领，又对粮食生产反哺激励。

“好粮食是种出来的，优质粮源是粮食产业高质量发展的基础。”张务锋指出，要充分发挥流通反馈激励作用，引导支持粮食产区调整优化种植结构，深入推进农业绿色化、优质化、特色化、品牌化。

以大米为例，以前我国大米市场以散装米为主，鲜有大米品牌。近年来，以五常大米、吉林大米、广西香米等为代表的品牌化产品不断涌现，“虾稻”“蟹稻”“鸭稻”等特色化大米极大地丰富了消费市场。这些特色优质产品优质优价，产生的效益远高于普通产品。

张务锋表示，各地要根据市场供求变化和区域比较优势，向市场紧缺产品调，向优质特色产品调，力求“专而精”。

近年来，山西省就以“山西小米”区域公共品牌为引领，打出“优质”“特色”牌，引领全省特色粮食产业发展。

“‘山西小米’品牌建设之初，就坚持高质量发展原则，走‘质量兴米’之路，以品质创品牌，以品牌提品质。”山西省粮食局局长王云龙说。据了解，山西正从标准引领、源头保障、质量监管等方面入手，加强30万亩绿色有机小米生产基地及质量监管追溯体系建设，实现小米品质保证。

国家粮食交易中心主任贾骞在接受《中国科学报》记者采访时表示，这种因地制宜的品牌培育、产业升级、提质增效，既可以反馈引导粮食生产端，促进种粮农民增收，又能够促进粮食消费升级转型，为消费者提供更多的绿色优质粮油产品，是推进粮食供给侧结构性改革的有效途径。

张务锋强调，优粮优产，立足优势突出特色是前提；推行适度规模经营是基础；建立利益联结机制是关键。

## 优化结构转换动能

如今，消费需求正在发生由“吃得饱”转向“吃得好”“吃得安全”“吃得健康”“吃得便利”的变化。消费者对于产品种类，更加注重多样化、个性化；对于品质要求，更加注重绿色有机、安全营养；对于供给服务，更加注重便捷化、精细化。

新变化新需求，迫切要求激发粮食产业技术创新活力，促进新产品、新模式、新业态加速成长。

九三粮油工业集团有限公司是北大荒集团以大豆加工为主营业务的全资子公司，从原料种植、收储再到生产加工，实行全程质量可追溯管理。记者在其旗下哈尔滨北大荒豆制品有限公司看到，经过加工，原料大豆被“吃干榨尽”，化身为豆腐、腐竹、包装油、豆乳饮品等 8 类 51 种产品。仅豆腐这一类产品，就有老豆腐、绢豆腐、黑豆豆腐、磷脂豆腐等十几种满足不同口味、营养需求的产品。

北大荒马铃薯集团则专注于将马铃薯变出“新花样”。记者了解到，该企业经营的精深加工产品包括马铃薯淀粉、挂面、粉条、蛋白粉等，并推出了个性化、便捷化、细分化的马铃薯土豆泥、营养粥等产品。比如“新煮粮”马铃薯粥和土豆泥系列，就是主打营养健康、方便食用，为家庭主食提供更多选择。

立足结构优化动能转换，加快实施“优粮优加”是下一步推进粮食行业高质量发展、构建现代化粮食产业体系的重要举措。张务锋表示，加快实施“优粮优加”，一要推动“三品提升”——“增品种”“提品质”“创品牌”，二要不断优化产能结构，三要加速粮机装备升级。

在优粮优加之外，建立顺畅高效的粮食流通机制，加快实施“优粮优销”也是打造现代化粮食产业体系的关键环节。

吉林大米、山西小米两大区域公用品牌已经在“优销”上联手。8 月 18 日，吉林和山西两省粮食局在黑龙江省哈尔滨市举行品牌联合推介会，就未来三年共建市场、共享渠道达成合作协议。根据协议，双方将共同开发市场、共享专卖店和电商平台营销渠道，以多种形式促进山西小米和吉林大米共同发展。

此前，天津市与黑龙江也共建了优质粮油直销通道，让“黑龙江大米”直通京津冀百姓“米袋子”。

（中国科学报记者　胡璇子）

粮油市场报：

# “大粮仓”唱响产业变奏曲

（2018 年 8 月 21 日）

8 月的黑龙江，秋高气爽，稻谷飘香，万顷黑土绿意盈盈，预示着又一个丰收季节的到来。

全国加快推进粮食产业经济发展第二次现场经验交流会在哈尔滨召开，全国各地粮食人齐聚龙江，学习借鉴黑龙江粮食产业经济发展经验、共谋新时代粮食产业经济高质量发展新篇章。

19 日，由国家粮食和物资储备局、黑龙江省政府、全国各省市粮食局等领导以及媒体记者共 150 人组成的考察团深入五常市、哈尔滨市进行实地调研。考察团下农田、进工厂、品米饭、话品牌，感受黑龙江“大粮仓”变“大厨房”的产业经济发展之路。

## 优粮优产五常之地出好米

五常，卫国乡。层层叠翠的水稻在阳光照耀下碧波荡漾，丰收在望。19 日上午，考察团来到五常农业物联网服务中心。

“物联网中心服务方式有两种，一是田间布置 300 个监测点，宏观指导农业生产；二是给 2.5 万户农民的手机安装了智慧农业平台 App，农民通过 App 获得专业农技指导、田间病虫害指导与解答，以及贷款等服务。搭建了水稻溯源、社会化服务、农产品电子信息、政务资源四大服务体系，由大数据与专家云这两大平台配合这四大服务体系为农户提供一体化、全方位服务。”五常市农业局局长伊彦臣介绍说。

在“互联网 +”浪潮下，粮食行业也不能落伍，加快建立数字化平台，服务粮食种植、加工、销售各环节显得尤为重要。

在五常市农业物联网服务中心观景台上，万亩稻田一览无余，丛丛稻穗弯下了腰。两架执行航化作业的直升机飞过，稻田掀起千层浪。

独特的气候优势是五常的天赐之福，而专注单品种好米的种植，则为优地产好粮，打下另一层基础。20 多年来，五常不断扩大“稻花香 1 号”“稻花香 2 号”种植面积，以好品种为五常好米背书。品种决定品质，品质擦亮品牌，一粒偶得的稻花香品种和 20 多年的专注，成就了五常大米的名扬天下。

为了让好粮有好名，五常市近年来高度重视溯源体系建设。“我们通过确地块、确种子、确投入品、质量监测、福码激活，即‘三确一检一码激活’5 个步骤，打造溯源体系，从源头上保证五常大米品质。”五常市市长张英波说道。

国家发展和改革委员会党组成员，国家粮食和物资储备局党组书记、局长张务锋在第二次现场经验交流会上指出：“好粮食首先是种出来的，优质粮源是粮食产业高质量发展的基础。要大力推动由增产向提质导向转变，加快实施‘优粮优产’。”

随后，与会代表来到位于五常市杜家镇的乔府大院现代农业产业园。在稻花香生态体验区，尽享农田生态之美。

近几年，乔府大院强化水稻基地建设，流转土地 20 万亩。与此同时，通过一二三产业融合发展，乔府大院基本形成了集“稻米文化、稻米种植、稻米加工、稻米观光”于一体的业务板块。

据张英波介绍，作为“中国好粮油示范市”，五常市加快推进五常大米产业提升工程，2017 年实现大米销售 70 亿元，实现了“农民增收、企业增效、财政增税、消费增信、品牌增值”的目标。

## 优粮优加九三做大“豆”文章

国产大豆看龙江，龙江大豆加工看九三。九三集团是国内大豆加工的领军企业之一，“九三”大豆油更是首屈一指的民族品牌。目前，九三集团年大豆加工能力达到1200万吨。除了主营业务压榨板块之外，九三食品板块也丰富了消费者的餐桌。

哈尔滨北大荒豆制品有限公司是北大荒集团与九三粮油工业集团合资建设，由九三粮油工业集团经营管理的食品加工企业。在这里，大豆经过一道道工序，被加工成12种不同口感的保鲜豆腐，绢豆腐、鸡蛋豆腐、靓豆腐、炖豆腐……让人眼花缭乱。

据介绍，在哈尔滨，无论是大型商超还是农贸市场，市民都能选购到自己喜欢的北大荒豆腐。

北大荒豆制品有限公司致力于打造天然营养安全健康的餐桌和休闲食品，现有包括14种豆制品、5种豆乳饮料、22种包装油在内的8大类51种大豆制品。

在九三，优质的国产大豆经过不同的工序转化为大豆油、豆腐、豆乳、大酱、大豆卵磷脂等5大类200多个产品。通过延伸产业链、提升价值链、优化创新链，实现了大豆的价值提升，满足了多层次、多样化、个性化豆制产品的供给。

作为国产大豆之乡，黑龙江已初步确立非转基因大豆食品差异化发展方向，构建供给稳定、质量安全、营养健康、转化高效的大豆现代产业体系。以九三集团为首的大豆食品加工骨干龙头企业的产业结构布局趋于合理、产品特色明显、集群优势突出，发展质量和效益明显提升。

进入新时代，我国社会主要矛盾已经转化为人民日益增长的美好生活需要和不平衡、不充分的发展之间的矛盾。

张务锋指出，加快发展粮食产业经济，要坚持高质量发展，加快实施“五优联动”，着力构建现代化粮食产业体系。立足国情粮情，抓好“两头两尾”，加快粮食产业链条的延伸和优化，增加产业的关联度和竞争力，提高发展的整体性和系统性，有利于应对各类风险挑战、增强保障国家粮食安全的能力。

2017年9月以来，“滨州模式”成为国内粮食产业经济发展的“热词”。

今年，在“大粮仓”里倾听过产业发展的变奏曲，领略过“大厨房”的多彩馨香，“优粮优产”“优粮优加”……“五优联动”，必将为全国粮食产业发展带来“新声色”。

（粮油市场报记者　赵瑞华　孟鹏）